網走監獄保存財団刊

重松一義　著

史料　北海道監獄の歴史

まえがき

本書は二五年前に刊行した拙書『北海道行刑史』（図譜出版）および近年刊行の『博物館 網走監獄』（網走監獄保存財団刊）に収録できなかった史料の一部を、標題のごとくまとめたものである。

明治維新より監獄の近代化、遇囚のよりよい改善の努力は積み重ねられているが、幕末以来、北海道は黒船出没の恐怖、ロシヤの南下に危機を感じる「北門鎖鑰（さやく）論」にリードされながら北海道の開拓・殖民が国家の急務として認識され、わが国近代化の礎、先兵として重罪囚の投入による開拓が進められた。鎖国から開国、近代資本主義国家へと大きく飛躍しようとする国策に立ち、当時ではなされ得なかった、最も手っとり早い労働力の投入として着眼され、実施された。

囚徒による開拓・建設は実に広い範囲に、しかも長期間にわたりなされその成果を挙げているが、一部道路開鑿や炭鉱での採掘に、今日の人権感覚からいって過酷で悲惨な労働が強行されたことも事実であった。遺憾なことではあるが、こうした囚徒の犠牲と礎のうえに今日の北海道発展があることを思えば、功罪相半ばするものがそのプロセスにあった。

しかし、その体験と反省は、行刑の人道化として大井上輝前、有馬四郎助など数多くの秀れた監獄指導者を輩出する温床となり、今日の受刑者処遇に範をのこすことにもなった。また、そこで生起し対処した問題、たとえば硫黄山跡佐登の残酷な採掘を中止するよう進言した元江戸町奉行見廻与力でキリスト教教誨師であった原胤昭は、明治三一年の英昭皇太后崩御の大恩赦を機に、原宿舎といわれる免囚保護会を設け、わが国の出獄人保護の基礎を礎き、地元網走でも同様に慈恵院寄宿舎で免囚保護の成果を実らせている。同じく留岡幸助は空知の幌内炭坑で幼年囚徒の惨状を見ることにより幼年囚感化の必要性を痛感して渡米、のち網走の近く遠軽の地に「北海道家庭学校」を設立、少年感化事業に生涯を捧げるといった事蹟にもつながっている。

考えてみれば、北海道諸監獄の開拓史・経済史・労働史・教育史・社会事業史に及ぶその歴史的役割は実に多岐にわたり、広く大きいものがあったことを知る。開道百年をすぎ、開拓時代から北海道の新未来に向け、いま新しいビジョンのもとに、囚徒により拓けた旧監獄地帯を枢に、連携した農村地域の開拓・観光スポット・文化ゾーン形成の動きが関係市町村でみられている。〝野に置け蓮華草(れんげ)〟の言葉があるように、それぞれの先達入植者の労苦を偲び、感謝し、愛着の念やみ難い地元であってこそ、これら監獄遺産を大切に保存しようとする、こうした温かい仏心と思念が行きわたっていると思われる。

本書の史料は、なお断片的なものの羅列にすぎないが、すでに百年を大きく過ぎ去り、互いに関連をみる樺戸・空知・釧路・網走・十勝など、北海道全域にわたる囚徒の足跡をみつめ、網走監獄保存財団の研究事業の一つとしてまとめてみた。もし、ささやかながら将来につながる史料の一片として役立つものであれば幸いとするもので、本書刊行については同財団理事長小野塚正衛氏、同専務立脇信雄氏、学芸員今野久代氏ならびに同財団の多くの方々のご努力に支えられたものであり、本書制作をお引受けいただいた信山社今井貴氏、同じく制作にあたられた編集工房ＩＮＡＢＡ稲葉文子氏にも厚く御礼を申し上げるものである。

平成一六年一〇月

重松一義

目次

第一章　幕末維新期の蝦夷島の警固と治安……1
一　黒船出没と北門鎖鑰論……1
二　罪囚の白糠炭山役夫と箱館人足寄場史料……3
㈠　白糠炭山役夫（4）
㈡　箱館人足寄場（5）
三　稟裁録・申奏録・制旨録にみる開拓使の対応……6
㈠　転変する刑律と遠隔地北海道（6）
㈡　船便で回答を待つ稟裁、申奏（7）
第二章　北海道集治監系を中心とした史料と論考……17
一　北海道開拓の急務と重罪囚大量投入策……17
㈠　旧幕府箱館奉行の建策の引継（17）
㈡　刑法典・監獄則にみる流徒刑の骨子（18）
二　旧刑法の流刑制度と北海道行刑……22
三　諸外国流刑制度との比較研究……32
㈠　世界三大流刑国の特色（32）
㈡　網走監獄とオーストラリア流刑地との比較的所見（33）

第三章　北海道各集治監の開拓業績……44
一　開拓分野別の業績……44
㈠　屯田兵村など家屋の建設（44）
㈡　道路開鑿工事（44）
㈢　河川補修と水道工事（50）
㈣　伐木と農地の開墾（52）
㈤　石炭と硫黄の採掘（53）
二　国内治安対策としての北海道行刑……55
三　軍事外交上の対応としての北海道行刑……63
第四章　北海道各集治監の改廃と獄情・地域の変化……70
一　樺戸集治監関係のその後の動き……70
海賀直常（70）、守口如瓶（71）、長倉新八（71）、安村治孝（72）、藤田軍平（73）
狩野萩之進（73）、鬼丸丑蔵（73）、高野譲（73）、上野山熊四郎（74）
二　空知集治監関係のその後の動き……75
渡辺惟精（76）、留岡幸助（76）
三　釧路集治監関係のその後の動き……77
津田三蔵（78）、小山豊太郎（78）、寺田機一（79）
四　網走分監・網走監獄関係のその後の動き……80
有馬四郎助（81）、寺永法専（81）、井上傳蔵（82）

第五章　北海道庁系監獄署を中心とした史料と論考……85
一　札幌監獄署の役割と監獄の近代官庁化……85
㈠　札幌監獄署の変遷経緯（85）
㈡　札幌監獄署の署中組織規程の整備（86）
㈢　監獄費国庫支弁と東部典獄会議（87）
二　分監・出張所の改廃と未決拘禁の充実……95
㈠　区裁判所設置に対応した出張所の設置（95）
㈡　旧屯田監獄署跡に移転の札幌区出張所（95）
㈢　樺太分監と真岡出張所の設置（101）
三　旭川・十勝分監など内陸部の開発促進……102
㈠　旭川分監の消長と独立（102）
○　受刑者の手で飼われた軍用犬ピロー号の碑（107）
○　あるロシア革命難民獄死の謎（109）
㈡　十勝分監と道南の開発（114）
(イ)　十勝の大地に燃える更生の炎（114）、(ロ)　戦後の復興の貴重な労働力として（115）、
(ハ)　思い出として遺る地元民との交流（117）
㈢　亀田分監の系譜と役割（120）
第六章　監獄史からみた北海道行刑の回顧……127
一　開拓草創期の典獄の面影と業績……127
㈠　典獄月形潔頌徳碑（127）

㈡　典獄大井上輝前の回顧とその系累（129）
典獄大井上輝前の足跡とその面影――網走監獄百年を偲んで――（129）
典獄大井上輝前の回顧と足跡――網走監獄一〇〇周年を記念して――（133）
二　北海道百年の監獄遺構・遺品・顕彰碑……145
㈠　樺戸監獄跡月形町の北海道行刑資料館（145）
㈡　空知監獄跡三笠市にある遺構・遺品（149）
㈢　標茶監獄の遺構を伝える標茶町塘路の標茶町郷土館（149）
㈣　網走監獄の遺構を伝える網走市にある博物館網走監獄（150）
㈤　札幌市内にある北海道開拓記念館（151）
「発刊にあたり」　博物館網走監獄保存財団理事長　小野塚正衛
参考史料
懲役実決之儀伺（14）
開拓使刑法局落着係添付の申渡書㈠㈡（16）
英本国グロスターの巡回裁判所でオーストラリアに流刑となった人々の公告（39）
タスマニア州地図（40）
ポートアーサー監獄跡廃墟見取図（41）
モデル・プリズン平面図（42）
矢印のついた流刑囚の夏の衣服（42）

流刑囚・重罪囚の暗室拘禁懲罰時の姿態（43）
集治監をかこむ屯田兵村の配置図（63）
屯田兵への営倉・苦役申渡書（66）
樺戸楽産商会よりの流木浚除ニ係ル役囚使潰シノ件伺㈠㈡（66）
樺戸集治監建設予定地の着工直前の見取図（69）
忠別太の樺戸監獄署出張所之跡、地図（69）
長期勤続者への給助之證（84）
重罪長期囚の沿道警察伝逓状（84）
在監者行厠時間表（92）
上級司獄官会議開設の達示（124）
官舎住居者の囚人との接触回避注意の内訓（125）
樺太ウラジニロフへ出張の要ありとの司法省官房よりの伝達文書（125）
釧路・網走・帯広に至る鉄道線路の新設工事を事業分掌させる旨の道庁通達（126）
亀田・根室監獄支署への看守教習支所設置指令文書（126）

博物館と網走監獄入口

博物館網走監獄全景

放射状舎房内部

非常時に乱打された警鐘

網走監獄赤煉瓦表門

旧網走監獄木造表門・現在の永専寺山門

博物館網走監獄テレホン・カード

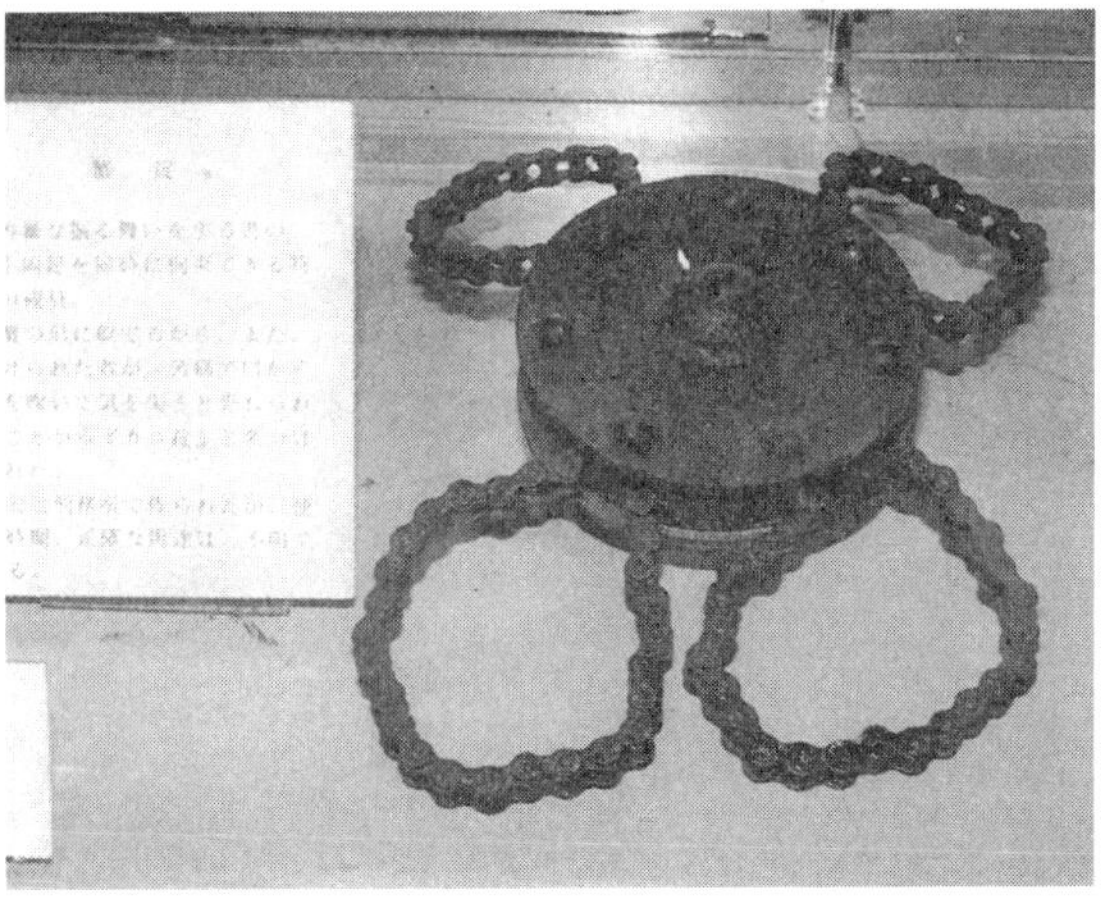

展示品〝蟹錠〟

第一章　幕末維新期の蝦夷島の警固と治安

一　黒船出没と北門鎖鑰論

明治新政府が急務の国是として、大量の重罪囚を蝦夷地、新しい名称の北海道に投入、その開拓にブルドーザー的役割を果たさせたという史実を、今日どのように捉えどのように評価するかであるが、義務教育の段階での教科書はもとより、近代日本史の正史の中にも記されない幕末維新混乱期の裏面史として次第に埋没を見ようとしている。

ただこの史実は、明治新政府の単なる思いつき、行刑の便法として発想がなされたものではなく、世界史の流れ、当時の緊張をみる日本周辺の国際環境への精一杯の対応であったといえよう。産業革命による交通技術の進歩と拡大は、より明瞭となった一九世紀世界地図上の政治的、経済的視野を拡げ、すでに植民地を確保している世界の列強をして新植民地としての未開の国の探索が進められており、大航海時代よりの豊富な経験を基に遠洋航海に必要な食料・水・薪炭の補給可能な寄港地の確保、交易の接渉、新資源の調査、海域の測量、捕鯨のための回航、軍事外交上の要衝確保と植民化などが続けられていた。

鎖国のわが国でも幕末には、すでに『万国地球山海輿地全図』など瓦版として市井に流布、鎖国とはいえ隣国中国（清国）のアヘン戦争などの対列強への危機や不平等条約の状況なども幕府中枢では承知しており、外国船の沿岸出没とその海防対策が、天保改革前後よりみられている。すなわち、ふり返ってみれば元文年間（一七三六）以降、奥州仙台領牡鹿沖、亘理沖に異国船（ロシア船など）の出没が頻繁に伝えられ、安永七年（一七七八）には蝦夷地根室の厚岸にロシア船乗組員が上陸、仮小屋を設け交易を求めている。寛政四年（一七九二）にはロシアの使節ラクスマンが伊勢の漂民大黒屋光太夫を根室に護送、通商を求めている

文化元年（一八〇四）ロシア使節レザノフはロシア国王の書をたずさえ、わが国の漂民四人を救助護送して長崎に至り交易を求めているが、

「漂民を護送し、夥多の危険を侵し、南米を回り、南北洋を迂廻し来りて通商を請ふと雖も、日本国は固く鎖港の主義を持し

て許さざるのみならず、ロシア王より贈る所の国書すら請取らず、数月の淹留、終に其要領を得す、鞅々として帰途に就きしは文化二乙丑三月のことなり」（岡本柳之助纂『北海道史稿』中篇一九頁・明治二五年刊）ということで長崎より立去ったという。ロシア使節は樺太に途き、西蝦夷地宗谷沖に停泊中に、わが国の伊勢丸を見つけこれを追うも、伊勢丸は樺太のクシュンコタンに逃げ込み追跡を絶ったという険悪な事態もみられる。

つづいて文化八年（一八一一）五月二六日、ロシアの測量艦ジャーナ号が国後島に来航、食料と水の補給を求めているが、現地では烽火（のろし）をあげ、大砲を構えて上陸を阻止。艦長・海軍少佐ガローニンら九名を根室から箱館牢、さらに松前牢へと押送し拘禁している。翌文化九年（一八一二）ロシア船長リコルドは報復として、わが国の高田屋嘉兵衛を国後島海上で捕え抑留、翌年ガローニンと引替えに高田屋嘉兵衛を釈放するという事件も起こっている。文化一四年（一八一六）より文政年間にかけては、イギリスの捕鯨船が浦賀・常陸大津浜・薩摩宝島・陸奥沖などに来航しているが、文政八年（一八二五）幕府は外患として異国船打払令を指令、この間、高橋景保が国禁の日本国地図を渡したシーボルト事件が起こり、出島のドイツ人医師シーボルトを国外追放とする大きな国際的事件が起こっている。

このような異国船来航騒ぎのなか、蝦夷島内での原住民との衝突や弾圧の大事件は、寛永一六年（一六三九）の蝦夷隠れ切支丹への弾圧と処刑、寛文九年（一六六九）のシャクシャインの乱、寛政元年（一七八九）の国後騒動と福山での処刑、文化四年（一八〇七）四月二三日の択捉（エトロフ）島での騒動とエスカレートしている。この騒動に対し現地での策なく、松前奉行より取扱方につき伺いが立てられているが、幕府は「其の機に応じて取扱うべし」と手切り（現地での自由裁量処分）にさせている。ともかく遠隔北方の蝦夷地は内憂外患、江戸表・幕府中枢にさまざまな危機を伝えているのである。

幕府も測量探検によるより精細な現地の地理的把握を積極的に試みており、天明六年（一七八六）より寛政年間にかけ四回、最上徳内らの千島、樺太探検がなされ（『蝦夷草子』『渡島筆記』）、帰路には斜里・標茶・釧路という蝦夷地内陸部の通過もみられている（『北海道川筋次第』）。寛政一〇年（一七九八）には近藤重蔵が択捉島に「大日本恵土呂府」の標柱を建て、最上徳内も同行している。寛政一二年（一八〇〇）には伊能忠敬が蝦夷島の測量を実施、享和元年（一八〇一）には幕命により蝦夷地取締御用として松平忠明・石川忠房・羽太正養らが蝦夷地巡視に赴いており、斜里・標茶・釧路経由、最上徳内らが通過した道を帰路とし、同年高山元十郎がウルップ島に「日本国属島」の標識を建てている。

文化四年（一八一一）には伊能忠敬が「大日本沿海実測地図」を完成、幕府に提出しており、文化五年（一八一二）には間宮林蔵の著す『東韃紀行』『北蝦夷地勢概論』により、樺太が海峡により一島であることを確かめている。また弘化二年（一八四五）から国後・択捉島を含む東西蝦夷地を広く探査した松浦武四郎は、石狩・忠別方面より阿寒・網走・標茶（しべちゃ）・釧路と内陸部を視察『三航蝦夷日誌』『東西蝦夷山川地理取調日記』『久摺日記』などを著わしている。

このようにして蝦夷地の事情が具体的に判ってきており、文化四年（一八〇七）幕府は蝦夷地を、松前藩支配から箱館奉行により幕府の直轄とし、津軽・南部の藩兵をして宗谷の防備を固め、若年寄堀田正敦を蝦夷地防衛総督として派遣、奥州諸藩兵をして北辺守備の体制を不充分ながら築いている。

ところで蝦夷地の国防を必要とする国際的緊張と、坐視できぬ国内の尊皇攘夷思想の高まりのなか、権威的発言として注目されたものに天保九年（一八三八）の水戸藩主徳川斉昭の次のような幕府への意見書（原漢文）がみられる。要点のみを整理して現代文に要約すれば

一、魯夷との境界も粗であり、肝要の北蝦夷地に人別取殖し、彼と争ひごと致さず、彼にて蠶食の念を絶たせるよう仕向けること。

二、蝦夷地支配の入用を単に運上金のみでまかなうことは、松前藩のこれまでのやり方と変らず、戸田浦で建造の魯夷のごとき大船を建造して、今後は鮭・昆布・鯨漁などの利益を起こし、蝦夷地の撫育・土地開拓を専らとすること。

三、松前城を松前家に御残しになる義は良策とは思えず、大阪城代・若年寄くらいの人物を勤番に据え、国後・宗谷など重要地域に奉行を置き、邪教を排し正しい神社を建立して蝦夷人民を心服させること。

ということであった。なにぶん徳川将軍につながる御三家。水戸藩主の幕府への意見書とあれば、閣老はただちに直接の部局箱館奉行にこれを下して議せしめている。箱館奉行堀織部正は弁明書として「警備見込書」を記し、南北蝦夷地にはそれぞれの特殊事情があり、北蝦夷地のみの重点施策は採り得ぬ経緯あることを説明、「松前城を収め、重臣を置き、各地に奉行代官を置くことには異議ない所」と答申。別書にて「駅路開設」を建議している。

二　罪囚の白糠炭山役夫と箱館人足寄場史料

ペリー艦隊の下田来航と神奈川条約（日米和親条約）締結は、一転して下田・箱館二港の開港となり、長崎・兵庫の開港と続くの

であるが、箱館にはさっそくアメリカ、イギリス、オランダ、ロシアの領事館が設けられ蝦夷島の事情は急変する。

㈠　白糠炭山役夫

まず神奈川条約での「箱館港では石炭の供給はできない」の一項に代わり、安政三年（一八〇六）八月より罪囚を東蝦夷地久寿里の白糠炭山に送り石炭供給を行なうのである。白糠は釧路西方、海岸に面し二箇所石炭掘の石窟があり（関宿成石『東徼私筆』）、白糠番屋があり（松浦武四郎『東蝦夷地日誌』）、江戸より採掘の専門職人数名がいて差配、今に名を残す石炭岬（しりえと）より外国船に石炭の供給がなされた。その責任者は箱館奉行手附の栗原善八で、神奈川条約を履行するのである。

この義務履行に罪囚が一役買うのであって、箱館牢（幕末には徒罪場）の囚徒ならびに箱館表の無宿無頼・親の願いによる請願懲治のドラ息子が場所引継の駅伝方式で送り込まれる（拙著『北海道行刑史』五九頁）。その申渡書には「其方儀、夜中立入、金銭衣類等盗取始末不届に付、入墨敲申付候、但入墨之上クスリ領シラヌカ場所石炭掘人足取遣す」と記されている。白糠の石炭掘人足は最初二十数名であったといわれ、「採炭は一時盛んで、安政六年（一八六四）六月二日、箱館開港後は石炭補給に寄港する外国船も多く、その輸出量も可なりであったが、元治元年（一八六四）頃から炭質が急に悪化、滞貨も増し、箱館までの輸送費等から採算にならず」（奥山亮『北海道史概説』）といわれ、石炭掘人足の成果は滞渋する向きにあった。

このてこ入れとして、文久二年（一八六二）九月一〇日「遠島者拾八人蝦夷地被遣候節、佐州江差立候者同様之取計振、而箱館奉行支配定役出役内藤英太郎外壱人牢屋敷江罷越候付玄関江相通、右人数並被下銭共印紙請取書取置引渡遣申候云々」（『日本近世行刑史稿』上六一九頁～六二二頁、拙著『北海道行刑史』六〇頁）との手続きのもと、幕府は佐渡金山水替人足制に倣い、佐渡送りではなく蝦夷送りを小伝馬町在牢二〇名の予定者のうち一八名を決定、御用船箱館丸修復を機に遠島流刑として直送している。

しかしその後、白糠の炭質悪化への対応として箱館奉行所では西蝦夷地の岩内より北三里の地にある茅の間（のち茅沼）の炭山に着眼、元治元年（一八六四）白糠炭山の操業を休止、人足をこの地に移し、五六名の人足を確保して採炭にあたっているが、過酷な使役と不慣れな地で人足は落着かず、思いの深い松前・箱館に近いため逃亡が続出、取締の強化と採炭成績不良から、一年半後の翌慶応元年（一八六五）末に廃止、幕府の瓦崩へとつづくのである（木村家文書『久寿里岩内石炭山書類』一件）。

(二) 箱館人足寄場

次に幕府はかねて江戸石川島（佃島）人足寄場の実績から、拘禁を専らとする伝統的な小伝馬町牢屋敷方式の扱いよりも、人足寄場方式による扱いの方が財政・治安・刑執行上〝一挙両全〟と認識するに至っており（拙論『人足寄場の創設と運営の史的実態』――その構想と実践にみる伝統的牢制の修正――中央学院大学法学論叢第一〇巻二号・平成九年三月、拙著『鬼平・長谷川平蔵の生涯』新人物往来社）、老中水野忠邦は天保一四年（一八四三）天領・大名直轄地において石川島人足寄場の制に倣い、寄場設置方を奨励している。大阪（高原溜）・京都・秋田がこの制の趣旨に立ち早々と寄場・徒刑場を採っているが、文久元年（一八六一）遠隔の幕府直轄地箱館にも寄場設置をみるのである。すなわち同年三月二一日、箱館奉行宛

箱館表へ寄場取建軽犯者並女犯の僧等御仕置赦免申付人足寄場の者内へ差加へ且当地徘徊の無宿共捕押へ蝦夷地へ差遣し彼地の御用筋人足等に召遣可申老人婦人たり共当地人足寄場へ入候者共端々其外市中にて如何の渡世致し候婦人は是又同所へ差遣し可申旨早々取調可被申聞候事（拙著『北海道行刑史』六五頁）

と達している。寄場設置を促された箱館奉行所では、箱館牢・同附属の徒罪場（ずざいば）（重追放以下の軽罪囚使役場）を拡張することは市街化の進む同地では難しく、白糠・茅沼鉱山役夫に配役経験のある徒罪場を寄場として厚岸場所属島の大黒島を候補として移転する案もみられたが不便で沙汰止みとなっている。結局、松前藩の北限に位置、古くより流刑地として用いられてきた熊石番所所在の桧山郡久遠場所臼別が寄場と決まっている。臼別の沖には奥尻島があり、松前藩の伝統的支配形態「場所請制度」の基盤や慣習・漁場監視の点からも好都合の立地と考え判断されたものである。

場所は臼別であるが江戸表では箱館奉行直属・配下の寄場という意味から箱館人足寄場とよばれている。箱館在の牢・徒罪場は箱館奉行の命令下、臼別・奥尻島へ送り込む人足の仮留・一時集禁場といった役割を果したわけである。幕府直轄の寄場であることから江戸表石川島（佃島）人足寄場の定則（御条目）も手許にあり、寄場普請人が書き遣す『長坂文書』によれば寄場役人は元締役四名（管理職）、その下役として御役処詰四名、御門詰四名、手業掛四名、調役（女部屋調役二名を含む。調役とは現場担当の取締掛）八名、人足賄掛二名と、通常二六名で構成されている。作業（手業）は米舂・瓦・煙竹・油絞などを主とし、冬季は油絞が中心で、夏季は漁撈と油絞が中心となっており、夏季は特に箱館表の徒罪場からの人足を併せ一五〇名の規模で漁撈に従事、町方からも応援の寄場出役がなされ、漁撈寄場の実態を展開している（拙稿「箱館人足寄場」『人足寄場史』創文社に大要収録、拙稿「長坂文書にみる箱館人足寄場史料」（行刑参考史料）、拙著『北海道行刑史』六五頁以下。北海道新聞記事「本道にもあった人足寄場」――佃島・佐渡に匹敵。因

人の扱い人道的——札幌の重松さん解明（昭和四四年六月一五日号））。

三　稟裁録・中奏録・制旨録にみる開拓使の対応

㈠　転変する刑律と遠隔地北海道

尊皇攘夷の政争の果て徳川幕府は崩壊しているが、明治新政府自体、新時代に対処する刑罰執行のビジョン・案はなんらないもので、大政奉還に際し、慶応三年（一八六七）一〇月一九日、徳川慶喜から「刑法ノ儀ハ、召ノ諸侯上京ノ上、御取極可㆓相成㆒候ヘ共、夫迄ノ処ハ、仕来通ニテ宜候哉」との伺いどおり、新政府は姑（しばら）く旧幕府の例に拠ることを認めている。

明治元年（一八六八）一〇月二九日、明治新政府初の暫定的刑法として「仮刑律」を定めており、これは刑法官の執務準則として「刑律を仮定し、徒刑は土地の便宜に依り各制を立て、流刑は蝦夷地制度相立迄旧に仍り取計はらむ」と宣言。新律（正式の刑法）制定までは旧幕府の刑法典「公事方御定書」（御定書百箇条）に依る旨、正式に宣言している（拙著『日本刑罰史年表』一一三頁）。古色蒼然たる王政復古の刑制ではあるが、このように蝦夷地（北海道）を新しい法定流刑地と想定して立案を進めていることが知られ、仮刑律ながら死刑の勅裁・窃盗罪の死刑停止など、旧幕府の峻刑を改め寛刑化の方向にあることも読みとれる。

これにつづき、明治三年一二月二〇日「新律綱領」を発布、正刑として伝統的な王朝時代の五刑（笞杖徒流死）を体系に復古、閏刑として中国屯田兵式の辺戍（へんぼ）の役や瘋癲（ふうてん）殺人（精神障害による殺人）との罪種を定め、終身禁錮刑とするなどの法改正がなされている。また明治五年（一八七二）四月の「懲役法」、同年一一月二九日の「監獄則並図式」の頒布により、英国の東洋植民地である香港・シンガポール監獄に施行中の洋式処遇形態を導入、翌明治六年（一八七三）六月「改定律例」を頒布、七月より新律綱領と併行して施行している。

「改定律例」は笞杖流刑を一〇日から一〇年の懲役刑に一本化して統一、懲役百日といった短期刑が急増する反面、懲役一〇年の上に懲役終身と絞・斬・梟の死刑を設け、士族身分の閏刑は一〇日以上終身とし、懲役・禁錮の終身刑という、長期・終身囚の北海道配流を想定しているかと思われる罪種が立法上みられることとなっている。

眼まぐるしく改廃変転する法制につき、遠隔地北海道では、いまだ電信・鉄道の敷設もなく疑儀は伺・回答の往復文書「稟議」「中奏」が船便に託してなされている。

変則的な遠隔事務を奇異に感じられようが、当時、北海道開拓使は他の刑部省・兵部省などと同格の省で、開拓使庁舎は民部省内にあり、開拓使庁東京出張所は芝増上寺内で事務を取り扱い、北海道は明治二年秋より箱館出張所で事務を取り扱っていたのである。さらに箱館出張所は明治三年秋、小樽の銭函にあった旧兵部省小樽役所を開拓使小樽仮役所として使用、明治四年四月、建設中であった現在の札幌北四条東一丁目に該たる地に、木戸門構えの正門奥に太鼓を屋根の楼に釣りさげ、正門の左側に目安箱を置く開拓使仮庁舎が落成、同年五月から現地での業務がなされた。

(二) 船便で回答を待つ稟裁、申奏

よって明治四年から同五年四月までは、なお東京に船便で稟議・申奏、その回答を待つという実情にあったわけである。今日、北海道立文書館には明治四年の稟裁録・申奏録が「北海道立文書館史料集」第二として収録されており、つぎのごとく司法・監獄関係の実情が読みとれる。

二九　二月　新律中条件兼而伺

(欄外)(朱筆)「御役所扣　三月十三日高島丸便ニて相達弁官江上ル」

(朱筆)「第一」　今般御頒布相成候御新律中贖罪并収贖之儀有力之者ハ即時完納可致候得共、貧困之者一時調財致兼連々相納候節、凡三ケ月程者猶予いたし、其上完納差支事情無相違相聞候分ハ如何所置可致候哉

一従前之禁令之件々

(朱筆)「第二」　田畑永代売之事

酒造・隠造・過造又者私ニ酒造株売渡候者之事

(朱筆)「第三」　壱人旅人を其所役人へ不相届止宿為致、或ハ無籍者等数日私ニ止宿為致候者之事

(朱筆)「第四」　変死并疵請候者其筋之検査も不受所置致候者之事

(朱筆)「第五」　質取人無判或ハ証人不取置者之事

(朱筆)「第六」　隠売女致候者之事

(朱筆)「第七」　隠富或ハ取抜無尽等興行致候者之事

(朱筆)「第八」　管轄所之免許も不受芝居其他見世物興行いたし候者之事

(朱筆)「第九」　奇怪異説申触し或ハ著述致候者之事

(朱筆)「第十」　其筋之免許も不受書籍上木致候者之事

(朱筆)「第十一」　常式之祭祀・法会ニ無之神社或ハ仏寺へ人集致候者之事

(朱筆)「第十二」　少年其他党を結ひ婚礼妨等いたし候者之事

(朱筆)「第十三」　庶人之身分ニ相応金銀具其他所持致し僭上之所為有之者之事

(朱筆)「第十四」　煩候旅人、其他鰥寡孤独憫然之者傍観し、不慈之所置致候者之事

(朱筆)「第十五」　捨子・迷子・捨馬・放れ馬・拾物之類不訴出所置致候者之事

(朱筆)「第十六」　其土地限漁業等其他禁制有之候義を相背候者之事

右之類者御新律中違令之条へ引当決放いたし可然と存候へとも、各件軽重も可有之、其時ニ臨ミ相伺候様ニてハ、遠隔之管下往復淹滞いたし致底下民及難儀候ニ付、夫々御確定ニも相成候ハ、兼面御指図御座候様いたし度、此段奉伺候也

北海道
開拓使 印（北海道開拓使印）

辛未二月

弁官
御中

三〇[注]（四月廿四日）（新律中条件兼而伺ニ付）御附札

（朱筆）「辛未四月廿四日御附札ニ而御下ケ相成」

（朱筆）「第壱」老幼廃疾及ヒ婦人罪ヲ犯シ収贖スル能ハサル者、笞杖ハ折半シ、徒以上ハ五等ヲ減シ、並ニ禁獄或ハ鎖錮ニ換フ、庶人罪ヲ犯シ贖罪スヘキ者贖罪スル能ハサルハ、徒以下折半シテ罪ヲ科シ、死流ハ二等ヲ減シ罪ヲ科ス

（朱筆）「第二」田畑及ヒ酒造二条ハ違令ニ依テ処断スヘシ

（朱筆）「第三」独旅人ヲ無届止宿セシムル者呵責、無籍ナルヲ知テ止宿セシルムハ違令ニ依テ贖罪セシム

（朱筆）「第四」移地界内死屍ニ依テ処断スヘシ

（朱筆）「第五」無判或ハ無証人ニテ質ヲ取ル者ハ呵責

（朱筆）「第六」隠売女不応為軽ニ依テ処断スヘシ

（朱筆）「第七」不応為軽ニ依テ処断スヘシ

（朱筆）「第八」違式例ニ依テ笞二十、贖罪ヲ聴ス

（朱筆）「第九」不応為重ニ依テ処断スヘシ

（朱筆）「第十」違令ニ依テ処断スヘシ

（朱筆）「第十一」違式例ニ依テ笞一十、贖罪ヲ聴ス

（朱筆）「第十二」不応為ニ依テ処断スヘシ

（朱筆）「第十三」僭上之物品ヲ用ル者及ヒ僭上ノ所為アル者ハ違令ニ依ル、金銀ノ具ト雖モ僭用ニ非レハ論セス

三一 三年十二月廿七日〔函館松島富蔵御仕置〕一件簿冊

〔表紙〕

箱館山上々新町松島富蔵御仕置伺書 開拓使

箱館山上々新町松島富蔵
吟味仕候処左之通

箱館山上々新町
百姓
松島富蔵
午四十四歳

巳九月十日入牢

右富蔵儀佐藤松助宅江忍入金子其外盗取候始末不届ニ付斬罪可申付哉

一富蔵盗金弐百五拾両、洋銀壱枚（当時引替相場金高ニ積リ）壱分弐朱、秋田銀小判弐枚同断壱分ト永拾六文七分、右之外盗取候品物取捨候分等代金ニ積リ永百九拾四文、都合金弐百五拾両三分壱朱永三[注]拾三文弐分

右之通御座候、御仕置之儀別帳口書壱冊、盗品代金積リ書壱冊相添、此段相伺申候、以上

北海道

明治三年午十二月廿七日　開拓使印

〔注〕別帳等を欠く。

四七　四月　函館松島富蔵御届

「(欄外)(朱筆)未四月廿七日本紙弁官江進達」

函館山之上上新町
百姓
松島富蔵

准流法三等徒役

此者義天神町佐藤松助宅江忍入、金子其外品物とも金高ニ積リ弐百五拾両余盗取候依科、書面之通申渡候

同所天神町壱丁目
百姓
佐藤松助

無構

此者義被盗人ニ而不埒之筋も無之ニ付、書面之通申渡候

右者新律御頒布已前之犯科ニ候得共、今般御頒布ニ付書面之通本月十四日決放仕候ニ付、此段御届申候也

辛未
四月　北海道
開拓使

弁官
御中

五一　四月　仙台藩へ御達案取調云々

「(欄外)(朱筆)未五月七日英国シャンシイ号ニ而達ス」

仙台藩願之趣御聞届相成候而於当使差支無之候、就而者御達相成候様いたし度、依之御達案取調申進候也

辛未四月　北海道
開拓使

弁官
御中

五三　四月廿八日　日高国様似等樹〔澍〕院御手当之義申上

日高国様似等樹〔澍〕院御手当之儀、一昨巳年旧裁判所之節申渡候通壱ヶ年百弐拾両、同年月割ニ而相渡、昨午年中渡残之分当四月相渡、当未年より者先般御布令之趣も有之ニ付、其筋江申立御差図次第可相達旨申渡置候、同院之原由別紙之通ニ候間、御詮議相成候様致度、此段申進候也

(割印)未四月廿八日　北海道開拓使

弁官　御中

五四　四月〔日高国様似等澍〕院より之申立

奉申上候書附　天台宗
等澍院

抑当院者、去ル文化度於旧幕府、当島普開拓之折柄、為仏法弘通土民教化、於東地アツケシ国泰寺・シヤマニ等澍院・ウス善光寺右三ヶ寺御創立ニ相成、寺禄百俵宛永世被下之候趣、猶又拾弐人扶持御手当金四拾八両之儀者、最初無檀同様且辺境荒亡之地、人民之移住

も薄少故、追々人煙蕃殖致候まて院代役僧随身之者江被下置候趣ニ而、是迄年々三季従箱館奉行所御渡有之候、将又従ユウブツ郡緄泉郡まて都合八ヶ場所道程大凡三拾有里之間、当院檀家持場ニ付、鎮守、祈禱、臨時葬法等取行寺務相続出来候、但住職人之儀者依本山人撰ノ上寺社奉行所江申立ニ相成、同役所ニ而住職進退被申渡候儀ニ御座候、然ル処去辰年　御一新之折柄御裁判所之砌右等之次第相認、寺禄等従前之通御下渡被成下候様奉願候処、其年十月中脱艦渡来変動之儀ニ付、其儘御沙汰も無之候処、翌巳年五月中　御恢之節、猶右之趣書面ヲ以奉願候処、昨辰年一応取調候筋も有之候旨ニ而、先者当分寺禄金百弐拾両と相定被下置候趣御達御座候而、是迄月々拾両ツヽ御渡被成下、昨午年ハ五月中金五拾両御下渡、以後御取調之筋有之候条暫御下渡相成之趣御達有之候処、当未四月ニ相至リ午年分寺禄残金七拾両御下渡被成下難有奉感佩候、且又御取調之筋御座候趣、文化度以来之原由右之次第ニ御座候、此段御尋ニ付申上候、以上

未四月　日高国様似郡　等澍院

開拓使
御庁

五五　四月　死刑之者解剖伺

「(欄外)(朱筆)本紙使府江相廻ス」

死刑之者其他無宿行倒死人有之候節、生徒ニ解剖為致研究度、尤骸之儀者補接致し厚埋葬可致旨当港病院より願出候、右者聞届候而も不苦義ニ有之候哉、此段相伺候也

辛未四月　北海道開拓使

弁官　御中

「(以下四行朱筆)未六月八日

御附札

人体解剖之義ハ別紙大学東校申立書ニ照準可取扱事

但東校申立之別紙略之(注)」

〔注〕東校申立書は開拓使公文鈔録に収録。

八五　五月晦日　関脇村無宿徳蔵(次カ)外五人御仕置伺書

〔表紙〕

関脇村無宿徳蔵(次カ)外五人御仕置伺書

関脇村無宿伊藤徳次外五人
吟味仕候処左之通

越後国岩船郡
関脇村百姓
京右衛門悴ニ而
無宿
伊藤徳次
未二十二才

午正月九日入牢
未四月晦日破牢逃去
同五月十六日更ニ入牢

能登国珠洲郡
蛸島村百姓

三太郎悴
紺屋太郎
未三十九才
午七月二日入牢
未四月晦日破牢逃去
同五月七日更ニ入牢

羽前国飽海郡
酒田船場町百姓
幸太郎悴
川村幸吉
未二十九才
未三月十四日入牢
同四月晦日破牢逃去
同五月十六日更ニ入牢

渡島国亀田郡
箱館恵比須町百姓
次五兵衛悴
菊地金蔵
未二十八才
未四月廿三日入牢
同月晦日破牢逃去
同五月七日更ニ入牢

同所山之上町百姓
清助悴
川村清次
未二十三才
未二月九日入牢
同四月晦日破牢逃去
同五月七日更ニ入牢

同所尻沢辺町百姓
藤松悴
桜藤次郎
未二十五才
未二月五日入牢
同四月晦日破牢逃去
同五月九日更ニ入牢

右之者共儀
伊藤徳次者盗いたし候依科入墨重敲御仕置受候後、平田卓蔵外壱人申聞候迚猥ニ侍体相成、殊ニ同意いたし盗品等配分請候ニ付、徒罪仕置受徒役中逃去、箱館御武器蔵外三ヶ所おゐて鉄砲并胴乱、金子其外品々盗取
「（朱筆）本文伊藤徳次御仕置之儀相伺候処、絞罪可申付旨御差図相済、絞罪場新築中ニ而断決以前今般反獄いたし候ニ付、右伺書御附紙済口書とも相添、更ニ相伺申候」
紺屋太郎者札苅村藤吉江遺恨等差含候儀者無之候とも、酒狂之上刃物を以為疵負、右疵ニ而同人相果
「（朱筆）本文紺屋太助御仕置之儀相伺候処、絞罪可申付旨御差図相済、前同断ニ付右伺書御附紙瀉〔済カ〕口書とも相添、更ニ相伺申候」
川村幸吉者盗致し候依科徒罪御仕置受徒役中逃去、仲町藤十郎方外壱ヶ所おゐて衣類其外盗取
菊地金蔵者似セ役いたし候依科徒罪御仕置受徒役中逃去、度々追放を拒
川村清次者盗可致旨丑太郎申勧候迚同意いたし、同人供々内澗町出火之節、混雑ニ紛れ水野忠兵衛方店先ニ有之候衣類風呂敷包之儘盗取、又者地蔵町新瀉幸七宅入口戸建寄有之候を明ケ立入、丑太郎衣類盗取候節外見いたし居、右盗品夫々配分受、其上徒罪人高柳菊松女房より頼受菊松江差送候金子沓掠取
桜藤次郎者捕亡方手先相勤候身分ニ而御役所江忍入、多分之御金盗取、右始末銘々吟味中入牢申付置候処、破牢可致旨浅井功申勧ニ随ひ徒党いたし、徳次先立牢屋柱を切抜、番人并同意不致囚人共を縛り置逃去、殊ニ金蔵・太郎者捕亡人数江手向ひいたし、藤次郎者破牢之企ニ不加候とも、功ニ被申威候迚牢抜逃去、剰清次者逃去候後盗いたし候段、一同不届至極ニ付、徳次・太郎・幸吉・金蔵・清次者斬罪、藤次郎者絞罪可申付哉
「（朱筆）本文反獄逃走人之外、徳川脱走潜伏浪人浅井功、仙台無宿中島豊次郎儀徒党人数ニ候処、追捕之者共江手向ひ抜刀いたし候ニ付、発砲いたし候処、功者乍疵受自身と首を掻候体ニ付討取、豊次郎者逃去山中にて自殺いたし候儀ニ御座候」
一川村幸吉盗銭拾壱貫五百文、箱館相場ニ而此金壱両、盗品代金ニ

積四両弐分弐朱、通計五両弐分弐朱
一川村清次本罪盗品代金ニ積リ五両壱朱、破牢逃去候後盗金壱両弐
朱、盗品代金ニ積弐両弐分三朱、通計八両三分弐朱
一藤次郎盗金贋金ニ而五千四百〔注〕三拾九両三分
右之通御座候御仕置之儀、別帳伺書御附紙済弐冊、口書七冊相添、
此段相伺申候以上

明治四年未五月晦日　　北海道
開　拓　使

〔注〕別帳等を欠く。

御　中

八六　六月十日　犯罪閏刑之義伺

官吏士族犯罪閏刑ヲ以テ辺戍可申付者有之節、イマタ辺戍之御定則
無之ニ付、如何処置可致候哉、至急御差図有之候様致し度、此段相
伺候也

辛未　　北海道
六月十日　　開　拓　使　印
弁官御中

八七　六月廿七日〔犯罪閏刑之義伺〕別紙

辺戍申付方伺書差上申候、速ニ御指揮可被下候也

辛未六月廿七日　　北海道開拓使
出張所詰
弁　官
御中

〔注〕八八　六月廿四日　福山藩網走郡支配地相違之件弁官より懸合

先般福山藩より北見国網走郡其外共支配御免願書、其御使より写し
御廻し相成候末被免候処、今朝同藩より申出候ニ者、右御達書中北
見国網走郡ト有之候儀者、釧路国網尻郡之相違ニ有之、尤右者同藩
より差出し候願書ニ認誤候哉不分明ニ候へ共、何分実地相違之事ニ
付御達書御書改之儀願出候間、於其御使否御取調之上、早々御廻答
可有之候也

辛未
六月廿四日　　弁　官
開拓使御中

〔注〕前掲「八四」にかかる懸合文。

九〇　六月廿七日　弁官ヨリ樺太問合

樺太者一国ニ候哉、又ハ千島国ノ一郡ニ候哉、方今御確定之処御問
合及候也

未六月廿七日　　弁　官
北海道開拓使
御中

追而此後江御回答御記し有之度候也
樺太者樺太州ニ而千島州と者別ニ有之、且郡名之義者いまた御撰定
無之候事

右御答如此候也
即刻
開　拓　使

九五　七月四日　岩内郡石炭山云々弁官江申上

（欄外）（朱筆）「大阪丸便着」（欄外）「外務省往復留可見」

北海道岩内郡石炭山之儀者箱館より同所まて釧路凡九十里余、風濤嶮悪之場所ニ而是迄難破船も不少、右故輸送賃銀格外高価ニ非サレハ、雇船無之其不便利ニ付、可相成者場所表於て売渡候様致度、依而者同所之儀者不開港場ニ候得共、外国人共石炭買受トシテ廻船御差許相成度、然ル上者多数之捌方相付御国益可相成儀ト存候、右御許容可相成儀ニ候ハヽ、此段外務省江御達被下候様仕度存候也

北海道開拓使

未七月四日

弁　官　御中

九八　七月廿五日　樺太名称ニ付伝達所往復

北蝦夷ヲ樺太国と相称候様被　仰出候年月日並右伺国ニ分割スル歟、郡之数何程可有之哉、此紙尾記載シ可被差出候也

太政官

伝達所

未七月廿五日

北海道開拓使

御中

一昨巳年八月十五日北海道を十一州ニ御撰定御布告相成候節、北蝦夷地を樺太州ト相称候得共、未郡界不相立義ニ有之候、此段及御回答候也

辛未七月廿七日

北海道開拓使

太政官

伝達所

右に見る各事項二九～九八の通し番号は明治四年の稟裁・申奏録（『北海道立文書館史料集』第二に整理上便宜付されているもので、当時の箱館港出入りの船便として名を記す高島丸（番号二九）・英国シャンシイ号（番号五一）・大阪丸（番号九五）などに託してなされ、裁判・獄事のみではなく、新政府が分割して支配地・開拓地を認めた各藩にかかわる藩士・旧家来の処分、寺禄（御手当）、願事、照合事項など、諸事万般にわたる稟裁・申奏が東京の開拓使庁弁官宛になされている。挙句は申奏録無号により明治四年八月「諸県其他北海道支配地引揚沙汰之件」と題し、別冊書載之通県並士族、僧侶、北海道諸州各郡支配地御引揚御沙汰有之度候事と、寒冷ならびに生活難から入植をあきらめ内地に引き揚げることを認めてもらいたいとする声が、各地に出ていることを伝えている。こうした混乱の状況から、箱館裁判所檻倉（未決監）は、明治三～四年当時、長期滞獄で東京からの船便の、回答待ちといった囚人もかなり居たものであろう。

参考史料

懲役実決之儀伺

① 懲役実決之儀伺

（東地庶四壱〔壱〕回）

懲役実決之儀伺

札幌管下各出張所々轄ニ於テ犯罪人有之節懲役壱年以上見込ミ者ハ本廳ヘ差出シ百日以下ノ者ハ罪案ニ依テ刑名指令及ヒ出張所ニ於而処刑為致候処懲役場ノ設ハ勿論外役看護ノ吏員モ乏シキ而已ナラス一所僅カ四五名ノ官吏盛増収税ノ際等ニ至テハ実以使役方差支笞役ノ厳ナラサルヨリ自然悔悟ノ念モ薄ク且不都合ノ義モ不少去迚軽罪ノ者連累迄モ数十里ノ地ヨリ本廳ヘ護送為致候テハ御失費モ不少又薄地ノ窮民丈カ為破産ニ至ルモ不可測旁両全ノ勘考仕候ニ別紙司法省日誌明治七年第百五十八号豊岡県伺済ノ的例モ有之儀ニ付懲役百日以下ノ分各出張所ヽ於処刑ノ者ハ便宜ニ従ヒ当分笞杖実決仕候テ可然哉此段相伺候也

明治八年一月十八日　北海道廳

本廳在勤　開拓大判官松本十郎

開拓長官黒田清隆殿

伺之趣明治六年第二百六號御達之通可相心得事

明治八年二月廿五日

② 笞杖実決の図

刑名ノ指令到達スレハ懲役ヲ笞杖ニ換ヘ宣告シ獄舎前庭ニ於テ打決ス其法主典臨場検査シ等外吏数ヲ読ンテ下図朱点ノ所ヲ交打ス假令ハ笞二十ハ左ヨリ一十ハ右ヨリ打ツ少シク上下ス實地等外吏ニ差支ユル節ハ小使手先ヲ代用スルモ又妨ケナシ細領獄具図名例律五刑條ヲ見合スヘシ

除刑日

一　元始祭　一月三日
一　孝明天皇祭　一月三十日
一　紀元節　二月十一日
一　仁孝天皇祭　二月二十一日
一　神武天皇祭　四月三日
一　大祓　六月三十日
一　神宮神嘗祭　九月十七日
一　天長節　十一月三日
一　新嘗祭　十一月二十三日
一　後桃園天皇祭　十二月六日
一　孝格天皇祭　十二月十三日
一　大祓　十二月三十一日
一　皇霊御式年祭
一　六月十五日札幌祭モ準之

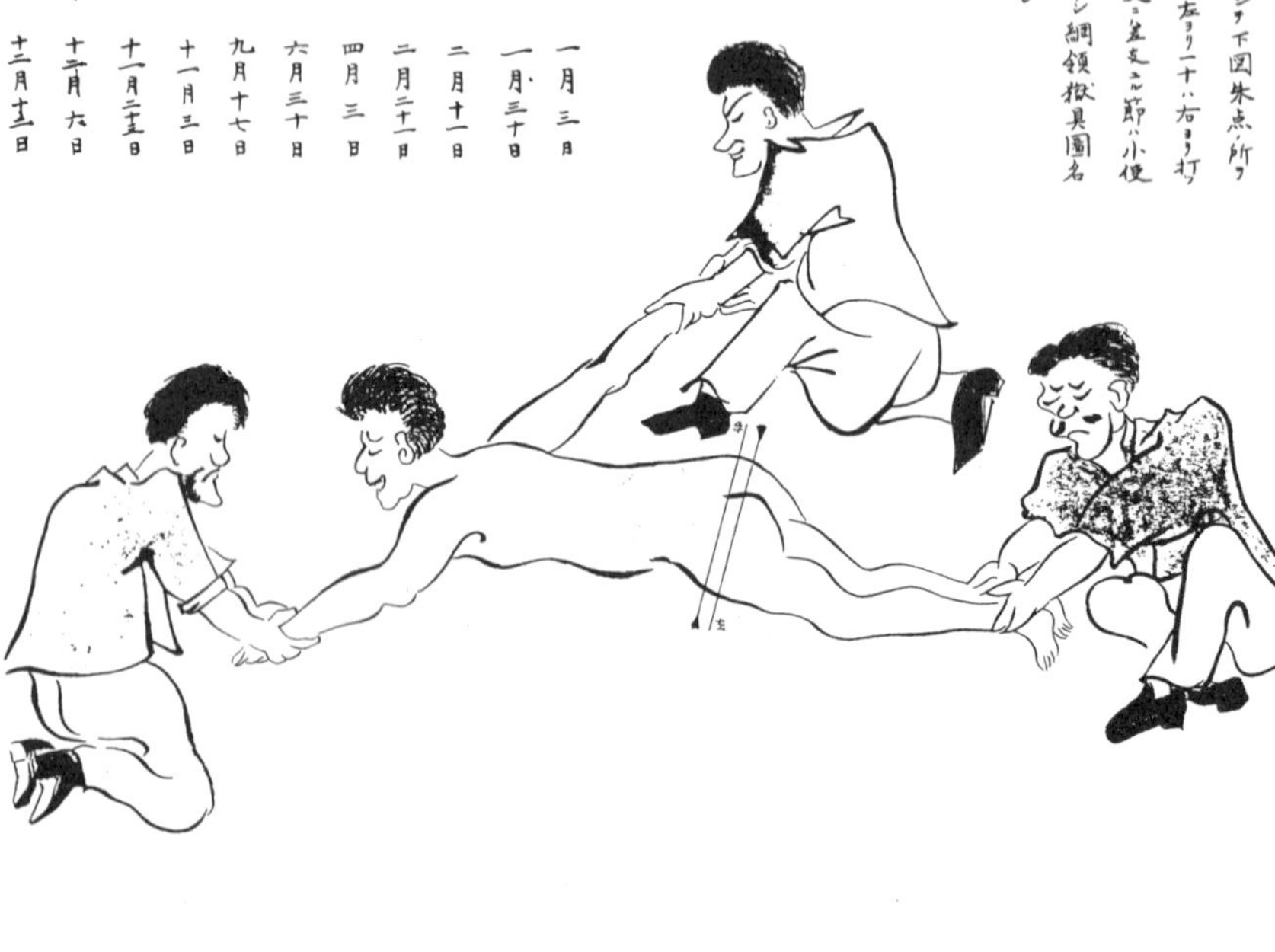

③ 安政六年箱館表入墨図

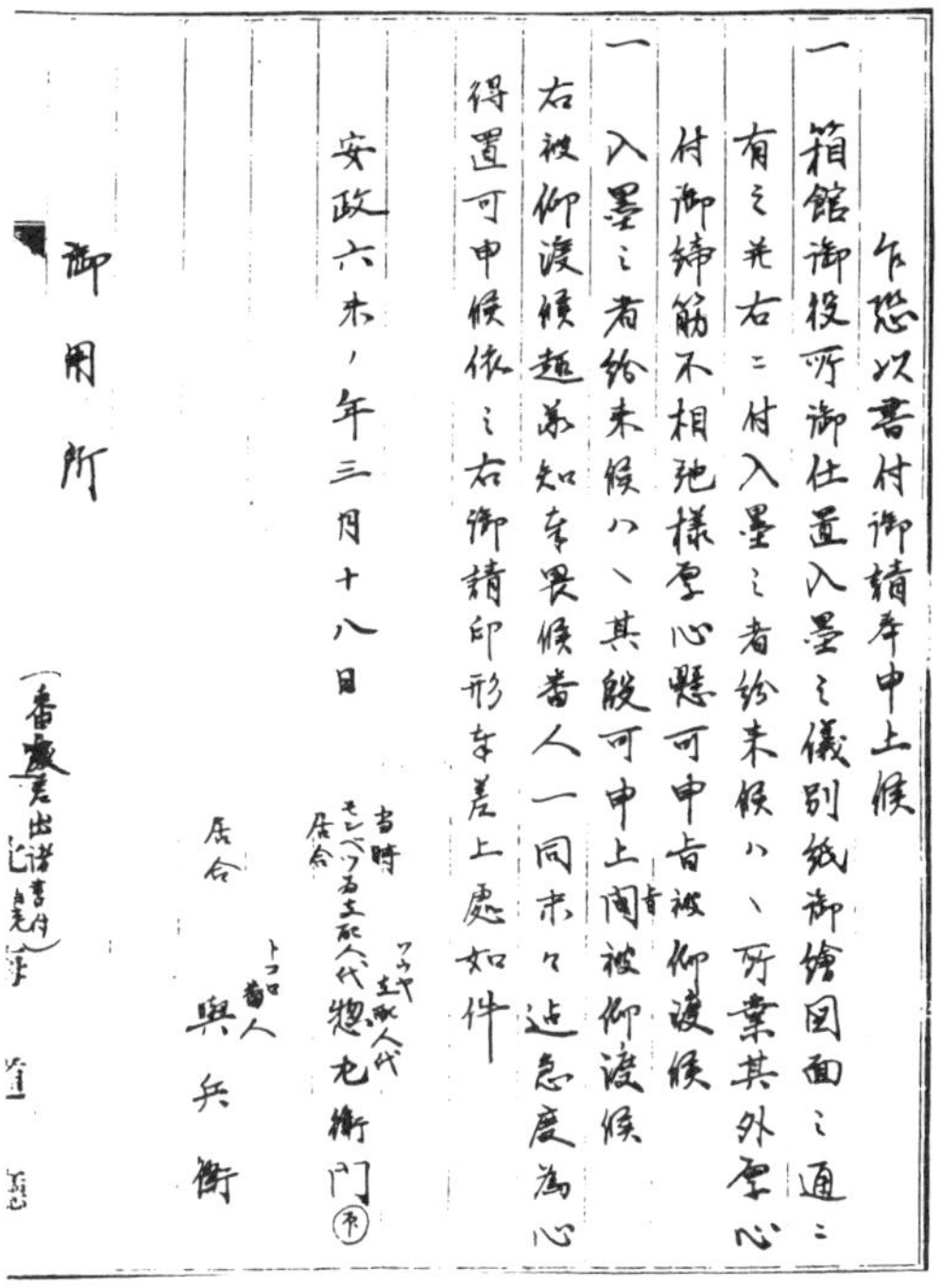
乍恐以書付御請奉申上候
一 箱館御役所御仕置入墨之儀別紙御絵図面之通ニ
有之処右ニ付入墨之者紛来候ハヽ所業其外心
付御締筋不相弛様心懸可申旨被仰渡候
一 入墨之者紛来候ハヽ其段可申上旨被仰渡候
右被仰渡候趣承知奉畏候番人一同末々迄急度為心
得置可申候依之御請印形奉差上処如件
安政六未ノ年三月十八日
当時モンベツ支配人代 惣右衛門 ㊞
トコロ番人 与兵衛
御用所

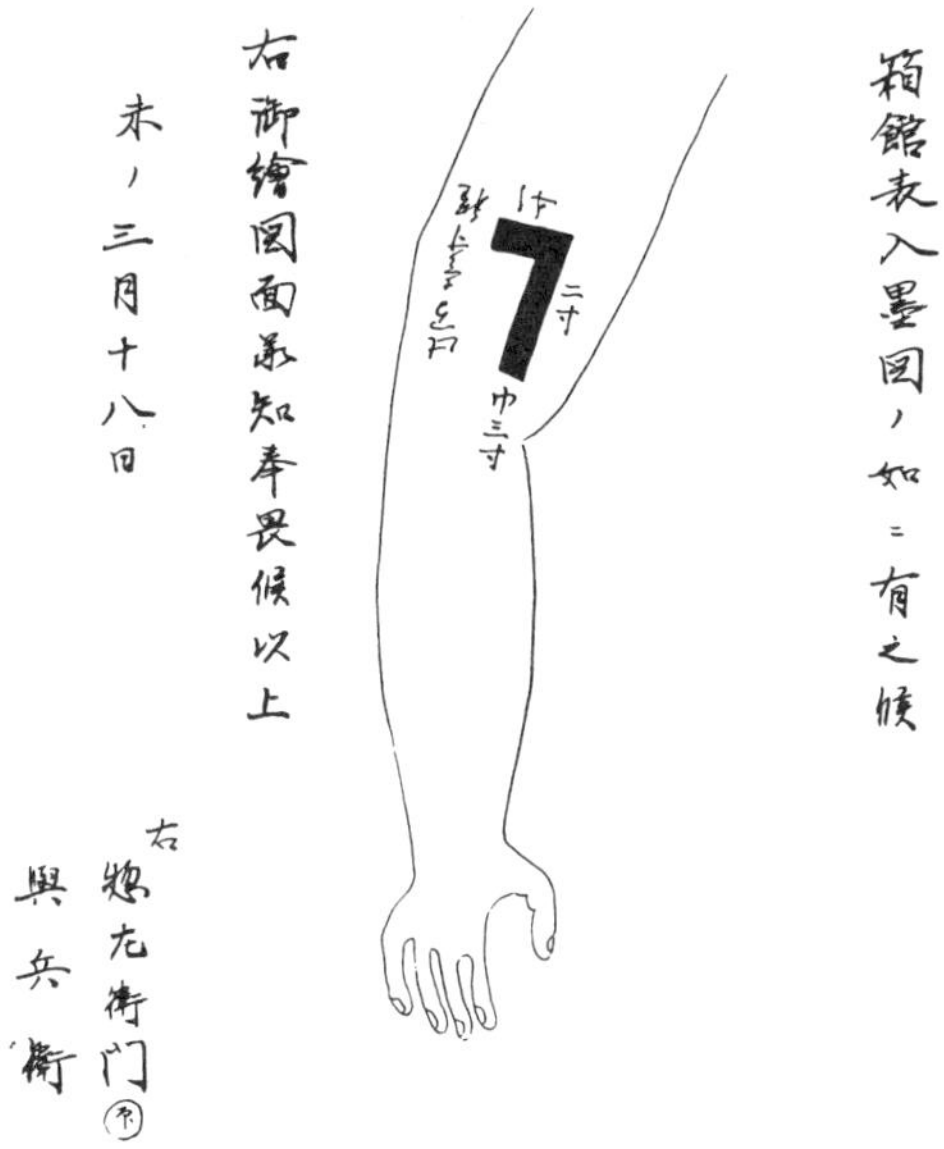

箱館表入墨図ノ如ニ有之候
二寸
巾三寸
右御絵図面承知奉畏候以上
未ノ三月十八日
右 惣右衛門 ㊞
与兵衛

〔解説〕

① 札幌管下の出張所は、懲役一年以上は本庁に差出し、百日以下は懲役場・吏員数が乏しいため、護送の失費もあり、笞杖実決に換えることを認可される（伺に対し東地戻回達第一四号に依る）。

② 笞杖実決は刑法局落着係よりの指令書面が到着すれば、懲役日数を笞杖数に換え、獄庭で主典臨場、等外吏ないし小使が新律綱領図示の通りの器具を用い、下図朱線の尻部を左右十ごと交互に打つよう指示。

③ 安政六年箱館表入墨図は、モンベツ在支配人代惣兵衛が同地徘徊出入人の入墨ある者を識別するため所蔵していたもので、参考までに開拓使主張所に差出したものと見られる。

以上①②③は北海道立図書館蔵書・和綴写本「河野常吉史料」（094－KO－467）に収録文書コピーによる。

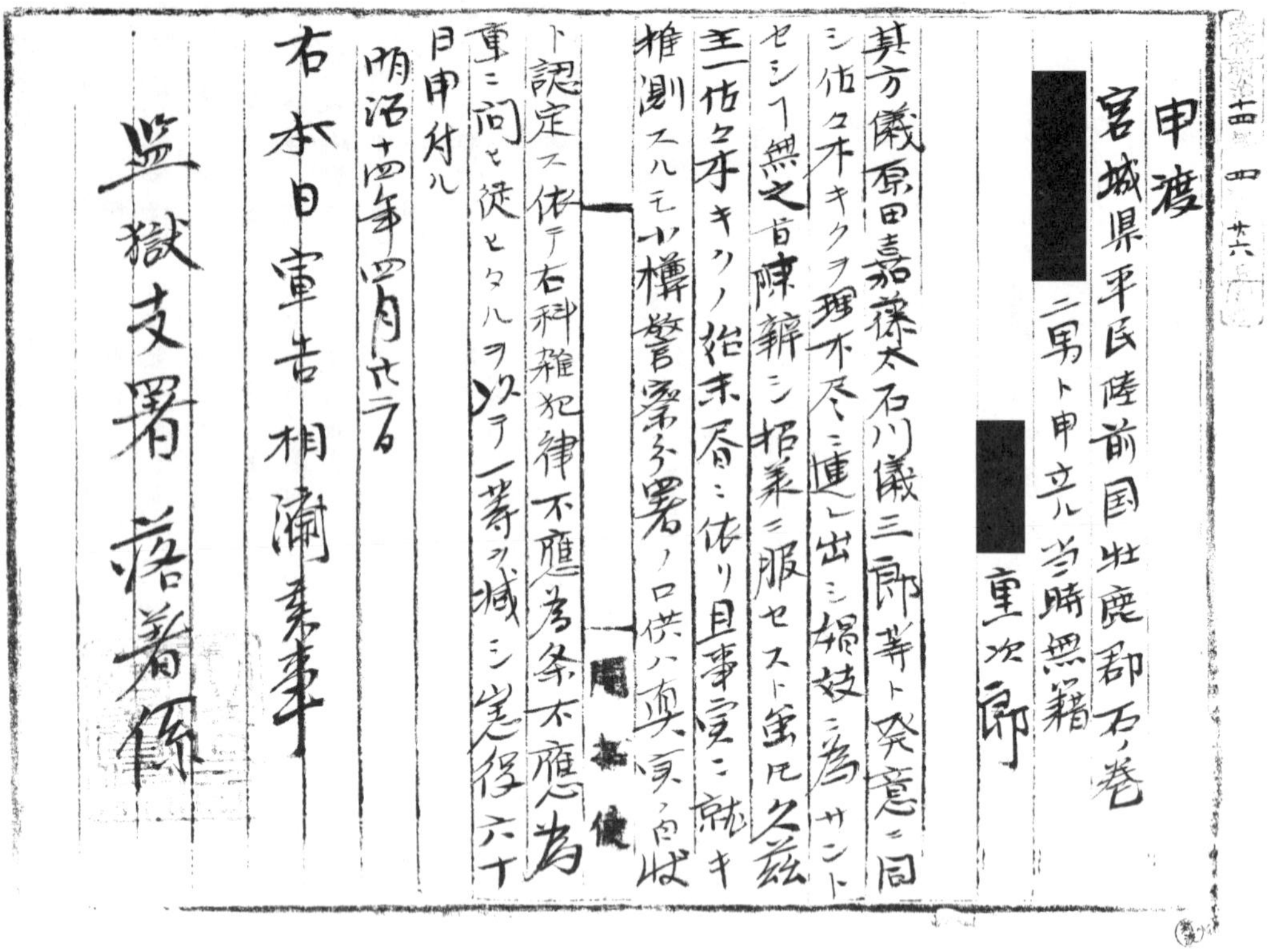
申渡
宮城県平民陸前国牡鹿郡石ノ巻
[redacted]
二男ト申立ル当時無籍
[redacted]
重次郎
其方儀原田嘉藤太石川儀三郎等ト與意ニ同シ佐々木キクヲ理不尽ニ連レ出シ娼妓ニ為サントセシ事無之旨陳辯シ招案ニ服セスト雖モ已ニ茲ニ至リ佐々木キクノ始末書ニ依リ且事実ニ就キ推測スルモ小樽警察分署ノ口供ハ真実ナルト認定ス依テ右科雑犯律不應為条不應為重ニ問ヒ徒ヒタルヲ以テ一等ヲ減シ懲役六十日申付ル
明治十四年四月六日
右本日宣告相済候事
監獄支署落着係

開拓使刑法局落着係添付の申渡書 (一)

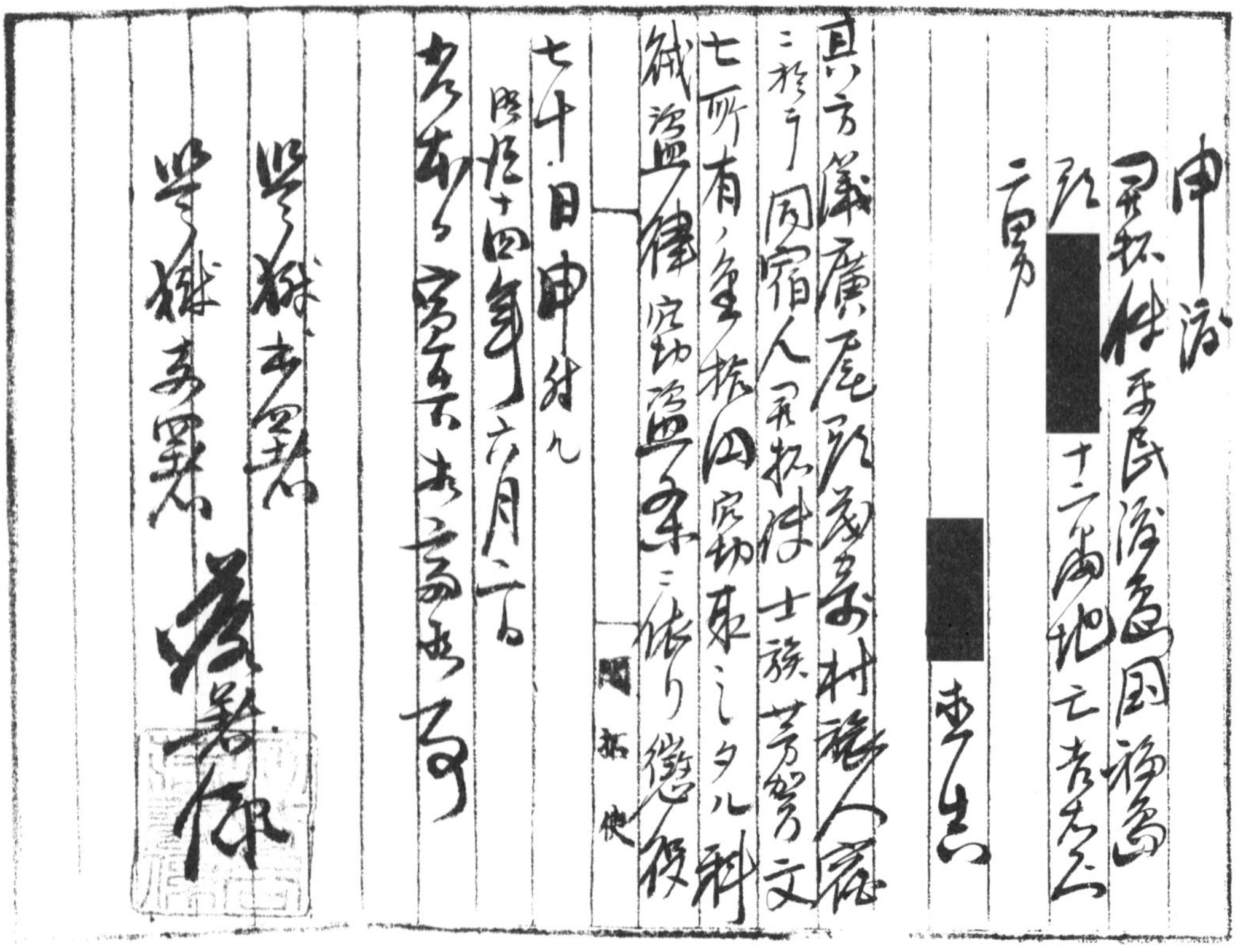
申渡
青森県平民陸奥国
[redacted]
十二番地亡吉太郎
二男
[redacted]
吉五郎
其方儀廣尾郡茂寄村雑人宿ニ於テ同宿人青森県士族若狭文七所有ノ金ヲ窃取シタル科窃盗律窃盗条ニ依リ懲役七十日申付ル
明治十四年六月二日
右本日宣告候事
監獄支署落着係

開拓使刑法局落着係添付の申渡書 (二)

第二章　北海道集治監系を中心とした史料と論考

一　北海道開拓の急務と重罪囚大量投入策

㈠　旧幕府箱館奉行の建策の引継

蝦夷地の警固と開拓を促す風雲の時流は、監獄史の視点からみれば、安政元年（一八五六）の神奈川条約に基づき外国船に石炭・水などを供給する囚徒による白糠炭山役夫をはじめとして（拙著『北海道行刑史』五七頁）、ロシアの南下・黒船出没への海防・北門の鎖鑰（さやく）（わが国の北の門に鍵をかける論）に対処する開拓殖民の先兵として、重罪囚を大量投入して開拓を促す声が国家の急務としてあった。また文久年間、箱館奉行をつとめた小出大和守秀実は、ロシアと雑居状態にある紛糾の北蝦夷地（唐太（カラフト）＝樺太）につき、「唐太島警備見込書」「唐太島境界取調見込書」などを次々と幕府に通報しており、現地からの切実な総括的・現実的・最終的な意見が次のごとくすでになされていた。

当地空曠人煙稀少の大島にて物産夥敷（中略）刑法の儀速に御改相成候得は、格別の御入費無レ之候ても御開拓の儀ヶ成に行届可レ申哉。方今欧羅巴洲中盛大の国々、何れも死刑は稀なる儀にて、既に俄羅斯等にては一切相廃右様の罪有レ之者は、西白里亜其他不毛の地え差遣し、罪の次第に寄候ては終身苦役為レ致候趣にも有レ之、御国之儀も如二当地一人烟戸数も稀なる空曠の地御座候上は、主親を殺害仕候もの外惣て死刑の儀御廃相成、六十余州の中いずれの地にても右様の罪科御座候者は、エトロス、クナシリ、シコタン、リイシリ、レフンシリ其他取締宣離島え被二差遣一、夏秋の内撫育方のもの差遣し、銘々相稼候雑魚昆布其外取獲候出産物の員数に応し、米、塩等を始、衣類漁具等好の品と替へ遣し候はば（中略）如何様の悪党にても長縮仕、御取締も相立可レ申、又改心も仕、神妙に相働、夫々功業も御座候者は御赦免二御付一、弥悪業仕候ものは尚又離島え遣し難苦為仕候はゞ、更に御入費無レ之御開拓御趣意速に行届、空敷人命を幽殺死仕候儀も無レ之、御国益レ不レ少（後略）

（『小出大和守御用留』慶応二年正月、拙著『北海道行刑史』四七頁）

すなわち、日本国六十余州の重罪囚を蝦夷地に送り込み開拓にあたらせるという構想を上申している。小出の後任にあたる箱館奉行永井玄蕃・開拓奉行沢太郎左衛門ら幕府榎本軍の将兵は、動乱最後のこの地に踏み留まり、箱館奉行・開拓奉行の名のごとくその使命を忠実に自覚しており、軍門に降るとはいえ、この構想が明治維新政府の北海道開拓と防衛の急務として、基本政策として見失うことなく引き継がれてゆくのである。

(二) 刑法典・監獄則にみる流徒刑の骨子

明治新政府の初期刑典は王政復古の名のごとく王朝時代の律令に倣う流徒刑を採る「新律綱領」（明治三年）「改定律例」（明治六年）であり、ようやく明治一四年に制定された旧刑法は司法省の御雇外国人である仏人ボアソナード Gustave E. Boissonade が草案の母国ナポレオン刑法典 Code pénale が特色とする植民地支配の開拓監獄制メーゾン・セントラル（集治監）により運営された流徒刑方式である。その流徒刑は重罪として位置づけられ、刑名として有期無期の徒刑・流刑を包含している。その関係する骨子の法条を掲げれば、

○新律綱領（名例律・上）

凡流ハ、北海道ニ発遣シ、罪ノ軽重ニ従ヒ、役ヲ三等ニ別チ、一年ニ始リ、二年ニ止ル、役満レハ、彼地ノ籍ニ編入シ。役ニ随ヒ、生業ヲ営マシム

○改定律例（名例律・五刑条例）

第一条　凡笞杖徒流ノ刑名ヲ改メ、一体ニ、懲役ニ換ヘ、例ニ照シテ、役ニ服ス

㈱明治六年七月一〇日より新律綱領と併行して施行、笞杖流刑を一〇日から一〇年の懲役刑一本に統一され、懲役一〇年の上に懲役終身と絞・斬・梟の死刑を置く（拙著『日本刑罰史年表』一二二頁）

○旧刑法（明治一三年七月一七日太政官布告第三六号　明治一五年一月一日施行）

第一条　凡法律ニ於テ罰ス可キ罪別テ三種ト為ス

1重罪　2軽罪　3違警罪

第一七条　徒刑ハ無期有期ヲ分タス島地ニ発遣シ定役ニ服ス

有期徒刑ハ十二年以上十五年以下ト為ス

第一八条　徒刑ノ婦女ハ島地ニ発遣セス内地ノ懲役場ニ於テ定役ニ服ス

第一九条　徒刑ノ囚六十歳ニ満ル者ハ通常ノ定役ヲ免シ其体力相当ノ定役ニ服ス

第二十条　流刑ハ無期有期ヲ分タス島地ノ獄ニ幽閉シ定役ニ服セス

有期刑ハ十二年以上十五年以下ト為ス

第二十一条　無期流刑ノ囚五年ヲ経過スレハ行政ノ処分ヲ以テ幽閉ヲ免シ島地ニ於テ地ヲ限リ居住セシムルコトヲ得
有期流刑ノ囚三年ヲ経過スル者亦同シ

○旧刑法附則（明治一五年太政官布告第六七号）

第九条　徒流ノ囚ヲ発遣スルハ裁判ヲ為シタル地ノ監獄管理長官ヨリ内務卿ニ上申シ其命令ヲ待テ発船ノ地ニ護送ス可シ

第十条　徒刑ノ囚ハ島地ニ於テ便宜ニ従ヒ獄外ノ役ニ服セシムルコトヲ得

第十一条　流刑ノ囚幽閉中獄内ニ於テ自ラ工業ヲ為サント請フ者ハ典獄之ヲ許ス可シ

第十二条　流刑ノ囚幽閉ヲ免ス可キ者アル時ハ典獄ヨリ内務司法両卿ニ上申シ其許可ヲ受ク可シ

第十三条　徒刑ノ囚仮出獄ヲ許サレタル者又ハ流刑ノ囚幽閉ヲ免セラレタル者家属ヲ招キ同居スルヲ請フ時ハ之ヲ許スコトヲ得
但其路費ハ自ラ之ヲ辨ス可シ

第十四条　流刑ノ囚幽閉ヲ免シ地ヲ限リ居住セシムル者ハ監獄近傍ノ地ヲ限リ典獄ノ監督ヲ受ケシム若シ已ムコトヲ得サル事故アル時ハ典獄ニ請フテ限外ニ出ルコトヲ得

(注)ここで言う島地とは北海道の地を言う。幽閉を免ぜられた元流刑囚の指定地外移動・外出は本条により典獄の認許可権のもとにあり、また明治十四年改正監獄則第六十二条・明治二十二年改正監獄則第二十六条により典獄の結婚許可権のもとにあった。

第十五条　流刑ノ囚幽閉ヲ免セラレタル者再ヒ罪を犯シタル時ハ本刑期限内ト雖モ島地ニ於テ直チニ其刑ヲ執行ス可シ

○監獄則（明治一四年太政官達第八一号）

第一条　監獄ヲ別テ左ノ六種ト為ス
一　留置場　裁判所及ヒ警察署ニ属スルモノニシテ未決者ヲ一時留置スルノ所トス但時宜ニ由リ拘留ノ刑ニ処セラレタル者ヲ拘留スルコトヲ得
二　監倉　未決者ヲ拘禁スルノ所トス
三　懲治場　懲治人ヲ懲治スルノ所トス
四　拘留場　拘留ノ刑ニ処セラレタル者ヲ拘留スルノ所トス
五　懲役場　懲役ノ刑及ヒ禁錮ノ刑ニ処セラレタル者ヲ拘禁スルノ所トス
六　集治監　徒刑流刑及ヒ禁獄ノ刑ニ処セラレタル者ヲ集治スルノ所トス
北海道ニ在ル本監ハ徒刑流刑ニ処セラレタル者ヲ集治ス

第二条　監獄ハ内務卿ノ管轄ニ属ス但陸海軍ノ管轄ニ属スルモノハ此限ニ在ラス

第三条　集治監ハ内務卿之ヲ直轄ス留置場監倉懲治場拘留場懲役場ハ警視総監又ハ府知事（東京府ヲ除ク）県令之ヲ管理ス

第五十八条　徒刑流刑及ヒ禁獄ノ刑ヲ受タル者アルトキハ其宣告書ノ謄書ヲ具シテ内務卿ニ申報シ其指揮ニ従ヒ警察逓伝ヲ以テ集治監ニ押送スヘシ
北海道集治監ニ於テ管束スヘキ徒流刑ノ囚徒ハ本監官吏ノ臨時派出シタル地マテ押送スヘキモノトス

第五十九条　北海道ニ在ル集治監ハ毎歳三四次官吏ヲ派出シ前条第二款ノ例ニ従ヒ押送シタル徒刑流刑ノ囚徒ヲ受取ヘシ

第六十条　徒刑流刑ノ囚徒ヲ押送スル時ハ戒具ヲ用ヒ男囚ト女囚トヲ別ツヘシ通船中ニ在テハ戒具ヲ用ヒサルモ妨ナシ

第四章　仮出獄免幽閉ノ者ニ貸与スル屋舎

第六十一条　仮出獄免幽閉ヲ受タル徒刑流刑ノ者其地ニ居住スヘキ家ナキトキハ屋舎ヲ貸与スヘシ

屋舎ヲ構造スルハ将来市街村落ヲ創置スルノ便ヲ計画スルヲ要ス

第六十二条　仮出獄免幽閉ヲ受ケタル徒刑流刑ノ者其配偶者又ハ其他ノ親属ヲ招キ同居セント請フトキハ典獄将来営生ノ方法ヲ取糺シ之ヲ許否スヘシ

前項ノ請ヲ許ストキハ其配偶者又ハ其他ノ親属現住スル地ノ戸長ニ通告スヘシ

其徒刑流刑ノ者嫁娶ヲ為サントスルトキハ監署ニ申告セシメ典獄之ヲ許否スヘシ

○監獄則（明治二二年勅令第九三号）

第一条　監獄ヲ別テ左ノ六種ト為ス

一　集治監　徒刑流刑及旧法懲役終身ニ処セラレタル者ヲ拘禁スル所トス

二　仮留監　徒刑流刑ニ処セラレタル者ヲ集治監ニ発遣スル迄拘禁スル所トス

三　地方監獄　拘留禁錮禁獄懲役ニ処セラレタル者及婦女ニシテ徒刑ニ処セラレタル者ヲ拘禁スル所トス

四　拘置監　刑事被告人ヲ拘禁スル所トス

五　留置場　刑事被告人ヲ一時留置スル所トス但警察署内ノ留置場ニ於テハ罰金ヲ禁錮ニ換フル者及拘留ニ処セラレタル者ヲ拘禁スルコトヲ得

六　懲治場　不論罪ニ係ル幼者及瘖唖者懲治スル所トス

第二条　監獄ハ内務大臣の監督ニ属ス

第三条　集治監（北海道ニ在ルモノヲ除ク）及仮留監ハ内務大臣之ヲ管理シ其他ノ監獄ハ警視総監北海道庁長官府県知事（東京府ヲ除ク）之ヲ管理ス

第四条　内務大臣ハ随時監獄巡閲官ヲシテ各監獄ヲ巡閲セシムヘシ

○監獄則施行細則（明治二二年内務省令第八号）

第二十四条　免幽閉ノ申渡ヲ受ケタル者ハ監獄近傍ノ地ヲ限リ居住セシメ典獄之ヲ監督スヘシ但土地家屋ナキ者ニハ之ヲ貸与スヘシ

已ムヲ得サル事故アリテ一時限外ニ出ンコトヲ請フトキハ典獄其事由ヲ取糺シテ許可スルコトアルヘシ

第二十五条　免幽閉中重罪軽罪ヲ犯シタル者アルトキハ其裁判確定ノ上免幽閉ヲ為シタル所ノ監獄ニ於テ直ニ其刑ヲ執行スヘシ

第二十六条　免幽閉ノ申渡ヲ受ケタル者其配偶者又ハ其他ノ親属ヲ招キテ同居シ又ハ結婚セント請フトキハ典獄其生計ノ方法ヲ取糺シテ許可スヘシ

集治監運用上の主要根拠規定はこのようなものであり、これが厳格に執行されてゆくのである。これをみれば、内務大臣直轄の集治監が明治二二年の改正監獄則第一条の二で「北海道ニ在ルモノヲ除ク」と、北海道庁長官が名実共に内務大臣の権限を代行し、集治監を直接指揮監督することに強化されていることが知られる。また刑法附則第九条により、島地とみる北海道へ発遣するまでは、

表1A　北海道監獄沿革略図

注）本図は略図であることから、明治20年から23年にかけ、集治監が監獄署と称した時期があり、内務省所轄時代の明治29年、拓殖務省が一時所轄したことなど短期改称の変遷は省記した。なお監獄が刑務所と改称したのは大正11年からである。

表1B　年次別収監囚徒数

（各年12月末調，単位：人）

	樺　戸	空　知	釧　路	網　走	十　勝	計
明19	1,434	2,003	772	—	—	4,209
20	1,383	1,966	791	—	—	4,140
21	1,450	2,163	847	—	—	4,460
22	2,365	2,975	1,117	—	—	6,457
23	2,317	3,048	1,409	—	—	6,774
24	2,357	2,630	663	1,200	—	6,850
25	2,338	2,549	1,291	769	—	6,947
26	1,497	2,502	1,943	1,288	—	7,230
27	1,449	1,953	2,285	1,272	—	6,959
28	1,393	1,713	1,383	1,220	1,313	7,022
29	1,561	1,561	1,172	1,371	1,176	6,841
30	1,028	1,001	965	—	797	3,791

明治19～24年は集治監沿革調、25年以降は道庁統計書による　（新北海道史第4巻通説3）

発船の地に護送集結することになっている。この発船の地は明治一七年（一八八四）七月仮留監が東京（小菅）・仙台・兵庫の三カ所に設けられ、明治一四年改正監獄則第五八条によるごとく警察逓伝での継送りで集結させられ、北海道への発遣を待つのである。この発船の地は明治二二年の改正監獄則第一条ノ二で仮留監として法規上明らかにされている。仮留監の読みについては、囚徒を発遣まで仮留めにする仮留監（かりとめかん）と呼称するものである。当時、集治監典獄の権限は広く、郡長・警察署長を兼ねることから、幽閉を解きあるいは仮出獄を上申する権限、幽閉を解かれたもの・仮出獄者への土地貸与権、結婚許可権まであり、注目に値しよう。フランスの流刑制度として、これを統轄する中央監獄（メーゾン・セントラル）（maison centorale）は、このような法制のもと、つぎのような系統のもとに整備され、分監ごとに各地域で国是とする使命を果たしてゆくことになる。

二　旧刑法の流刑制度と北海道行刑

島地の北海道へ向け流徒刑を骨子とした構想の北海道行刑は、旧刑法・監獄則のもと、どのような時流と時代背景でなされたかであるが、その研究として拙著『北海道行刑史』（昭和四三年刊）の序に

開道百年という記念すべき年にあたり、よりよき明日の北海道行刑を考える場合、まずなによりも、歩みきたった歴史の史実をふまえて、虚心に在るべき行刑の姿をみつめねばなるまい。

考えてみると、日本の近代化にとって、辺境北海道の存在と、その開拓によって得た、新らたな体験と知識の意義はまことに大きい。これは、行刑の歴史について言えることである。

明治維新後、政治的振幅の殊のほか大きい、北海道行刑制度の改廃、統合、推進は、同時に北海道開拓の楔となり、礎石となり、あるいは、近代行刑制度へと脱皮する段階の、貴重な試行錯誤として反映しており、その功罪はまことに多様である。

これを、日本の歴史という視点から捉えた場合、明治新政府が北海道にうった重要施策の一つである集治監、屯田兵の創設などは、とりもなおさず、近代国家へ飛躍しようとする当時の刑罰および軍事の先行性を象徴するものである。そして、その実際化が、まず北海道の地においてなされたということである。

また、北海道の存在は、明治維新を中心とする近代日本誕生の激流に、弾力と余裕を与えた安全弁的役割をも具有したと見てよからう。これは外交、経済、軍事、行刑を含めた治安など、あらゆる面からいえる、この地の植民地的性格に根ざすもので

ある。

思うに、こうした原則的国是を起点として描かれた北海道行刑の歩みは、明治初年の戊辰戦役、西南戦役での敗残武士や、自由民権運動の志士が囚徒と化し、さらに重罪兇悪囚の流刑地、果ては貧窮移民のるつぼと、まさに初期の北海道は、内地より、そして当時の世流よりはじき出された、敗者の辿る服罪史の場といった共通的側面もあったと言えよう。

また一面、日本の近代資本主義胎頭期にみられる、囚徒の炭坑役夫、道路の開鑿は、土工夫の、いわゆる監獄部屋と共に、苛酷な北海道労働史の一頁と交錯するものでもある。

こうした、多くの立場から捉えられる北辺の歴史であるが、何としても銘記すべきは、初期北海道行刑の歴史は北海道開拓史そのものであり、そこに占める日本史上の役割は、まことに大きいということである。そうして、今日においても、その伝統と特色は失われていないのである。

と記してみた。この書を踏まえ、昭和四八年（一九七三）九月四日～五日、法制史学会第二五回総会（於北海道大学軍艦講堂）で、名古屋大学法学部長・平松義郎教授の司会・座長のもと学会発表の機会が与えられた。そのレジメ（発表要旨）は次のとおりである。

北海道開拓と行刑
——旧刑法の流刑を中心として——

法務省矯正研修所教官　重松一義

一　北海道開拓の要請と集治監
㈠　蝦夷島流刑の系譜とその素地
㈡　旧刑法流刑の意図と集治監の性格
㈢　北海道集治監の設置目的と増設事由
二　流徒刑囚による北海道開拓の方策とその実態
㈠　集治監による開拓の実績
㈡　囚徒行刑上の諸方策

1　屯田兵との関連づけ
2　典獄の裁判権行使
3　囚徒検束戒護の実際
4　囚徒教化の実際
5　囚徒の健康と衛生状態
㈢　開拓の動向と囚徒取扱の変化
三　北海道開拓と行刑の功罪
㈠　旧刑法流刑の機能・成果の検討
㈡　北海道集治監解消の歴史的意義

本研究は旧刑法の流刑を中心とし、小稿「北海道行刑史」（昭和四五年図譜出版刊）で省記した集治監関係統計および関連文献を補足、北海道開拓に行刑がどのような功罪を及ぼしたかを考察発表した。

一、本項においては、吾妻鏡・新羅之記録などにみる蝦夷地配流の歴史から、罪囚開拓の素地となった幕府直轄時代の臼別・奥尻嶋人足寄場の水産資源開発、函館開港による白糠・茅沼炭山役夫制などを、長坂文書・奥平文書・休明光記等を引き説明、函館奉行小出大和守の重罪囚による蝦夷地開拓構想に及ぶ。やがて北海道集治監は「或ハ時ニ流刑人ノミハ僅カニ遣ス事ヲ得ヘキモ無数ノ徒刑人管束ノ為メ万全鞏固ノ獄舎及ヒ其守兵ノ駐廨ヲ興造シテ悠遠ニ備フヘキ各島ニ非ル乎」（明治一一年九月一七日・内務卿伊藤博文の太政大臣三条実美宛上申書）とあるごとく

㈠　北辺未開の地に長期の流徒刑囚を送り自耕自食させ、政府に抗する危険分子を隔離排除、内地の監獄の拘禁の負担を軽減し、社会の治安維持を企る。

㈡　流徒刑囚の確実安価な労働力を活用、北海道開拓に当らせる。

㈢　流徒刑囚の改過遷善を促し、人口稀薄な北海道に安住の天地を与え、自立更生せしめる。

という一石二鳥・一石三鳥の策として、北海道開拓行刑が推進せられてゆく過程を報告。

二、本項においては、重罪囚による開拓の拠点となった集治監が、如何なる業績を北海道に遺したか、またその方策として、どのような行刑機構と処遇方策を編み出したかを、樺戸集治監沿革略記・空知分監沿革調・屯田兵沿革・司法研究第十七輯報告書下・監獄雑誌・山県有朋の苦役本分論など、主として統計資料を引き分説。

三、本項においては、わが国法制史上、旧刑法そのものが北海道の植民政策・植民行刑に合致すべく編まれており、一応所期の成果を挙げたことを確認、近代国家をめざし大きく飛躍しようとする資本蓄積初期のわが国において、北海道行刑が制度的には失敗でなかったと一応論考、その行刑上における取扱が、ある面ある時期において残虐であったことを指摘、行刑上の反省史料たることを強調。併せて、今後とも北海道開拓と行刑は一過性の歴史として終えるものでなく、法制上、刑事政策上、立地運用の諸条件に充分工夫をこらした開放処遇・構外作業という形態で国益に奉仕、心の開拓地すなわち遷善の場たり得るとする。

㈟ 本研究発表の草稿は、実は残念ながら転勤などの都合から紛失、残存する断片的メモを要旨として掲げたい。

〔研究発表要旨〕

一 北海道開拓の要請と集治監

㈠ 蝦夷島流刑の系譜とその素地

囚人による開拓の歴史というものを考える場合、流刑の形式を採る場合と採らない場合があり、近世については南部藩奥寺八左衛門らの奥寺榎、あるいは松代藩の開発人・過怠人・出精夫といった使役の制度が挙げられ、配流地での自活のための開墾程度は、伝統的な伊豆・佐渡あるいは五箇山など山中流刑地の例などがみられている。

蝦夷地の配流は鎌倉時代の建久二年（一一九一）にこの地を配流地と定めたことから始まっており（『吾妻鏡』）、この地に放たれた京・畿内の流罪人・山賊海賊の類は、先住民族アイヌと混血、「渡党（わたり）」と現地では呼ばれ一部土着していったとも伝えられる。しかし、この段階では未だ蝦夷地を罪囚により開拓するという意図はないものであった。これが赤蝦夷（ロシヤ）の南下により、蝦夷地箱館に遠国奉行が置かれ、種々の定（御墨印）や条々（下知状）、触書が出され、蝦夷地支配に積極的な手が打たれていった。

ことに文久元年（一八六一）臼別・奥尻島に漁撈を主とする人足寄場を設けたことは、蝦夷地の水産資源開拓という点から極めて注目せられることであった。なかでも、その基本文献である長坂文書のうち、出漁季節の給金の末尾に流人給金七両とあり、その内捌けとして春（四ヶ月）三両、夏（三ヶ月）二両、秋（二ヶ月）一両、冬（四ヶ月）一両とあり、この点から幕府直轄の人足寄場ではあるが、人足への認識と扱いは島地へ発遣された流刑者として見られていたのが実態といえる。このほか箱館開港の結果として、罪囚による白糠・茅沼炭山役夫もすでに行なわれていたのである。

このような素地のもと、蝦夷島を開拓する具体的構想は箱館奉行よりの「死刑重罪の者蝦夷地離島に被差遣開墾為レ支度願」（慶応二年「御用留」）といった建策にみられ、これが明治二年設置の開拓使により推進せられるわけである。しかし開拓使は出来ても予算はなく、政府の力で開拓は出来得ぬ事情にあり、ここに北海道の諸藩割譲による開拓を布令、臼別・奥尻島人足寄場は新政府の主流である福岡藩に委ねられ、久遠（くどう）開拓曹（そう）の宰領下に置かれている。しかし箱館戦争による扶持米の送り込み途絶を主因とし、明治三年十一月、開拓使から人足二四名の遠島赦免がなされ、奥尻島寄場の廃止をみている。遠島赦免と公文書（函館市立図書館蔵「長坂文書」）にあるとおり、寄場はやはり形式上は準流の地・流刑地であったとみるべきであろう。と同時にこの地は問題となった福岡藩贋札の行使地となり、皮肉にも流罪人と入替りに贋札が流れて来たということになっている。

(二) 旧刑法流刑の意図と集治監の性格

明治元年一〇月晦日、太政官布達により流刑は蝦夷地に限るとされ、明治最初の刑法典「新律綱領」にも、清律に倣う辺戍の役（士族流刑）を制度化、平民へは流三等を定め、一年・一年半・二年いずれも北海道へ流刑としているが、いずれも予算上の都合と、蝦夷地の受入体制整わず空文に終っている。このため明治三年一一月一七日達の「準流法」で従来どおり徒刑に換える方法以外に策はなかった。同法によれば準流一等は徒刑五年、二等は同七年、三等は同一〇年で、徒場で厳に区することとされているが実質上何等の差異はなかった。

明治一三年（一八八〇）七月旧刑法はようやく出来上り、明治一五年（一八八二）一月一日から施行せられた。旧刑法の特色は重罪・軽罪・違警罪に三大別、ここに定める重罪は、旧刑法第七条の徒刑・流刑いずれも島地に送ることになっている。旧刑法制定にあわせ明治一四年監獄法も改正、集治監が監獄の一種として初めて登場、徒刑・流刑・禁獄刑の集禁場を指定せられたのである。

ところで集治監は明治一〇年の西南の役幹部級賊徒（国事犯）の集禁という、本来予定していない対象の隔離（九州より極力離れた遠隔地）・分散拘禁が政治上緊急要請され、小菅の東京集治監と宮城集治監が整えられている。ここにおいて北海道開拓のための一大流徒刑監獄「集治監」は、旧刑法制定過程でも懸案の重罪囚の北海道発遣として基本的に位置づけられていただけに、立法の予定と対象（政治監獄への転用）の変更、建設順序の相違をみたわけである。ただ集治監を内務省直轄としたことも、不穏な旧士族への鎮撫策として手固く有効であるがためであり、一つには国事犯処遇として国費支弁が余儀なくされた結果でもある。

(三) 北海道集治監の設置目的と増設事由

西南の役の大量の賊徒を一時に収容する必要が起った時、政府より別途緊急の諮問を受けた開拓使長官黒田清隆は、根室支庁にその場を選定させていた。現地からは、これら国事犯を千島の志古丹島、国後島、得撫島に移す案が出され、「監倉は木屋角組で、警部に修身を講ぜしめ、新聞も読み聞かせ、維新による時勢の趨運を了知習熟させ、誤れる反乱の前非を悔悟せしめるよう指導、満役の後は帰郷の念を絶たしめ、永く北海道の良民とするよう訓戒勧諭する」(『公文録』)趣旨を示すものであった。

この現地案に対し、翌明治一一年の元老院決議は「全国の罪囚を特定の島嶼に流し総懲治監とする」というもので、これは西欧の政治犯処遇・植民地開発についてかなりの研究がなされた形跡が伺える。すでに島地発遣を盛り込む改正刑法草案が示されている明治一二年九月一七日、内務卿伊藤博文は「或ハ時ニ流刑人ノミハ僅カニ遣ス事ヲ得ヘキモ無数ノ徒刑人管束ノ為メ万全鞏固ノ獄舎及ヒ其守兵ノ駐廨ヲ興造シテ悠遠ニ備フヘキ各島ニ非ル乎」と、兵刑一体の行刑策を太政大臣三条実美に呈上しており、この策が採納されるや、同じく伊藤博文から開拓使長官黒田清隆へ「北海道へ遣犯ノ主趣タルヤ開拓樹蓄其他便宜ノ工業ニ従事セシメ以テ懲治ノ術ヲ尽シ将束多少ノ公益ヲ起シ遷善ノ囚徒ヲシテ就産自立ノ基ヲ開カシメル目的ニ有之」という、開拓を遷善という一大目的と併せ、一石二鳥を狙いとしたのである。すなわち

(イ) 北辺未開の地に長期の流徒刑囚を送り自耕自食させ、政府に抗する危険分子を隔離排除、内地の監獄の拘禁の負担を軽減し、社会の治安維持を企る。

(ロ) 流徒刑囚の確実安価な労働力を活用、北海道開拓に当たらせる。

(ハ) 流徒刑囚の政過遷善を促し、人口稀薄な北海道に安住の天地を与え、自立更生せしめる。

ということである。明治一四年最初に開拓目的どおり設けられた樺戸集治監もこの趣旨から「抑モ本監創立ノ主旨タル明治一三年七月刑法ノ改定アリ、徒刑流刑ノ囚ハ皆之ヲ島地ニ発遣セラル事トナレリ、則チ島地監獄ノ設ケ無カルヘカラス」(樺戸集治監沿革略記)と島地監獄の語を用い、その収容区分も、明治一四年三月八日太政官布告第一七号により「刑期終身ノ者及国事犯刑期五年以上ノ者ヲ以テスル」を定め、集治監に入監する囚徒は「徒刑流刑及ヒ禁獄ノ刑ニ処セラレタル者ヲ集治スル所トス」(明治一四年九月一九日改正監獄則第一条)と、その拘禁対象を明定している。

その内地からの護送方法は監獄則第五八条・五九条により警察逓伝、年間三〜四次の押送を示し、明治一七年には仮留監(東京・

宮城・兵庫・三池）に一旦収容後、日を定めて集団護送することとなり、押送順序及聯合地方区域が定められ、道内についても明治二〇年七月三〇日北海道庁丙第一〇号達により札幌本庁は空知、函館支庁は樺戸、根室市庁は釧路の各集治監へ収監と定めている。ここに北海道が旧刑法の流刑地、徒刑地として送り込まれる体制が整えられたわけである。そうして本来は中国・九州に設ける予定の集治監も空知・釧路へ増設、屯田兵村建設・道路開鑿・農耕地開墾（樺戸）、幌内炭採掘（空知）、硫黄山アトサルプリ採掘（釧路）に振り分け開拓に充てている。

二　流徒刑囚による北海道開拓の方策とその実態

㈠　集治監による開拓の実績

創監以来明治二七年まで、作業は外役中心主義による官司業一色で運営せられたわけであり、明治一五年から二四年（就業延人員は一四年から）までの一〇年間の概略統計は左のとおりである（北海道監獄統計書）。

開墾地			二、二八五、三三五坪
	内訳	樺戸	一、二四三、九七五坪
		空知	七五〇、〇〇〇坪
		釧路	二九一、三六〇坪
道路開削			七〇里
	内訳	樺戸	四〇里
		空知釧路	三〇里
屯田兵屋			一、〇九〇棟
就業延人員			一一、四〇五、九一八人
	内訳	樺戸	四、五〇九、九九一人
		空知	五、三七一、六八五人
		釧路	一、五二四、二四二人

初期一〇年間の概略統計であるが、まことに大きな実績であり、この開墾農地は囚徒による北海道開拓の趣旨どおり殆んど民間移

民に払下げられ、道路は後世〝囚人道路〟などと呼ばれてはいるが北海道の動脈をなし、屯田兵村は開拓の拠点となるのである。

(二) 囚徒行刑上の諸方策

1　屯田兵との関連づけ……屯田兵は辺戍の役の発想に立ち、伊藤博文が太政大臣に集治監をして「万全鞏固ノ獄舎及ヒ其守兵ノ駐廨を興造シ」と、兵刑一体の行刑策を上呈したごとく、また樺戸の典獄月形潔が守兵配置に代わる予備看守設置を上申するなど、結局、樺戸本監には江別村、空知分監には滝川村、釧路分監には太田村(厚岸)を兵村とした屯田兵舎が配置され、開拓のための囚徒の手による屯田兵屋の建設と、集治監での暴動・逃走といった非常事態を間接的に警備し鎮圧に備える屯田兵とが組合わされ関連づけられていた。この経過は屯田司令部編纂の「屯田兵沿革」に、「此月江別村第三中隊週番所ニ番兵ヲ設ケ下士一名卒四名ヲ以テ警備セシム之レ其土地ノ僻遠ナルト樺戸空知両集治監囚徒脱監ノ途ニ当ルヲ以テナリ(明治一七年度の項)、「九月監獄長以下ノ官吏ハ屯田兵本部員ヲ以テ之ヲ兼ネシメ看守卒押丁ハ新ニ之ヲ置ク」(明治一九年度の項)と記されていることなどにより、それぞれ明らかである。

参考史料

樺戸集治監へ予備看守設置ノ儀ニ付上申

北海道へ集治監建設ノ上ハ守兵配置相成度旨曩ニ及上申候儀モ有之固ヨリ守兵配置ノ必要タルハ更ニ縷言ヲ俟タサル儀ニ候得共先般監獄局長石井邦猷ヲ樺戸集治監へ派遣候ニ付右警備等ノ義モ篤ト為取調候然ルニ鎮台ノ分営ヲ置カル丶ニ至テハ営所築造ヲ始トシ其他ノ経費僅少ナラス或ハ屯田長ヲ置カル丶ハ如何ト思料スルニ此亦許多ノ費用ヲ要ス因テ精々減員ヲ図ルニ看守ヲ増置シ其兵用ニ代テ其警備ヲナサシムルニ如カス現今俄ニ上文ノ如キ兵員ヲ配置セラル丶ハ固ヨリ容易ノ義ニ無之存候間当分予備看守百名置キ看守長七名ヲ附シ厳重警備ヲナサシメ傍ラ此ノ輩ヲシテ開墾ニ従事セシメ畢意本地ニ永住シ各自力ニ食ムヘキノ画策ヲ以テ奨励セハ国家経済ノ要儀ニモ相叶一挙両得ノ義ト存候条別紙予算書ノ通リ費金別途御下附相成候様致度本監建築ノ地方ハ寂莫無人ノ境ナルヲ以テ未タ曾テ巡査ノ配置等モ無之若シ兇囚等暴威ヲ逞スルヿアラハ他ニ応援ヲ求ムヘキ途絶テ無ク在勤官吏ヲシテ為メニ犠牲トナラシメ猶且ツ幾多ノ人民ニ其ノ害ヲ及スヘクヲ想ヒ茲ニ至レハ片時モ捨置ニ忍ヒサル次第ニ付此状深ク御洞察速ニ御裁可被下度候也

明治十四年十月五日

内務卿　松　方　正　義

太政大臣　三条実美殿

上申ノ趣キハ守長三名、看守五十名増置聞届候條経費ノ儀ハ本年度北海道監獄建築費ノ内ヨリ流用支弁サルヘシ

明治十四年十二月十九日

(空知分監沿革記・全・庶務課・明治廿四年十一月)

㈟ 屯田兵の兵種を憲兵とすることにより予備看守に代え、逃走・暴動事犯に対処させ、屯田兵村をいずれの集治監の近隣に配置した。

2 典獄の裁判権行使……脱監者から開拓農民を保護すること、および訴訟経済（裁判に要する時間と手間）・行刑の強化を目的として、典獄に囚人犯罪のうち軽罪に関する裁判権を付与した特別措置は、広大な原野にある北海道開拓ならではのやむを得ぬ偏則的処置であったが、この速戦即決の処置は実際的で有効であった。しかし、その罪名別処断表にみるごとく空知分監が最も多いのは、幌内炭採掘最盛期を囚徒に充てたため、慢性的な過剰拘禁が継続、囚徒同士の喧嘩・殺傷・反則事犯に起因した囚人犯罪による。逃走についての裁判は樺戸が全裁判件数の六一％、空知が三九％と、広域を抱える樺戸が最も多かったことを知る。

3 囚徒検索戒護の実際……これらのことは、犯則の種類、罰件数、逃走件数らの諸統計により明らかで（本書では省記）逃走防止の方法として重罪囚と軽罪囚（あるいは刑期をかなり務めた残刑の短い囚）を一組にして連鎖、就役させたと伝えられている。

4 囚徒強化の実際……宗教による教化は曹洞宗鴻春倪、真宗大谷派中島円諦らを始めとして、開監時より熱心に続けられており、特に明治二一年から釧路分監の教誨にたずさわった原胤昭などキリスト教教誨師団による北海道全集治監の教誨独占といえる一時代も現出、これは不敬事件に関連づけられ、あるいは中傷による坐折をみるが、この他、国事犯による囚人学校風の学習とか、米国留学経験のある典獄大井上輝前の手ほどきの囚人野球も伝えられ、多彩で熱心で、これらの成果は賞与件数などの統計数字からも伺うことができる。

5 囚徒の健康と衛生状態……北海道独自の囚徒日課は、夏は朝四時から午後六時まで、冬は六時四〇分から午後五時二〇分までと、日照時間の許す限り服役させられているが、その初期一〇年間の衛生状態・安全管理への配慮は極めて劣等で、樺戸集治監御用掛医師立花晋が内務卿山田顕義に建言した書、あるいは「日本刑法論」を著わす岡田朝太郎博士が見聞した報告書、留岡幸助の「監獄作業に就き印南於免吉に一書を与ふ」などにあるとおりである。罹病表・死傷者表などからみて空知が最も悲惨な実情にあったことが知られる（「北海道監獄統計書」）。

㈢ 開拓の動向と囚徒取扱いの変化

北海道開拓に向けた囚徒の扱いは、ハーバード大学で法律学を学んできた弱冠三二歳の太政官大書記官金子堅太郎が明治一八年七月に提出した北海道三県視察の復命書に「ヨロシクコレラ囚徒ヲ駆ツテ尋常工夫ノ堪ユルアタワザル困難ノ衝ニアタラシムベキモノトス」とあるように、まさに囚徒にとり冷酷無慙な呪うべき死の奴隷憲法発布ともいえる考え方が示されている。

これを更に助長するごとく内務卿山縣有朋は「懲戒駆役堪え難き労苦を与え、罪囚をして囚獄の畏るべきを知り、再び罪を犯すの悪念を断たしむるもの、是れ監獄の本分なりとす」との、いわば〝懲役は苦役をもって本分とすべし〟という『苦役本分論』（学問的には懲戒主義論と呼ぶ）なる有名な訓示を行なっている。これは全国の監獄に送ったもので、北海道だけのものではないが、当時、国民も監獄官吏も囚人も、それが至極当然なことであるとする考えが支配的であり、何等反対論などはなく、当時の原則・常識に沿ったものであった。

ところで明治二七年から、これまでの外役主義が監内作業の内役主義へと移ってゆく傾向をみるのであって、これは北海道開拓への行刑に託された使命が一応達せられたと判断せられた時点を示すものである。しかし行刑の中枢では、例えば監獄局の属官印南於兎吉のごとく徹底した懲戒作業論を主張する人物もおり、この思想はなおしばらく払拭できる状況ではなかった。

しかし明治三〇年の英昭皇太后の大恩赦は、明治期最初の大恩赦で重罪囚に大きな光明と改善の機会を与え、北海道の囚情は一変することとなっている。重罪囚の大量恩赦出獄で網走分監は一時閉鎖、同時に十勝分監を網走に代えて内陸部の重罪監獄にする構想が芽生えるなど、各監共に囚情は安定、整備せられ、網走分監・網走監獄はこの頃より広大な山林・農地を抱え、模範的な農業監獄として本格的に開拓の成果を結実させる動きをみせてゆく。

三　北海道開拓と行刑の功罪

㈠　旧刑法流刑の機能・成果の検討

北海道集治監の毎年度末囚徒人員をみる場合、旧刑法の流刑に該当した者は明治二四年末までに一一名を数えるにすぎず、他は一二年以上の有期・無期の徒刑囚である。この意味で副題の厳密な意味に沿わぬところであるが、刑法上この島地監獄への長期徒刑そのものが流刑に準じたものである。ともあれ旧刑法の法制そのものが北海道の植民政策・国家の刑事政策に合致、右に示す成果を挙げたことは事実である。こうした囚徒による開拓を容易にした事由には、一つには原住民、先住民であるアイヌが漁撈を主として生計をたてる温和な少数民族であるため、地権についての争いがなかったこと、もう一つは死一等を減ぜられたに等しい重罪囚の集団を思い切って起用したため、長期の独居拘禁といった閉鎖的重罪処遇より新天地の広大な北海道での外役処遇に出精、緊急開拓という国家の行政目的を強行し得たことである。

現代、北海道行刑の残虐性を指摘して「北海道行刑は残虐で失敗の歴史であった」との史的批判もみられ、囚徒の罹病・死亡率の高さなどを比較、批判する一面も諸論文でみられていることも確かである。ただこれは風土病・防寒対策への研究が不充分であったこと、予算不足であったことも否めぬ事実である。また立法上、監獄則は小原重哉が香港・シンガポールなど、英国の東南アジア系植民地監獄を視察、図式として模写して作られたもので、いわば温暖な地方の風俗をモデルにした亜熱帯モンスーン型監獄則であり、服装などは香港クーリーを模した軽装の製式で、そもそも寒冷地北海道には不適なものを全国画一に施行した監獄則の欠陥がもたらした点にあることも反省の一面であったといえよう。

(二) 北海道行刑の現代的認識

ある時期、ある場面において残虐であった事実を認めるものの、当時の監獄当事者に代わって言葉を補えば、全般的にいって日常の遇囚にはそれなりの人道的配慮がなされ、職員・囚徒が一体となって開拓が進められたもので、残虐な取扱いではこれほど長期かつ多岐にわたる事業の遂行はでき得ないものであった。そこには綿密な工夫もみられ、拓殖行政の便宜と効率化から集治監を本分監合一の制として足並みをそろえ、本監樺戸の事務分掌も内地の監獄と異なり、開拓に適した庶務（医務所もこれに含む）・警守・農業・会計とし、その開拓作業の実施方法は仮監（外役所）による移動転進を繰り返す延長方式といえるもので、決して無思慮に囚徒の集団を孤立点在させたものではなかった。樺戸・空知から網走・釧路・十勝と、リレー式に開拓を一貫して遂げており、功罪両面からの指摘はみるものの、明治以降、わが国の国防・治安維持に北海道が安全弁的な役割をなし、その礎として長期重罪囚が贖罪と共に開拓のブルドーザー的役割を果たした言い知れぬ労苦と功績を率直敬虔に認識したいと思う。

三　諸外国流刑制度との比較研究

(一) 世界三大流刑国の特色

古くより強大な権力のもと罪囚を刑奴・流刑人として採鉱・築城・王墓の建設などに充てる形態は、事例として数多く挙げられる。ただ個人を国内の島地に配流するのではなく、はるかな遠隔地・植民地など未開の荒野を開拓する大集団規模の流刑制度は、世界の三大流刑国といわれるフランス、イギリス、ロシアを例示することが適当であろう。この研究は拙著『図説・世界の監獄史』（柏書房、一四七頁以下）に記すものであるが、簡単に図表化すれば次のごとくである。

	場所	護送方法	戒具	特色
フランス	（南米）ギアナ・アルジェリア （豪州東部）ニューカレドニア	軍艦・商船による海上護送	片足に鉄丸付着	政治犯・常習累犯の追放的性格
イギリス	（北米）アメリカ東岸 （豪州）シドニー周辺 ノーホーク島 タスマニア島	海兵隊の船団による海上護送	片足に鉄丸付着	点数評価による仮釈放・保護観察制で現地に土着定住をはかる
ロシア	（極東）シベリア サハリン島	剣付銃軍人引率による流刑隊として徒歩行進	流刑地では両手を鎖で拘束頭髪を半分剃るなど逃亡時の目印とする	政治犯としての追放的性格・集合流刑家族同伴を認める事実上の家族刑

フランスは本国と異なる熱帯地アフリカであるため風土病で多数死亡する異常事態を招いており、ロシアは苛酷な寒冷地でその生活・強制労働は悲惨であったと批判される。イギリスは産業革命後に発生のロンドン周辺の犯罪者・売春婦などを新大陸の植民地に送っているが、アメリカの独立後、オーストラリアへの流刑がなされており、次に記すとおりである。

(二) 網走監獄とオーストラリア流刑地との比較的所見

法務省矯正研修所教官時代に旧刑法下の流徒刑体制による北海道開拓の実情を学会発表したことを踏まえ、視点を本国イギリスの流刑地オーストラリアに向け比較研究する機会を得た。それは中央学院大学比較文化研究所長時代、単独研究および一部共同研究の形をとり、『北海道とオーストラリアの流刑制度の比較研究』と題したもので、オーストラリア南方タスマニア島にあるポート・アーサー Port Arthur 流刑監獄を中心とした調査研究であった。その研究は同研究所紀要『比較文化』第六号〜八号に三回に分け発表した。紙数多くここでは第八号所掲のその一部を簡略に説明、その実態を網走監獄と比較し所見の一端としたい。

私は北海道とほぼ同じ面積をもつこのタスマニア島（旧名バラディエモン島）に三回、研究に訪れ滞在したが北海道網走と実によく似ており、美しい景観の地である。現在この地へはシドニーからカンタス航空でロス海峡を越え、タスマニア南東部唯一のホバート空港に降り立つ。そこより数少ないポート・アーサー行の自動車便で所要約三時間、入江が複雑に入り組んだエメラルドの別天地ポート・アーサーに至る。かつての監獄の廃墟とはいえ、各丘陵や森に点在する要塞・監獄・病院・教会、それに前面入江に浮かぶ死の島（囚人墓地の島）と、まさに絶景といえる一大パノラマを眼の辺りにする。しかし丹念にその一つ一つの建物に近づき、入り、泌みついた赤煉瓦の褐色のサビ、それに噛む無情な鉄格子を仰ぎみることにより、流刑囚の姿を眼前に回想させる雰囲気が漂い迫っている。まさしく、かつての監獄そのものに他ならない。太平洋戦争の終戦後、昭和二四年、進駐の連合国軍占領下オーストラリア軍司令官のオブライエン大将が網走刑務所を選び視察に訪れたのは、古くオーストラリア流刑地跡に似た網走に特別の興味を抱いたからであるといわれ、私がこの地を訪れたときの相似た感慨と交錯共鳴するものがあったろうと思われる。オーストラリア流刑史を簡略調査作成してみると次のような経過をたどっている。

一七八七年　五月一二日、イギリス本国の流刑囚をロンドンのニューゲイト監獄に集結、ポーツマス港より第一回流刑囚船団First Fleet 一一隻（旗艦シリアス号 Sirius、同伴艦サプライ号 Supply、大砲を備える囚人護送船六隻、二カ月分の食糧など積載の物資輸送船三隻）出港、同囚人護送艦隊には一、〇四四名の流刑囚を乗せており、その内訳は乗組士官二〇名、警備の海兵隊水兵と人夫二〇六名、これら水兵の家族四六名（妻二七名・児童一九名）、男流刑囚五六八名、その同伴児童一三名、女流刑囚一九一名（同伴児童なし）

一七八八年　一月二六日　第一回流刑囚船団はケープタウン（喜望岬）を迂回、八カ月余りを費し、一五、〇〇〇マイルの危険な波濤を越え、一月二〇日シドニーの南ボタニー湾内に入港、さらに北へ九マイル移動したポート・ジャクソン（現在のシドニー）に無事到着、航海中に男囚二〇名、女囚三名が病死。

上陸囚はシドニー近郊の開拓に従事、規則違反囚は本国ポーツマス港内にあるセントヘレンス・ポート要塞監獄島に似たシドニー港内フォート・デニスン要塞監獄島（現存）に拘禁される。

一七八八年　二月一四日　第一回流刑囚船団で上陸の行状不良者・累犯者、二〇日後にシドニーより北東九三〇マイルの孤島ノーホーク島キングストンに転送。

一七九一年　七月、イギリス本国より流刑囚船団一〇隻がオーストラリアに向け出港、一一、〇〇〇人の流刑囚のうち一八〇名以上が航海中に死亡、以後も流刑囚専用護送船ヨーク号やレディ・フランクリン号など数多く往復。

一八〇八年　ノーフォーク島からタスマニア島に不良流刑囚を強制移送。

一八四〇年　マコノキー大尉、暴動などで荒れるノーフォーク島監獄典獄に希望して就任、点数制累進処遇など実施して成功。

同年、タスマニア島のポート・アーサーにオーストラリア各地の流刑囚を集禁。

一八四二　ポート・アーサー入江に流刑囚集禁に対応した新監獄増設か、明らかでないが鉄格子付四階建製粉所・穀倉が設けられる。

一八四四年　ポート・アーサーに成人用の堅固な石造模範監獄が本国のペントンビルをモデルとして急遽建設される。

同年、先の製粉所・穀倉が感化院と称しタスマニヤ島内の少年囚を収容。

一八五三年　製粉所・穀倉を正式に感化院として転用、共同寝室五一三人分、独房一三六と台所を加設、一四人を必要とする製粉水車小屋の踏車（懲戒手段として踏ましたという）も備え、ノーホーク島の少年囚を受け入れる。

一八七七年　ポート・アーサーの流刑監獄廃止される。元囚人居留地も閉鎖され、同地の回遊者・収容保護されていた前科ある貧困者・病者・精神疾患者の施設も取り壊されてゆく。

オーストラリアの流刑囚の累進制成績評価

〔男子流刑囚の区分〕

第七ランク……最下級で足首に鉄丸鉄鎖付着の重労働を言い渡された、厳しい監視を必要とする特別の長期重罪囚

第六ランク……流刑とされた植民地内で有罪となり、刑事施設内で監視付・鉄丸鉄鎖付着の重労働判決を言い渡された要注意囚

第五ランク……人間に科され得る限度の鉄鎖付き重労働囚

第四ランク……道路工事団に所属の連鎖付囚人

第三ランク……政府直属の公共工事に従事できる連鎖付囚人

第二ランク……入植自由移民に譲渡され、その信頼と保護のもと服従して働ける囚人

第一ランク……総監により仮出獄証書が与えられた優良囚。悪行あれば取り消されるが、なければ労働による報酬を受け、財産

20世紀のオーストラリア地図

図1．組織上の比較図

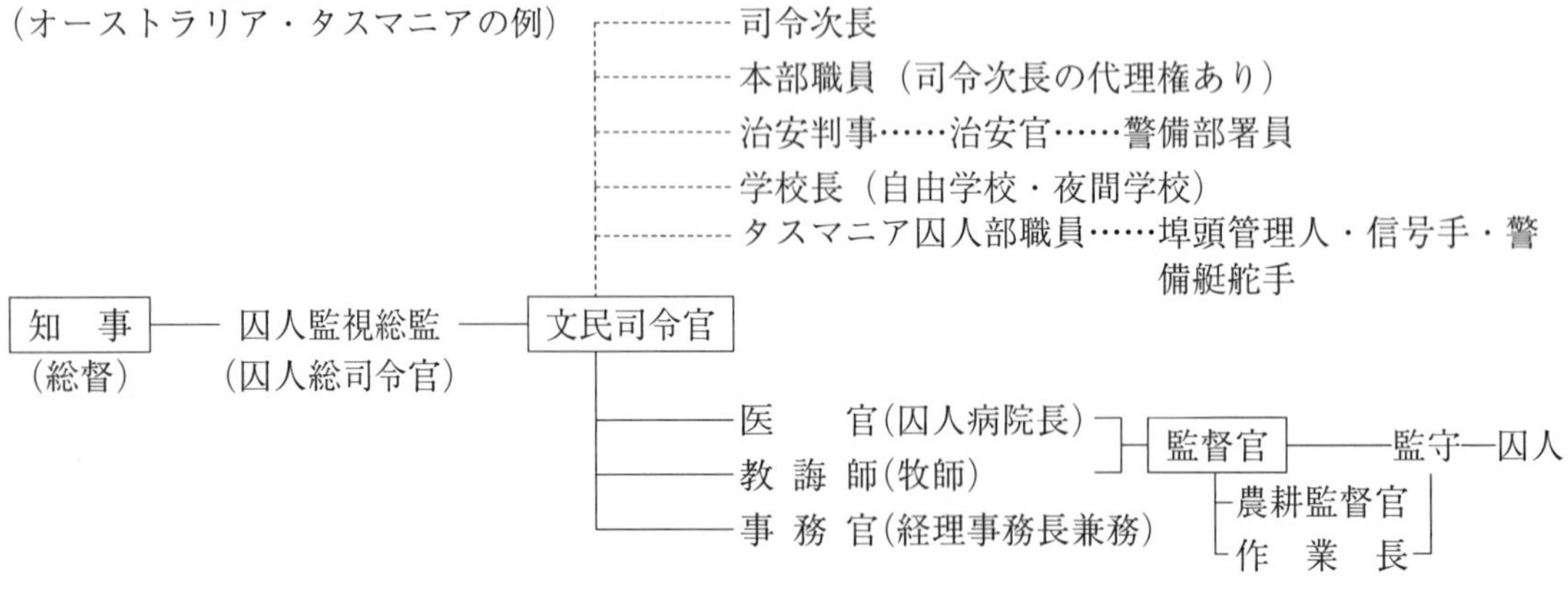

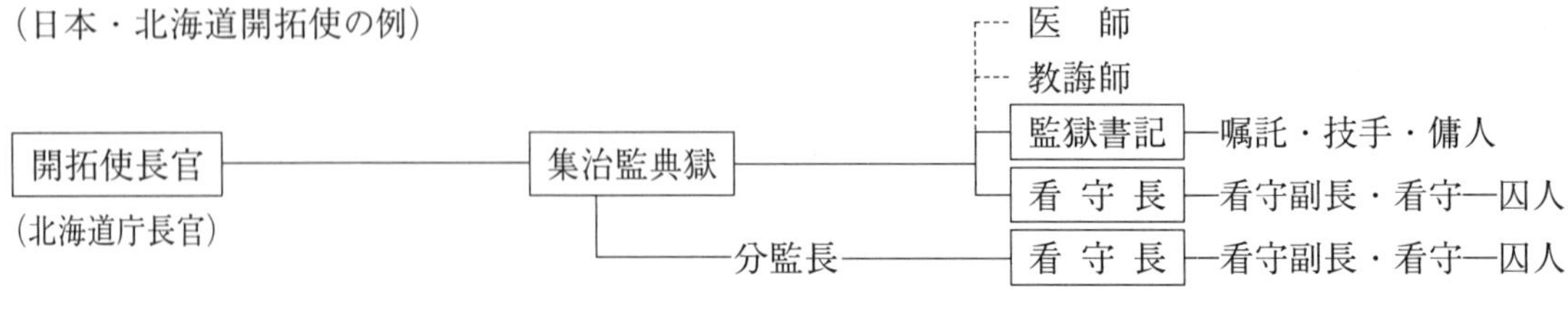

図2　処遇上の相違点をみる比較図

	オーストラリア（タスマニア）	日　　本（北 海 道）
施　設　名	囚人居留地と駐屯地	本監と分監および泊込外役所
建　造　物	石造ないし赤煉瓦監房で外塀なし	木造監房で板囲い黒塀
立 地 条 件	海岸港湾部に近隣して設置。船付場あり	内陸部平坦地、川の曲折部を選定
気 候 風 土	温暖やや多雨、製材、採石、放牧に適	寒冷積雪地帯、農耕、製材に適
拘 禁 対 象	成人、少年、女子	女子は一切受入れず
罪 質 刑 期	刑期２年以上終身刑、重罪、軽罪、保安処分の対象まで含む	刑期12年以上無期刑、重罪のみ
囚 人 名 簿	登録簿と呼び、自己が護送されてきた船舶番号が基本	身分帳と呼び、戌申など干支を年号として頭文字に囚人番号を付す
敬　　　礼	職員、兵士の横を通過するときは帽子に手をやること	特になく日本式に頭を下げる黙礼
書 信 発 送	本国の家族宛書簡は理由ありとされた場合は官費で無料	成績により差異、自己負担
書 信 検 閲	文民司令官が検閲し許可	戒護本部職員及び教誨師が検閲。のち教誨師が教誨原簿に記録
金 銭 所 持	上級囚人に所持を認める	一切所持せさず領置金とする
喫　　　煙	善行および勤勉の報酬として許可	一切認めず
調　　　髪	月に１度短髪、口髭不許可	月に１度丸刈
囚　　　衣	黒と黄色のツートン・カラー原則。１級囚と刑期３年以内は鼠色	柿色１色（作業衣・舎房衣の別あり）
下　　　着	夏は週２回、冬は週１回取替	単衣３日毎・襦袢５日毎（明治５年）
囚人生産物	居留地公庫に帰属	すべて国庫に納入する
没　収　物	居留地公庫に帰属利用	利用もしくは廃棄
子供との接触	厳格に分離し警戒	路傍・農場脇で囚人とあいさつ、会話など黙認
反 則 行 為	自己の衣類番号抹消などあり喧嘩・逃走企図など	自己の衣類番号抹消などの反則なく、他の反則はオーストラリアと類似
逃 走 連 絡	全域警報を信号手を通じ警備部署全域に通報	空き缶を叩き、または口頭連絡。屯田兵村に通報
警 備 器 具	望遠鏡、武器弾薬	サーベル、棍棒
再　犯　者	隔離について厳重な区分あり	特別の区分なし

所持が認められ、独立小屋に居住、保護観察のほか自由の制約が最も少ない囚人

〔女子流刑囚の区分〕

第三ランク……男子の第七ランクに相当する長期重罪囚。最初は廃船による代用拘禁によるが、のちホバート郊外カスケイドの拘禁所（女囚工場）で執行

第二ランク……比較的軽微な窃盗・売春などの事犯を対象とした区分、男子の第四ランクに相当

第一ランク……入植自由移民への譲渡に適していると認められる女囚

（拙著『図説　世界の監獄史』一五八頁）

これらの年表・管理上の組織・処遇上の相違点・点数による累進の成績評価とランク付けなどを通しさまざまなことが論評できるが、処遇上の相違については、いつの時代も、いかなる国も、囚人処遇の発想とその日常実務には共通したものが多く、対談禁止などの禁止事項、諸種の命令遵守事項、逃亡に対する処罰などがそれである。しかしながらよく分析してみることにより、両者に伝統的な囚人処遇の思想的・慣習的違いの片鱗が諸々にみられるのである。

また最下級のランクから成績を信頼度により仮釈放・赦免へと累進する成績評価についてであるが、流刑されるほどの女子は大部分重罪で女子の最下級第三ランクに該当するが、女子は外役に充てることが不適当であること、および植民地事情から女子が少なく保護観察・仮出獄扱いによる解放が多いものであった。一八五〇年を過ぎても流刑囚の数はなお入植自由移民の数を上廻り、タスマニアの流刑囚管理の財源もいっそう厳しくなっている。累進男子も保護観察の拡大適用により外出許可・仮出獄となっていながら、不況による失業が多く、累進制は十分に機能したとはいえない実情にあった。ただ処遇制度として病院・教誨の制度はよく整っており、刑期が終れば銀行に強制預金させられていた本人の所持金（領置金）に五パーセントの利息をつけ返還されたという点は、当時として行き届いた制度といえるものである。

ともあれタスマニアのポート・アーサー流刑監獄は複雑な入江をもつ半島の先端湾口にあり、そこに到るにはデュナリーとイーグルホーク・ネックという二カ所の狭窄地点で連結された、逃亡不可能な袋の鼠といえる立地にある。それに逃亡企図者や再犯の兇悪不良囚はポイント・ピュエルの海岸べりに恐怖の地下監房 under round cell at the coal mines と呼ばれる、石炭坑道様の地下監房に幽閉されることがあったといわれる。これは網走監獄の重屏禁房に該るものである。ただ網走監獄には堅固な赤煉瓦外塀が築かれ今

に現存するが、ポート・アーサーでは最初から外塀がなく、地形で逃亡を阻止できると確信しており、両者の大きな相違点と指摘できるところである。開拓の作業にはポート・アーサーでは銃で武装された特別編成の英国工兵隊が指導・監視にあたり重労働に服させており、反抗的行為や逃亡など大きな規制違反には重罪囚として裁判に付され、オーストラリア本土のメルボルン監獄に護送されるのである。

参考史料

英本国グロスターの巡回裁判所でオーストラリアに流刑となった人々の公告

AUGUST. 3rd 1826,

SENTENCES Of all the Prisoners TRIED AT Glo'ster ASSIZES.

F Thos. James, for breaking open the house of John Nicholls, of St. James' Bristol, and stealing shirts, &c. Death recorded.

Wm. James, for breaking open the house of John Cox, of St. Philip's, Bristol, and stealing 20 lbs. weight of cheese 7 Years Transp.

Arthur Britton, Samuel Crow, and Wm. Crow, for robbing Ann Hicks, on the highway, of 200 guineas in gold Acquitted

Wm. Williams, for attempting to commit a rape on Hannah Roberts, an infant 10 years of age, at Littledean 3 Years Imp.

George Gwilliam, for intent to commit a rape on Mary Gwilliam, of Stanton, against her will 3 Years Imp.

James Jones, stealing a gelding from J. Calloway, Bristol Death rec.

James Turner and Thos. Pegler, for robbing J. Underwood on the highway, of a hat Death rec.

Wm. George, Thos. Parker, and Eliz. Parker, for house-breaking, at Old Sodbury, and stealing a bed quilt 7 Years Transp.

Charles Bence, Henry John, Wm Hill, Doctor Turner, for a riot, at Pyrton, and assaulting several of his Majesty's subjects, particularly J. Coiter—pleaded Guilty: Entered into their own Recognizance.

Robert Hudson, for assaulting Jane Neale, at Stroud, with intent to commit a rape Two Years Imp.

John Mico, and Robert Shackle, for stealing 2 sacks and 3 casks, from J. Staite, of Bristol 7 Years Transp.

Richard Fowler, for stealing hay, at Winterbourne 12 Months Imp.

John Cosburn, Sam. Watkins, and Richard Kirby, charged with killing and slaying John Richins Acquitted

George Cooke, for housebreaking at Dursley, and stealing a tea caddy, & other articles 7 Years Transp.

Charles Bessell, Marshall May, and Richard Groves, for breaking open the cellar of A. Johnson, at Baptist Mills, and stealing 2 dozen bottles of wine Bessell and Groves, Death rec.; May, No Bill.

Sarah Mears, Sarah Orchard, Mary Ann Smith, Resolba Hopkins, and Ellen Wayland, for receiving the above wine, well knowing the same to have been stolen—Mears 14 Years Trans. Orchard, Smith & Wayland Acq. Hopkins, no bill

Geo. Goode, for killing T. Hawkins, at St. Briavel's 18 months Imp.

Thos. Gardiner, for housebreaking at Chalford, steal. cloth CONDEM.

Wm. Chivers, for breaking open the house of Fran. Cam, at Iron Acton, and stealing 21 cheeses Transp. for Life.

Thos. Mills, and Wm. Mills, for breaking open the house of Wm. Cousins, at Wotton-Underedge, and stealing cloth—T. *Mills*, Evidence; Wm. *Mills*, CONDEMNED.

Hester James, Stephen Woodward, Job *Mills*, Wm. Dyer, John Dyer, Wm. Somers, and John S. Vines, for receiving the above cloth, knowing it to have been stolen—Woodward & James, Acq. the others ordered to remain.

Rich. *Mee*, for stealing a bottle of brandy at Cheltenham 7 Years Tr.

Jas. Hayward, James Kerry, Fred. Clements, and Geo. King, for a burglary in the house of Fanny Newnuryi in Cheltenham, and stealing shoes, &c. Hayward, King's Evidence; Kerry & Clements, Acq. King, DEATH

John Farmer, for attempting to commit an unnatural crime on J. Chappell Acquitted

Elizabeth Jones, for stealing calico, the property of W. *Mumford*; also for various other felonies, at Tewkesbury Transp. for Life

Wm. Evans, and John Denner, for breaking open the cellar of A. Johnson, at Baptist *Mills*, and stealing 5 dozen bottles of wine Death rec.

Isaiah John Langstreeth, for stealing tea, at Tewkesbury 7 Yrs. Transp.

H. Bonner, Printer, 4. Unity Street, St. Philip's Pain, Bristol.

タスマニア州地図

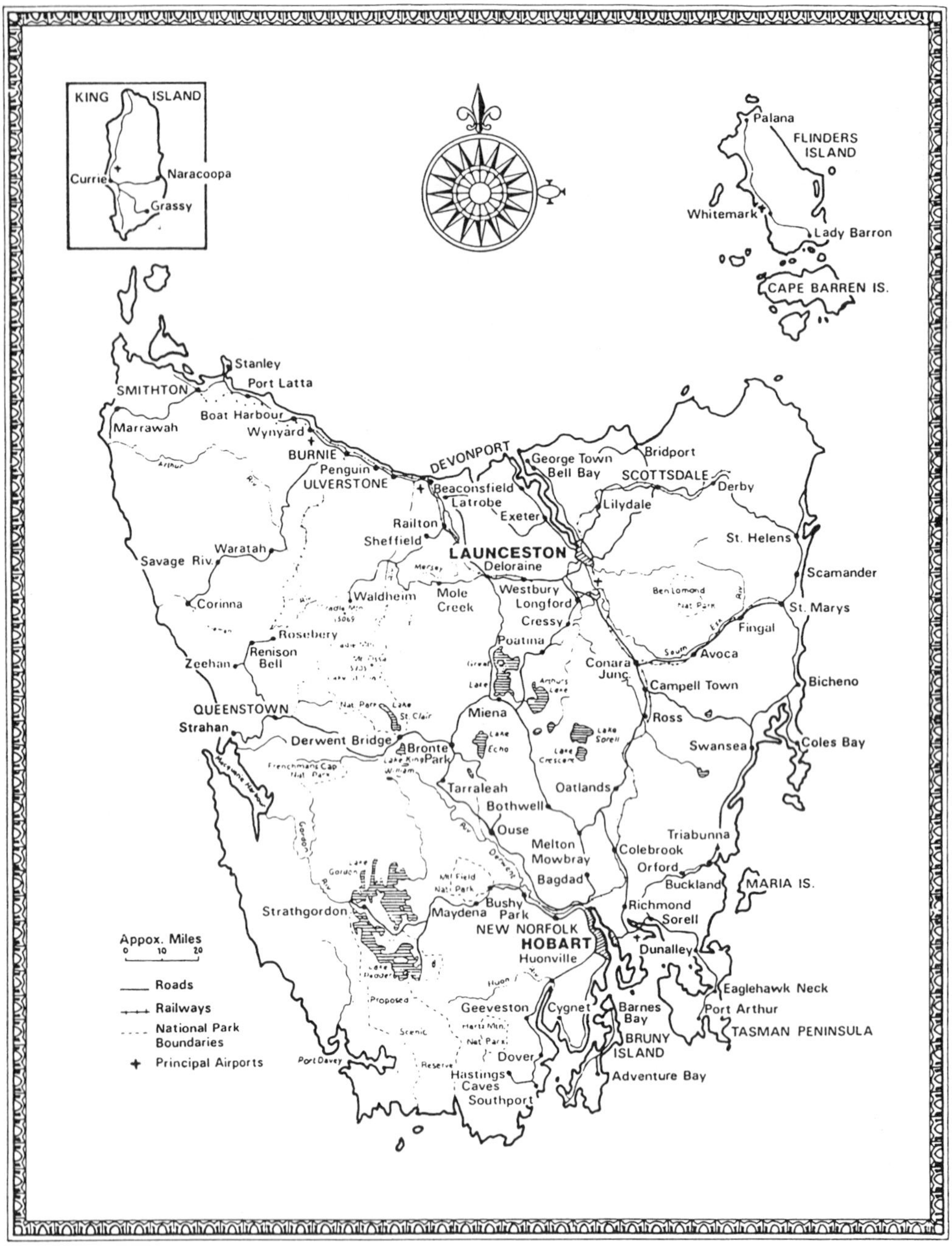
KING ISLAND
Currie
Naracoopa
Grassy
Palana
FLINDERS ISLAND
Whitemark
Lady Barron
CAPE BARREN IS.
Stanley
Port Latta
SMITHTON
Boat Harbour
Marrawah
Wynyard
BURNIE
Penguin
ULVERSTONE
DEVONPORT
Beaconsfield
Latrobe
Exeter
George Town
Bell Bay
Bridport
SCOTTSDALE
Derby
Lilydale
Railton
Sheffield
LAUNCESTON
Deloraine
St. Helens
Scamander
Waratah
Savage Riv.
Corinna
Waldheim
Mole Creek
Westbury
Longford
Cressy
St. Marys
Fingal
Rosebery
Renison Bell
Zeehan
Poatina
Avoca
Conara Junc.
Campell Town
Bicheno
QUEENSTOWN
Strahan
Miena
Ross
Derwent Bridge
Bronte Park
Swansea
Coles Bay
Tarraleah
Oatlands
Bothwell
Ouse
Triabunna
Melton Mowbray
Colebrook
Orford
Bagdad
Buckland
MARIA IS.
Strathgordon
Maydena
Bushy Park
Richmond
Sorell
NEW NORFOLK
HOBART
Huonville
Dunalley
Eaglehawk Neck
Geeveston
Cygnet
Barnes Bay
Port Arthur
TASMAN PENINSULA
BRUNY ISLAND
Dover
Adventure Bay
Hastings Caves
Southport
Port Davey
Appox. Miles
0 10 20
Roads
Railways
National Park Boundaries
Principal Airports

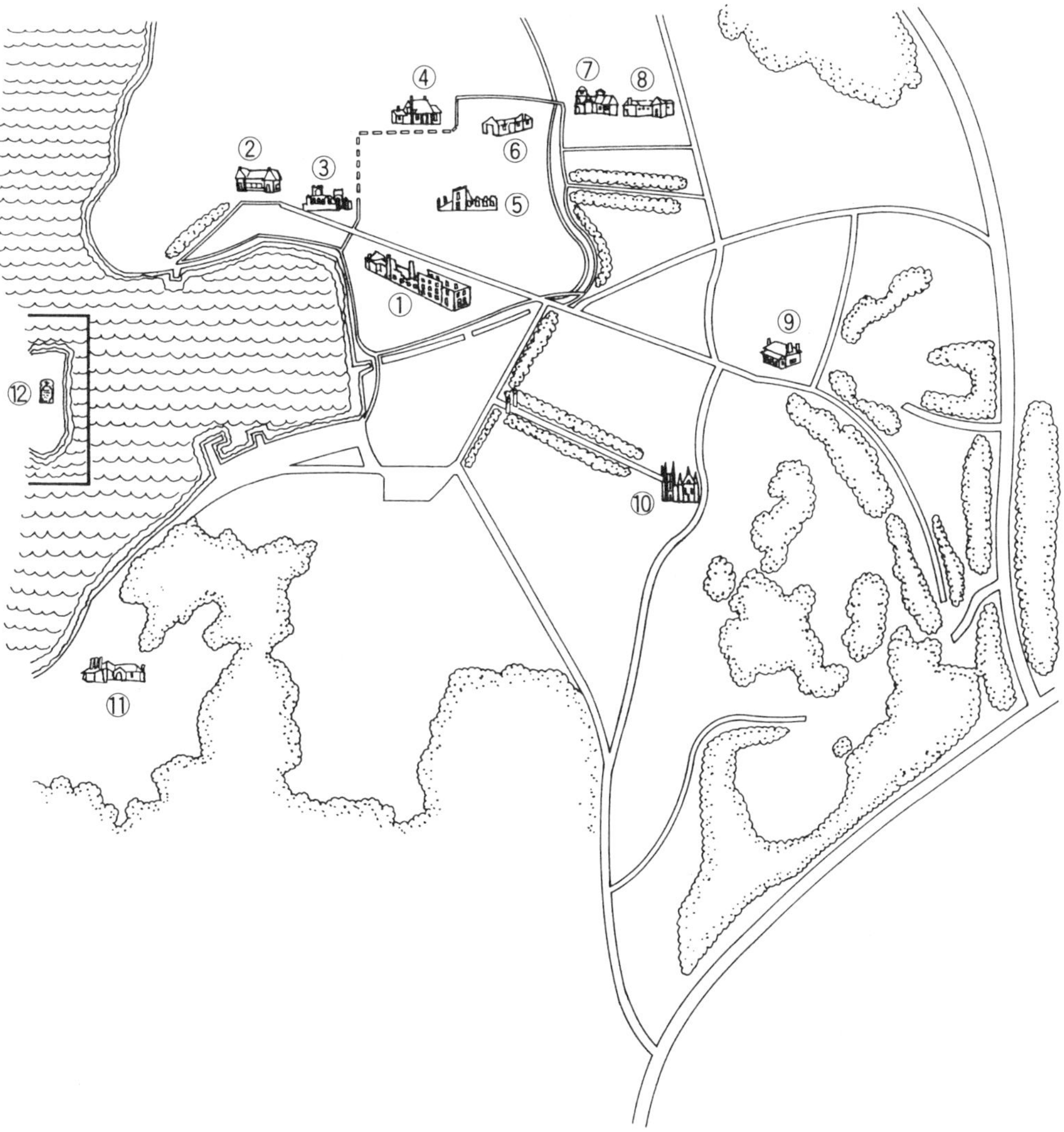

ポートアーサー監獄跡廃墟見取図

①感化院（元監獄）製粉所と穀倉（PENITENTIARY/FLOUR MILL AND GRANARY）
②司令官官舎（COMMANDANT'S HOUSE）
③監視塔と軍人用住宅（GUARD TOWER AND MILITARY COMPLEX）
④スミス・オブライエンの小住宅（アイルランド貴族の流刑小屋）（SMITH OBRIENS COTTAGE）
⑤病院（THE HOSPITAL）
⑥ポーパーズ・メス（PAUPERS' MESS）
⑦アサイラム（保護施設）（ASYLUM）
⑧模範監獄（THE MODEL PRISON）
⑨若年医務官官舎（JUNIOR MEDICAL OFFICER'S HOUSE）
⑩教会（THE CHURCH）
⑪造船所（THE DOCKYARD）
⑫死者の島（ISLE OF THE DEAD）

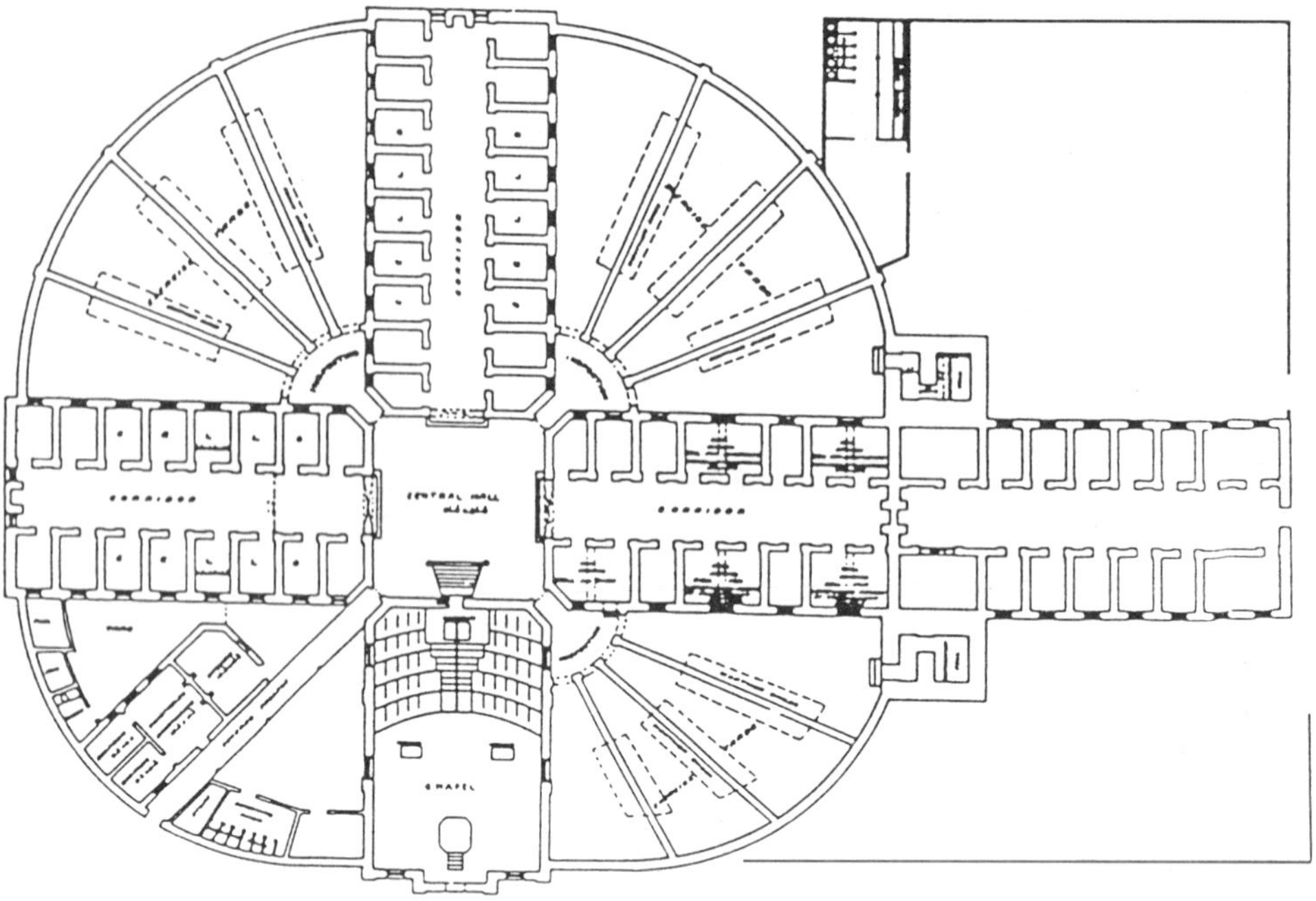

モデル・プリズン平面図

モデル・プリズン平面図。左右上下の翼をもつ十字型獄舎。下翼（西側）が五段の階段教室型教講堂 Chapel。各翼には左右に箱型に突出して懲罰房が２ヶ所特設されている。扇形（放射状型）で３つにそれぞれ区画されている所は個人運動場。（監獄資料館提供）

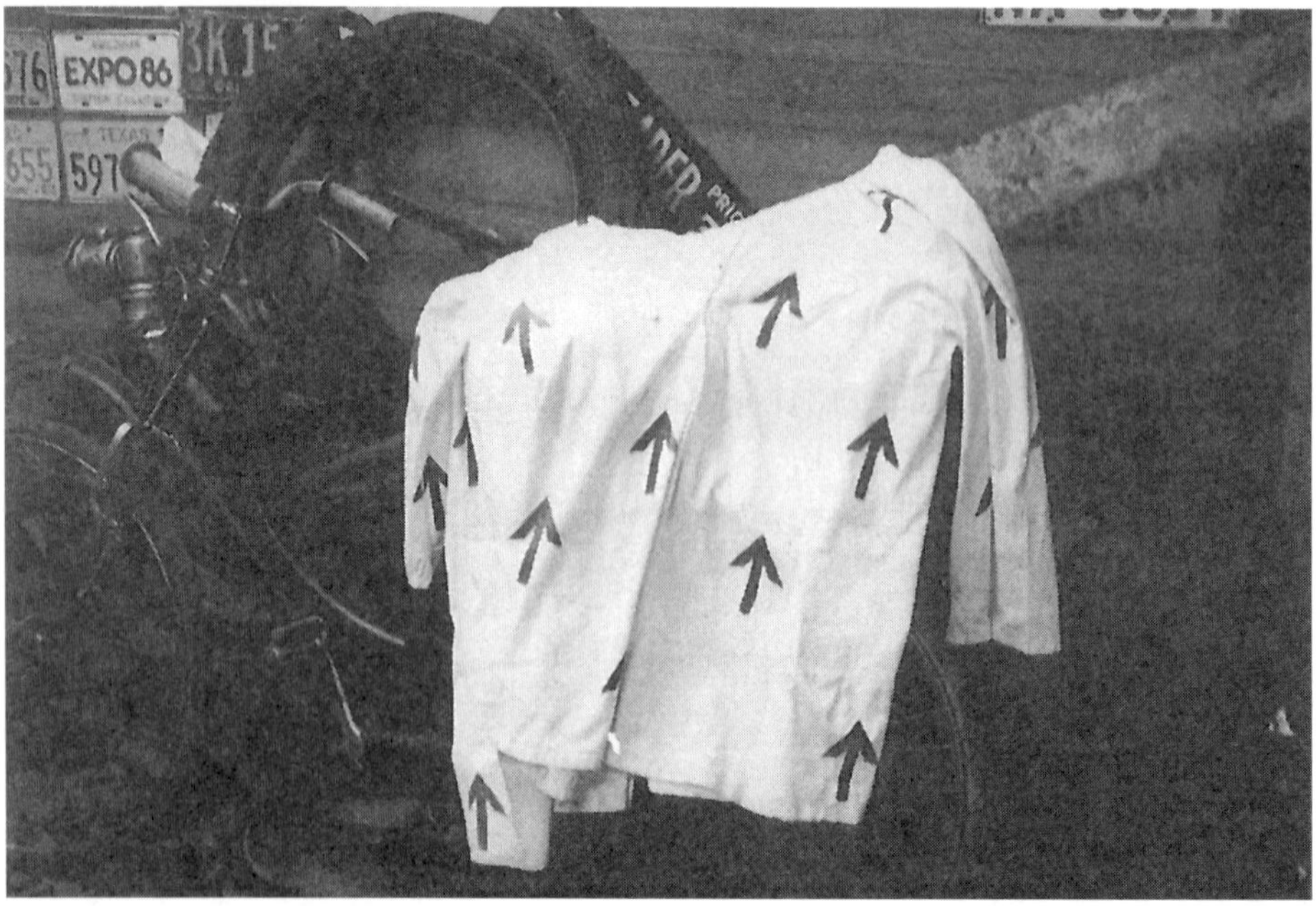

矢印のついた流刑囚の夏の衣服

Copping 村の私営博物館に展示の囚人服（夏用シャツ）。白地に矢印模様という世界の囚衣でもめずらしい図柄である。

流刑囚・重罪囚の暗室拘禁懲罰時の姿態（人物はマネキン）

（左下図）暗室拘禁懲罰囚。両手両足を鉄鎖で緊縛、両手は皮ベルトに接続した金属アームで固定されている

（監獄博物館提供）

第三章　北海道各集治監の開拓業績

一　開拓分野別の業績

(一)　屯田兵村など家屋の建設

囚徒の手になる札幌本府周辺の家屋建設は、苗穂の札幌監獄署の初期、附属の自営建造物などをみるが、社会的に知られるものには札幌監獄署の囚人が札幌桧山通り（現在の南三条西七丁目）の薬厳学校（小学校）の建築に従事したことが知られる。これは二階建（三五〇㎡）暖房設備をもつ丸太積みコサック兵屋を模したもので、一年間を費して明治一三年一一月に完成している。

これにつづく明治一四年夏の樺戸各集治監庁舎・獄舎、その後の空知・釧路集治監は、囚徒の手ではなく大倉組（現在の大成建設）の請負で造営、その附属する倉庫・外役小屋は、いずれも〝おがみ小屋〟と呼ばれた丸太小屋形式で、囚徒の手で建築されている。囚徒によるものは樺戸の月形小学校・知来乙小学校（樺戸の分校）・北漸寺本堂・円福寺・村立月形病院・旅館（階楽亭という月形唯一の迎賓館）・風呂屋（月形柳橋河畔）などがとくに知られていよう。

このほか囚徒の手になる屯田兵屋は一、四七四棟で、樺戸は永山村五〇〇等、滝川村一五〇棟、空知は永山村三四棟、釧路は厚岸太田村の四九二棟がその内訳として明らかである。その後、業者請負と補助出役という共同建築の数を加え総計一、四七四棟が数えられる。

(二)　道路開鑿工事

最も中心的役割をなした分野であって、概略図表化すれば以下のとおりである。

この工事は、まず囚徒による北海道開拓の本拠地として選ばれた樺戸（月形）を起点としてはじめられており、第二の拠点として石狩平野中央部・岩見沢近くに設けられた空知（三笠）との連絡を保つ必要から、樺戸空知間の直線道路、通称〝峯延道路〟の開鑿

表2　年度別囚徒主要道路開鑿表

年　度（期間）		区　間	現　在	開鑿距離	実施監
明治15年	～16年	樺　戸～当　別		5里14町13間（仮道路）	樺　戸
19年5月16日	～19年8月20日	市来知～忠別太	国道12号	14里10町（仮新道）	樺　戸
20年4月	～20年11月	樺　戸～オソキナイ		3里5町20間	樺　戸
※20年4月	～21年11月	標　茶～厚　岸	道道1020号	9里24町40間	釧　路
20年5月	～20年11月	樺　戸～市来知	道道211号	4里23町（峯延道路のうち樺戸街道）	樺戸 空知
※20年9月	～22年11月	市来知～忠別太	国道12号	22里14町（改修道路）	樺戸 空知
20年12月	～24年3月	市来知～幾春別		11里12町24間	空　知
21年1月	～21年12月	樺　戸～当　別		5里14町13間（改修道路）	樺　戸
21年4月24日	～25年	樺　戸～増　毛	道道893号	25里29町	樺　戸
※21年9月	～22年11月	標　茶～釧　路	国道391号	8里28町28間	釧　路
21年12月	～23年6月	岩見沢～市来知	国道12号	9里14町48間	空　知
22年10月	～23年8月	岩見沢～夕　張		5里32町16間	空　知
※23年8月	～23年11月	跡佐登～網　走	国道391号	9里28町2間	釧　路
※23年	～24年11月	忠別太～北見峠	国道12号 39号	15里14町26間	空　知
※24年5月	～24年11月	網　走～北見峠		41里15町45間	網　走
25年5月	～27年3月	大　津～芽　室	国道38号	11里31町	釧　路

注）樺戸（月形）・市来知（空知）・忠別太（旭川）・跡佐登（硫黄山・標茶の近く）の括弧内は新しい名称を示す。※印は中央道路と呼ばれる道路。樺戸集治監沿革略記・網走刑務所沿革史・樺戸監獄史話・新北海道史・北海道道路史など参照作成

が行なわれている。この地は泥炭地であるため陥没著しく意外な難工事であった。記録上は明治二〇年八月に一応貫通しているが、補正し、ほぼ完成をみるのは明治二三年となっている。しかし、囚徒による道路開鑿の使命というか、終局的課題は奥地上川（旭川、当時忠別（チップベツ）という）へ通ずる道路の開削にあった。

この上川流域までには到らぬものの、監獄関係者のこの地須倍部太・石狩川・篠津川周辺調査は、初代典獄となる月形潔や七等属海賀直常（この人は東京での第一回代言人有資格者）らによって、明治一三年春すでになされているが、明治一六年九月、上川の地に向け、樺戸集治監副典獄櫻木保又、監獄書記海賀直常、御用掛井上敬之助、測量師大橋完吾、押丁黒田三郎右衛門の五名でもって石狩川を遡り、はじめて上川の地形測量に赴いている。その状況は次の『上川出張日記』の一文にみられるごとくである。

> 九月三日曇天　一行五名　各行装を整え、本監常備の樺戸丸に投ず（樺戸丸は日本船淀川船に模し、船脚二尺五寸、屯数五十石以上を搭載す）
>
> 九月八日「シュポロ」は謂所瀑布の在る処にして「イチャン」よりここに達する僅々五里内外の間、激流矢を射る如く、難所甚だ多く、仮令治水の法を設くるも、其功を奏するは、蓋し容易に非ざるべし。

「シュポロ」より上み「カムイコタン」とあり。
九月九日晴　「シュポロ」より上み椿戸丸遡るを得ず、止むなく船を繋ぎ、山間を奔馳し、「シュポロ」の上み、十町余の処に鉱物を含有する渓水を発見し、汲みて本船に帰る。茲に椿戸丸を繋船せる標杭を立つ
九月十一日晴　前九時「ウシシベツ」に達す。一帯雄豁、地味肥沃ならずと雖も、草木繁茂し、頗る為すあるの地なり。

かつて江戸時代、近藤重蔵・伊能忠敬の測量・探検があり、最上徳内の『蝦夷草子』、本多利明の『蝦夷拾遺』『渡海日記』、羽太正養の『明休光記』（エトロフ関係記録）などの延長線上、監獄官吏がこのようにして旭川の雄大な地形、石狩川の奥地を確かめる探検がなされたことも、北海道開拓ならではの特殊なことである。

椿戸の櫻木副典獄らの地形測量がなされた一年半後の明治一八年七月、先に記した金子堅太郎の三県復命書の提示、明治一九年四月二九日、上川道路開鑿の特命を帯びた椿戸集治監典獄安村治孝は、自ら道庁属高畑利宜を従えて上川に赴いており、五月四日神居古潭に達し、ここから陸行して忠別に到り、開鑿の構想を胸に帰監している。安村はこの忠別に達してわずか二週間後、金子堅太郎の期待する筋書どおり上川仮道路開鑿に着手するのである。また同年四月、この上川仮道路開鑿の政府特命に符節を合わすごとく、内務卿山縣有朋は有名な『苦役本分論』の訓示でもって囚人道路の強行を激励するのである。政府首脳のこの強い指令のもと、上川道路は囚徒により、同年五月から八月にかけての最短期突貫工事でこれを終えるのである。ただ、この仮道路はやはり、あくまで仮道路であり、林道程度の道筋を整えたものと考えられる。明治二一年道庁第三部土木課属の高畑利宜は、この年五月から八月にかけ仮道路を再点検しており、その復命書によれば、

石狩国上川郡ニ通スル假道ノ内極々悪路一ケ所便宜開築之命ヲ奉シ五月廿八日札幌ヲ発シ現場ノ実況ヲ調査スルニ空知郡字達布山麓ヨリ字美唄川ニ至ノ間夕凡ソ二里半距ノ處或ハ登リ或ハ降リ崎嶇嶙峋山路其夕危険且ツ偶平坦地アリト雖モ卑濕地ニシテ泥濘馬服ニ達シ其困難実ニ言ヘカラス美唄川以東空知川間ハ悉ク平坦地タリシモ元来排水ノ設ケナキ仮道ナレハ是亦停滞水ノ為メ泥炭地多ク且ツ橋梁数多ニシテ半ハ落橋シ加ウルニ樹林地ノ多キ故ヲ以テ云々（中略）続々倒レ木相出テ夫レカ為メ人馬共殆ト通行ヲ絶ツノ有様ナリ夫レ是ニ依リ路線変換見込云々空知監獄署渡辺典獄ヨリ本部長ヘ来書之趣モ有之該線路実検致方之儀協議及タレハ大越看守長外壱名按内トシテ差出サレ翌三十日同行字杓木臺ヨリ山嶺ニ上リ方位ヲ寅卯ノ間タニ取リ美唄川ヘ向ケ跋跡セシニ工事容易ナラサルノミナラス山路危険ノケ所モアリ好線路ト認メ難ク依テ之レヲ止メ更ニ方向ヲ転シ字幌チツブラシュ川ヨリ字カワナ井沢ヲ経テ達布山ノ麓ヘ向ケ概則

セシニ里数少縮スル耳ナラス第一険悪ノケ所ヲ省キ至極好線路ト認ムルヲ以テ渡辺典獄へ協議ノ上変換之レニ相決シ一ト先ズ帰庁逐一其點末ヲ具申ス而シテ六月三日工事着手ノ為メ再ヒ出張ス

該工事ノ豫シメ札幌監獄署へ委托セシヲ以テ下平看守長ハ囚徒六拾三名ヲ卒ヒ同日市来知村へ着セラレタリ翌日ヨリ小官ハ変換線実測ニ着手ス囚人ハ同五日ヨリ字カワナ井沢ヘ居小屋建設ニ着手ス翌六日より囚人道鑿ニ従事セシメタリ折柄入梅之時節ニ掛リ連日ノ霖雨且ツ蚊蛇毒虫ノ害ヲモ厭ワス看守長以下ノ吏員ハ依然駿々トシテ少シモ怠惰ノ心ナク能ク囚徒ヲ使役セシ為メ意外工事モ捗取タリ之レ全ク看守長以下一同ノ誠意勉励ニ拠リシモノナラン（中略）

上川道路ハ将来根室国へ通スル中央道路トモ世ニ評称サルノ節要ノ線路ニ付本道ヲ築カルヽニハ他日不充分ノナキ様可成直線路ニ為スヲ主トシ実測ニ尽サシメラレンコトヲ切望ス

岩見沢以東空知川間者明年度ニ至堅牢ナル新道ヲ築カレズンハ不便言ベカラサルモノニ有之之レヲ実施セラサルニハ一昨年実測済ナル鉄道線ニ副ヒ本年中ニ路線ノ実測ヲ為シ明春融雪ヲ待チ道鑿ニ着手シ同年八月上旬ニハ車馬ノ通行ニ差支ヘザル様ノ御計画アラセラレンコトヲ切望ス

右概ネ十一里間実測費概算金五百円ヲ要スル見込ナリ右者庸芬ノ見併セ此段復命仕候也

明治廿一年八月廿五日

第三部土木課　　属　高畑利宣

北海道庁長官永山武四郎殿

とあり、内陸部の将来を見越した路線変更と直線化への苦心、各監と連絡をとりながら準備を進める裏方の下打合せの動きが読みとれるほか、省記した部分においても、囚徒が笹草を刈取り、泥炭地には簾朶を布き込め、破損橋梁を修繕しつつ道路を拓いている情況をつぶさに知ることができる。

また当時のマスコミも、同年末、これら一連の工事の実況を次のような表現でリアルに伝えている。

石狩国空知郡より同国上川郡忠鼈に至る道路開鑿の実況を聞くに該道路線に当る地は元来土人も住居せぬ所にて真に熊狼狐狸の巣窟なるが上に蚊虻軍を成して人に迫り其工事の困難なる到底普通工夫の克く為し得る所にあらず。爰に於て樺戸監獄署典獄安村治孝氏岩村前長官の命を受け囚徒を役して此苦業に就かしめたり。蓋し囚徒は往の犯罪を償はんと欲する情実あるを以て難苦を忍びて業を励み土工の進歩を見る容易なればなり。然れども其実際に至っては工事の半ば突然熊狼に出逢ひ蒼惶其場を避けるが如きは最も恐るべく最も厭ふべき事にて剰さへ昼夜の別なく毒虫襲来し夜間は天幕外数ヶ所に焚火を為し交番して害虫を防ぐといへども猶ほ被害を免がれず、為めに安眠する能はず。又其螫外を治するには僅かに「カンプラチンキ」を擦付して一時の痛苦を凌ぐ。百名の役囚日々用ゆる処の「チンキ」平均拾壜の多きに至れり。以て其業の困難なるを推知すべし。

囚徒による道路開鑿工事は、その他各地域でそれぞれ各監の手でなされているが、最も難工事はその仕上げともいえる明治二四年の旭川・網走間の北見新道工事、通称〝中央道路開鑿工事〟である。この苛酷悲惨な突貫工事を強いられたのは網走・石北国境間の〝峻崖嶮壁〟たる山間部の開鑿であり、これが雪中・大暑の季節を問わず昼夜兼行でなされたのである。この事情は拙書においてもつぎのごとく記すのである。

> 六ケ月にわたるこの工事に出役した囚徒千百十五人中、罹病者九百十四人、死亡者百八十六人といわれる。明治三五年の網走監獄沿革史には「逃走セル者ハ斬殺、病囚ハ斃レテ其屍ハ風雨ニサラサレ」とその間の事情が正直に記されている。
> 凄惨無情、囚徒のうめきと白雪朱に染るこの世の生き地獄さながら……、そうした中でも、野を這うごとく移動してゆく北辺の〝動く監獄〟外役の規律は厳存して緩むことがなかった。やるかたもない悲痛な囚徒の心情も充分に察しうる。しかし絶望自棄の極に追い込まれた兇悪囚が、ひとたび逃走をなした場合の善良な周辺住民はどうなることか。恐怖のドン底に置かれ、殺傷の事態火を見るより明らかである。無理は承知、あくまで突貫工事の反復で終始したのである。
> 囚人労働が大量に投入されたこの幹線道路の開鑿により、国道三十九号線（旭川〜北見）、同十二号線（札幌〜旭川）を始め、その路線延長は実に百八十一里（七二四km）と、札幌以北の北海道の大動脈を通じたのであり、地味のよい女満別、美幌などにいち早く移民を入植させており、開拓の突破口をなしたのである。まさに囚人の人柱で達成した死の開拓道路であった。（拙著『北海道行刑史』二四七頁）

網走の監獄職員もこの工事では水腫病や過労により二名殉職しているが、最も困難な工事区であった北見峠・丸山峠（留辺蕊峠）などでの病囚は、瀬戸瀬仮監（仮設病監）で数多く死亡しており、同仮監墓地などを中心に、近年路傍での遺体発掘もなされ、〝鎖塚〟と呼ばれている。このほか、釧路集治監帯広出張所（のちの十勝分監）が石狩との国境狩勝峠（のち鉄道が敷設される）の道路開鑿に当っているが、この工事は路線の枕木一本に一人の人柱があるといわれるほどの難工事が行なわれている。私はこれらのことから、北海道百年にあたる昭和四三年八月二日、「樺戸監獄物故者神佛合同慰霊祭」において下記の一詩を賦して参列、日本詩吟学院五段の太田静子さんにこれを朗々と吟じていただいた記憶を忘れることができない。

北海道百年〝無名開拓囚の霊に捧ぐ〟

重松　一義

晴れ渡りしや樺戸月形の月
曇りし日あらん空知三笠の月
君が逝きし風雪のもと……
君に罪ありか無しか
遠流（おんる）無情　悲し北辺開拓に殉ず

開道ここに百年の歳月を経し
いまに成せり北辺開拓の夢
君が辛苦は君が血涙（なみだ）は……
北海千里を歩みて
その首尾腹背（ふくはい）を拓（ひら）く

さらばなお君が礎（いしづえ）あり
憶　君が霊（たま）とこしえにありて
万鏡に映ず
行刑無窮なるかな吾は君に学びたり
刑ぞまこと　実践的な愛に他なく

君が霊（たま）　うるわしく
眠れ　石狩の流れは清し
吾れと共ひざまづきて……
また往（ゆ）きし歳月ぞ知る

君が霊　やすらかに
眠れ　無名なるかな尊し
吾れと共ひざまづきて……
彼方なる黙星ぞ知る

北海道の囚徒による道路開鑿は明治二七年以降、ほとんど終幕したといってよく、内役に転じており、囚徒の外役姿は監獄周辺の農耕（監獄用語では耕耘と呼称した）か、官庁・町内道路の雪かきに見られる程度となってゆく。網走などでも大雪のあとは護送馬車（護送馬橇）が通る通称〝裁判所坂〟（南九条東五丁目から台町へと通じる約四〇〇mの坂）に鎖をつけた囚人が出役していたといわれる。ただ、はるかのちの昭和八年、東湧網線が網走刑務所の二見ケ岡農場内を走ることとなり、常呂町まで泊込出役して昭和一〇年これを無事故で完成している。囚徒一〇〇名に連鎖をつけ、敷設作業を一日一二時間・七二銭の契約で請負ったものである。囚人が鉄道工事に出役するのは、明治一三年（一八八〇）四月、警視監獄署・前橋監獄署・埼玉監獄署の囚徒を上野・高崎間の鉄道工事に出役させた事例のほか、他にほとんど例をみないものである。こうしたことで、これ以後、網走でも市街地・道路では囚徒の姿がみえなくなったのであろう。鉄道工事を終えた二年後の昭和一二年、『網走町小学郷土読本』中の「郷土いろは歌留多」に、㈠一の名所は天都山　㈭誇りは支庁のお膝元　㈬塀の刑務所大曲　㈸役場の隣は警察署　㈮港の守り帽子岩と、塀の刑務所・塀の中の受刑者というイメージへと変っていることが知られる。

㈢　河川補修と水道工事

これは道路開鑿と併行し、あるいは関連した工事としてなされている場合が多い。樺戸では石狩川を中心とした河川浚渫は延べ四二里、釧路では釧路川の浚渫六里がなされ、橋梁・電線の架設も付帯してなされている。樺戸では石狩川氾濫時の治水、流木の除去作業、筏の揚陸作業も付帯してあり、在監中の海賊房次郎こと大澤房次郎は、お得意の巻として筏の水揚げ頭領として采配が委ねられたことも伝えられている。

樺戸も釧路も監獄用水は用地内の湧水より木管を敷設して調達しているが、空知は市来知水道という本格的な水道工事を行なっている。これは空知集治監から二・八㎞離れたヌッパオマナイの沢水を引くもので、明治二一年一月、当時、市来知の人口は囚徒一、六三〇人、監獄官吏、官舎居住者、一般民間居住者あわせて一、二〇〇人、合計二、八三〇人だったが、将来の人口増加を考え、給水人口六、〇〇〇人の規模で設計された。敷設工事はすべて囚人労働に依り、就労延べ八七、四七一人、同年一二月、丸一年の短期間で完成している。

附属設備としては、ヌッパオマナイの沢に堤を設けて貯水池をつくり、濾過池、貯水槽もあった。鉄管はドイツ製といわれ、この

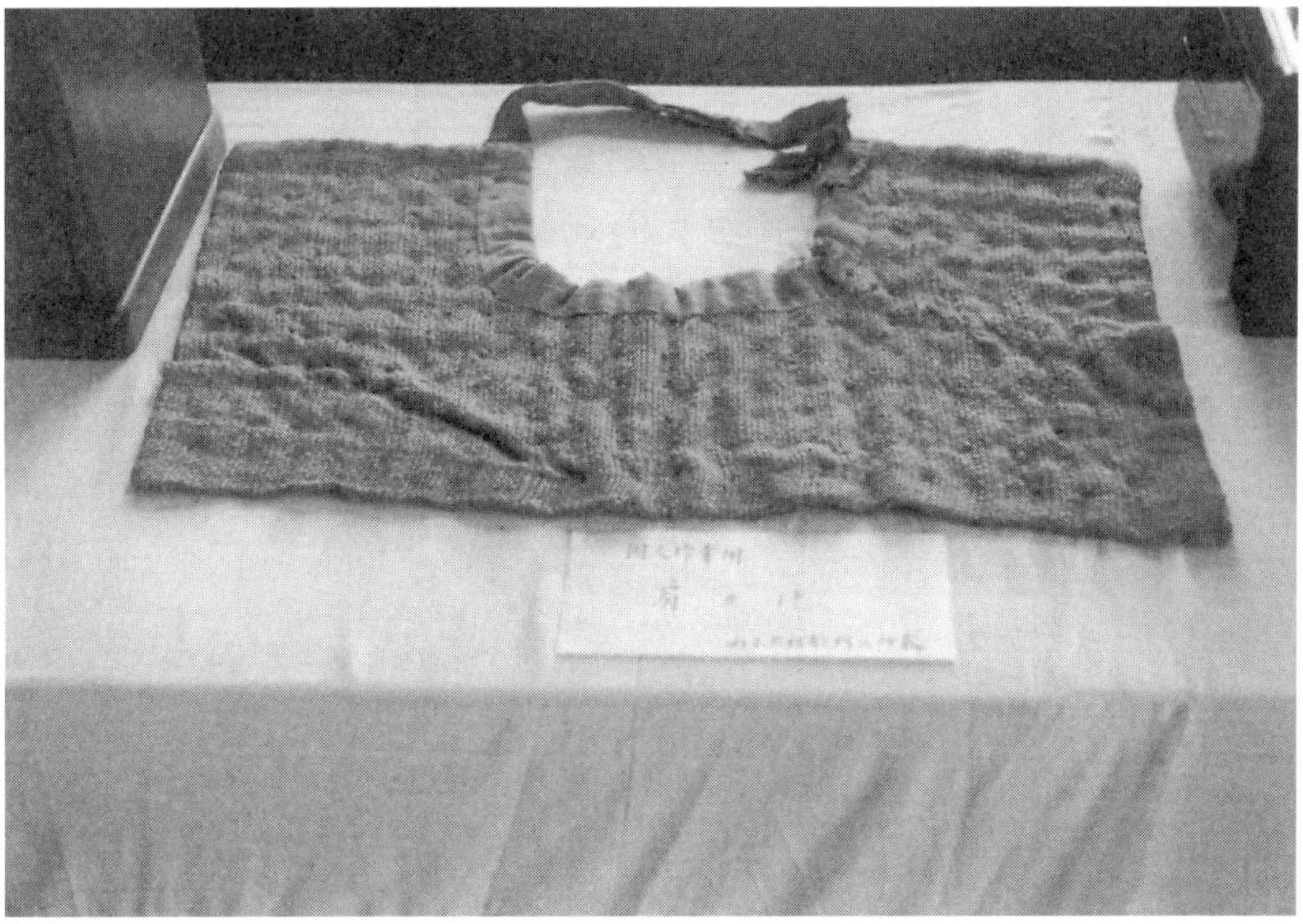

〔解説〕 伐木・筏の水揚げなどに用いられた外役囚の肩掛け
（北海道行刑資料館展示）

〔解説〕 庁便（小便）の風呂敷に用いたといわれるが、古くは外役の所在、逃走時の捜索詰所を示すため、白地に赤波型印の旗を併せ用いたとも聞く（北海道行刑資料館展示）

水道は昭和二八年まで六五年間も使用せられ、今日でも灌漑に利用せられている。地元、三笠では「横浜についで日本で二番目、道内最初の水道」といっている。事実完成は、箱館水道が翌二二年九月二〇日である。これも囚人による囚人のための囚人の水道という特異な事情のためであろうか。余り世間では知られていない。しかし周辺住民へ奉仕した恩恵ははかり知れないものがある。

このほか農業水として一大灌漑溝を完成した樺戸の囚徒による治水工事も特筆されるべきもので、長屋又輔典獄指導のもと、溝底幅一〇尺、延長三、七八二間の灌漑溝であって、今日においてもその恩恵は大である。

㈣ 伐木と農地の開墾

明治一四年一〇月、樺戸集治監開庁後わずかに一カ月後のことであるが、早くも南須倍都太川畔に、一九日間で延七四八人、六二反六畝の畑地を拓いており、その意気を伺い知るのであるが、これは囚人一日一人当り実に二五坪を開墾したことになる。鍬一本、鎌一本の人力で丈余の熊笹繁る原野や、欝蒼たる原始の森林を伐り拓き根掘りすることは、容易なことではないだけに、それは血みどろの苦役であった。そうして石狩川畔に一町歩ほどの試植農地を造成、野菜、えんどう豆、麻などの種がまかれている。この試作はいずれも的中、須倍都太川の南側が六町歩拡げられ、ここを中心に冬は伐木、夏は農耕と、年々開墾の区域を広げている。このかたわら、当別・峯延・新十津川への草分け仮道を拓いていったわけである。こうして明治一九年までに三二五町歩が樺戸の囚徒で開墾され、これが須倍都農場・知来乙農場となってゆく。一〇年目の明治二四年には、樺戸一二四万三、九七五坪、空知五四万九、九七一坪、釧路三九万一、三六〇坪、計二一八万五、三三五坪を開墾、明治三一年には北海道集治監の開墾地は合計五一七万六、〇〇〇坪に達している。

なお、開墾のいっぽう、樺戸では明治二二年北越殖民社などに農地六〇〇町歩を払下げ、明治二六年には地元月形に監獄用地のうち三五〇万坪を貸下げるなど、次々と民間に貸下げ、払下げられて開拓の目的を果している。

釧路においても明治二七年以降は漸次縮小の方針で、専ら農耕中心へと移行しており、釧路分監開墾地二三〇町歩、播種耕作地二二〇町歩程度の規模とし、明治三三年には耕作地二二二町歩一反二畝のうち、休養地八〇町八反二畝、播種一四一町三反歩に主として麦・大豆を栽培している。

明治二三年四月設置の釧路集治監網走外役所は、所轄山林五〇〇万坪の伐採作業からスタートしており、翌年網走分監となっても山林伐採を主とし、北見峠の中央道路開鑿以降は農業監獄をめざし、明治二五年には札幌農芸伝習所を卒業した湯浅中夫を授業手に

表3　開墾坪数表

年度＼施設名	樺　戸	空　知	釧　路
14			
15	300,000	58,455	
16	357,727	31,525	
17	228,348	199,337	
18	71,100	66,332	
19	18,000	130,184	29,085
20	60,000	32,099	77,043
21			67,338
22	24,000		
23	39,600		34,549
24	145,200	32,039	83,345
計	1,243,975	549,971	291,360

注）『樺戸集治監沿革略記』による。

採用、網走湖畔農場周辺約一〇町歩を耕耘地としている。しかし平地が乏しいため、翌年からクッチャロへその中心を移している。

網走の耕耘地での収穫物は大麦・ライ麦・エンバク・大豆・馬鈴薯・秋大根を主とするものである。農場は明治二九年三月開墾に着手した切通泊込農場、同年四月開鑿に着手した二見ケ岡農場、大正一三年開墾に着手した越歳（りょうし）泊込農場（のち住吉農場と改称）があり、いずれも現在存続している。

(五)　石炭と硫黄の採掘

この部門は囚徒労役中、道路開鑿と比肩するほど苛酷なもので、古くは箱館奉行時代に白糠・茅沼炭山役夫の事例もあるが、空知の幌内炭坑（煤田と公文書には記される）の採炭と、釧路の硫黄山跡佐登での硫黄採掘がその典型として挙げられる。

幌内炭坑跡は現在の三笠市にあり、三笠駅から二・五kmの地点である。鉱区からいえば夕張炭田の北の端に位置し幾春別（いくしゅんべつ）炭山と呼ばれていた。良質であり、札幌・小樽に近いことから開拓使は煤田開拓事務係を設けて担当させ、明治一五年、小樽（手宮）～幌内間の幌内鉄道が石炭運搬を目的に開通している。明治一五年、空知集治監はこの採掘のために設けられたわけで、のちの三池集治監と共に炭坑監獄（地下監獄）の性格をもつものである。よって翌明治一六年七月から外役所仮監が現在の三笠市中央町附近に設けられ、一日八〇〇人から一、二〇〇人の囚徒を出役させている。その労働条件は最悪で一二時間交替制、在監者の二割は落盤・炭塵による失明などの負傷者で、出役が除外されており、道内集治監中、死亡率は最高となっている。

このため、行刑部内でも印南於兎吉の賛成論、留岡幸助の反対論が監獄雑誌の誌上で交わされているが、明治二六年法学者岡田朝太郎が視察し記す次の文章に、その全貌を知ることができよう。分説すれば、

(イ) 監外での負傷囚の情況については、

該炭礦ニ於テ使役スル囚徒ハ大凡一千人而シテ負傷者ノ数ハ明治十六年ニ七十九人、十七年ニ二百三十五人、十八年ニ三百九十五人、年々此ノ如ク増加シ、終ニ廿五年ニハ実ニ千五百九十五人ノ多キヲ致シ、一人二回近クノ負傷ヲナスニ至レリ。余ガ該所ヲ巡見セシハ明治二十六年ノ夏ナリキ。当時廃疾者ノ総計二百六人、或ハ一手ナキモノ或ハ一足ナキモノ空知ノ分監内ニ徘徊シ、五十以上ノ盲目者一所ニ整坐シ、軽役トシテ綿ノ塵埃ヲ択分ケツツアルヲ見、殆ンド云フ所ヲ知ラザリキ。島地ニ在ルノ囚徒固ヨリ兇奸不頼ノ輩多シ。而レドモ薄暮、手ヲ失ヒシモノ教導トナリ、盲者ハ背後ヨリ前者ノ帯に縋リテ、連々夫ノ五十以上ノ盲囚監房ニ帰ルノ状ヲ見ルモノ、克ク酸鼻ノ情ニ堪ヘンヤ（下略）

(ロ) 炭坑内での採坑囚の惨状については、

此ニ入ラント欲スレハ外套ヲ着シ、手燭ヲ携エザルベカラズ。坑内暗黒ニシテ夏トイヘドモ寒気不時ニ襲来スレバナリ（中略）進ンデ幾千尺ニ達スレバ腰ヲ屈シテ僅カニ歩行スベシ、（中略）横坑ニ入レバ業ニ就ク囚徒マタ匍匐横臥、炭ヲ砕クノ声丁々タリトイエドモ、燈火明暗、面ヲ弁スル能ハズ（中略）囚徒ノ使役一日ヲ二分シ、十二時間ヲ就業時間トス。一ヲ夜間ノ就役ニ充ツ、坑内ニ昼夜ノ別ナケレバナリ。（中略）囚徒ハ喫飯ニ定時ナク、随時随意ニ飲食ス。飲料ハ汚水ナリ、腐敗シテ飲料ニ堪ヘエズ。此事情ハ該炭坑ノ囚徒ニ消化器病、慢性の胃腸諸病及ビ一種ノ下痢病ヲ多カラシムニ至ル。（中略）便所ト食堂ノ区別ナク、遊動スル所ノ炭坑ガスト炭粉トニ合シテ悪臭塵埃交々鼻口ニ入リ、遂ニ囚人ニハ一種ノ肺病ヲ誘起セシム。（中略）空中ニ飛撒スル粉炭ノ量ノ多キハ、衣服ノ色ニ徴シテ大体ヲ推察スルニ足ル。柿色ノ囚衣一週日前後ニシテ鼠色トナリ、月ヲ閲スレバ暗黒色ニ変ズ（下略）。

(ハ) 炭坑内の一部悪徳囚の所業については、

第一ハ、外部ニ向ケテ坑道ヲ穿チ逃走ノ機ヲ得ルナリ

第二ハ、喫飯並ニ美食ヲ為スノ機会アル是ナリ（筆者註：囚徒の傍に良民の鉱夫が常に往来、物品の贈与、交換、売買などの犯則行為があるとの意）

第三ハ飲酒ナリ、囚徒ハ坑内ニ於テ自ラ酒ヲ醸スノ道ヲ知レリ。即チ飯米幾分ヲ貯蓄シ、其相当ノ量ヲ得ルニ至リテ坑夫適宜ノ岩窟ヲ鑿穿シ、之ニ米ヲ投ジ、イグサヲ掩イ、火ヲ加エテ醗酵セシムトイフ（下略）。

と記されている。釧路集治監が担当するこの硫黄山は、明治一九年七月、ドイツ外務省参事官シーボルトおよび東京帝国大学御雇外国人医師スクリッパーがこれを視察、「山形黄色を帯び宛然虎の臥するに似たり」と驚き、「蓋し此の山は世界中無比第一等の硫黄鉱山なる可し」といったと伝えられる。かつて地元の古老から「日清・日露の戦勝は、この囚人採取の硫黄の弾薬と、三池の囚人が採掘した石炭による」との話題が当時流れたとも聞くのであるが、ともかく最初山田朔朗の経営による採掘から、明治二〇年には安田善次郎（安田財閥の祖）の手に移り、胎頭する資本主義の重要資源として、年産目標七万石、囚徒出役五〇〇人に及んでいる。その

工賃は一日一五銭、道路開鑿工事に出役している囚人より三一銭も安いのである。それがためか、ここでは栄養失調が多く、囚徒も看守も硫黄の粉と亜硫酸ガスに犯されぬ者はなく、共に頭脳朦朧としている状況下、硫黄の俵を背負って運搬中の囚人が、ヒョッと躓き、看守のサーベルに触れ、その体に倒れかかるものなら「コラッ反抗する気か」と、抜刀して斬殺する事例もあったとか、明治一八年以降の関係書類の顚末は、「抵抗したによって斬殺」とか「転落による事故死」とかいった理由になっている。

外役所開設からこの年六月までの僅か半年で、囚徒三〇〇人余のうち一四五人が罹病（両眼失明者も多い）、四二名が死亡している。「まさに緩慢な死刑であった」と評されるが、そのとおりであったのである。釧路は空知の囚人三〇〇人を移入して開庁、以後、東京・宮城から一九〇人、宮城、樺戸から一〇〇人、さらに東京・宮城から五〇〇人といった順で移入が続けられている。硫黄山の死の恐怖は遠く関西各監にまで伝わっており、兵庫仮留監からの移入が増えるにしたがって、「北海道に送られれば、熊に喰い殺されるか斬り殺されるかだ」という風評が流れていたということも、兵庫仮留監教誨師原胤昭（元北町奉行所与力）が護送に同伴して、この採掘への従事を中止するよう主張、それが間もなく容れられた経緯でも知られるところである。

二　国内治安対策としての北海道行刑

北海道へ重罪囚を送り込む主眼は開拓にあることは言うまでもないが、一面には刑事政策の方針として、早くも明治一一年、元老院において、「全国の罪囚を特定の島嶼に流し総懲治監とす」との決議があり、明治一四年三月の太政官布告で、集治監に拘禁する囚徒を終身刑・国事犯三年以上と指示、さらに明治一五年、刑法（旧刑法）・刑法附則施行に合わせ、徒刑（改定律例の換刑）・流刑・重懲役一〇年以上の者を北海道集治監に集禁することを明らかにしていることから、内地の治安の安全弁としての役割が求められている。また一面には開拓が進み、北海道の人口が増加するにつれ、北海道自体の治安上の問題として対応策が整えられてゆく。言うなれば殖民地的混乱状態から基準としての内地化へと変容させてゆく治安上の要請があったのである。

ところで、たしかにこうした要請のもとに置かれた北海道であるが、当時の北海道の殖民地的混乱状態にある治安・世相・風潮というものは想像を超えるものが多々あるのである。例えば明治一四年、東京小菅からの樺戸へ向けた護送第一陣の囚徒が小樽の港へ着いたとき、囚人四〇名の一団に泊めてくれる宿もなく、やむなく護送指揮官・看守長の海賀直常が〝お上風（かみ）の一吹き（ひと）〟で直談判、小樽の女郎屋に押しかけ、一囚一泊一五銭で強引に宿泊したという秘話があり、

彼四十名は赤衣を着し、股引姿にて座布団の上に座し、五寸位の高膳に向ひ飯盛りはすべて遊女なりき。その奇観言語に堪たり

囚人たちには、しばらく拝めぬシャバのなごりの一夜だったかも知れぬが、客扱いはお手のものの遊女たちも、これには生きた心地がなかったろう

と、秘話とはいえ〃お金を払えば囚人もお客〃という、正真正銘の事実、実話があるのである。この当時の北海道は、旭川以北や釧路・十勝の方面は無警察状態で、治安も争いごとも、日常の面倒見も、博徒である森田組の親分森田常吉が取仕切っていたといわれるほどの人煙まれな未開地で、アメリカ映画の西部劇もどきの状態であったといえよう。

〃火事と喧嘩は江戸の華〃といわれるが、〃放火・博奕・売春は蝦夷の華〃といわれるほど、この種事犯は多く、離婚率も全国一高い水準を保つ風土であった。網走にも明治二五年には娼屋がみられ、明治二七年には公認の遊廓ができ、芸者置屋もおかれ、やがて軀黴院（くばい）という芸妓（遊女）の花柳病（梅毒など）を定期に強制検診する病院（保健所に相当）ができている。東京浅草の吉原病院に相当するものである。網走の花街の最盛期は大正一二、一三年といわれている。港が栄えた頃である。また大正二、三年の頃、網走から山間部に入った丸瀬布など奥地山林に「木喰い虫」「山荒」とよばれる山師的悪徳入植者が続出したと記されており、一か八かの投機的な商事犯罪が風潮としてみられている。

裁判制度も、開拓使時代の支庁別判官体制ではなく、北海道庁開庁当時は、表4のような管轄に整備されている。

これに対応した監獄制度も、内務省直轄の樺戸・空知・釧路各集治監を除き、道庁所属の監獄は、明治一九年の北海道庁官制により、札幌監獄署は北海道庁監獄署となって、配下に支署として亀田・根室・福山・江差・寿都・厚岸・増毛の七署を置くのである。これも福山・江差・寿都は翌年廃止という極端な改廃をみるのである。

集治監の囚徒にも増減あり、明治二六年をピークとして二七年から下降、外役から内役主義へと向かうのであるが、内地の犯罪動態の北海道への影響は、捜査捕縛の期間・裁判期間・仮留監での滞監と護送時期の差により、事件発生から移入までに一年ないし一年半のズレがみられる。ともあれ内地の犯罪動態は明治一六年頃から突出して増加、明治一七年は監獄費が軍事費を上廻るという、国費として世界に稀な事態となっている。

表４　裁判所区画表

明治19年３月北海道庁開庁当時

大審院	控訴裁判所	始審裁判所	治安裁判所	管轄郡区
大審院	函館控訴裁判所	函館	函館	函館区、亀田、上磯、茅部、山越
			江刺	檜山、爾志、久遠、太櫓、瀬棚、奥尻
			福山	松前
			寿都	島牧、寿都、歌棄、磯谷
		札幌	札幌	札幌区及び石狩国各郡、胆振国の内山越を除き各郡、日高国沙流、新冠、静内
			幌泉	十勝国各郡及び日高国の内浦河、三石、様似、幌泉四郡
			増毛	天塩国各郡及び北見国の内宗谷、枝幸、利尻、礼文四郡
			小樽	小樽、余市、美国、積丹、高島、忍路、古平
			岩内	古宇、岩内
		根室	根室	根室国各郡、千島国各郡、北見国の内斜里、網走、常呂、紋別
			厚岸	釧路国各郡

明治23年８月11日以降

控訴院	地方裁判所	区裁判所	国名	管轄郡区名
函館控訴院	函館	函館	渡島	函館区、亀田、上磯、茅部
			胆振	山越
		江刺	渡島	檜山、爾志
			後志	久遠、太櫓、瀬棚、奥尻
		福山	渡島	松前
		寿都	後志	島牧、寿都、歌棄、磯谷
	札幌	札幌	石狩	札幌区、札幌、石狩、上川、樺戸、雨竜、空知、夕張、厚田、浜益
			胆振	虻田、有珠、室蘭、幌別、勇払、白老、千歳
		幌泉	日高	沙流、新冠、静内、三石、浦河、様似、幌泉
		増毛	天塩	上川、中川、天塩、苫前、留萌、増毛
			北見	宗谷、枝幸、利尻、礼文
		小樽	後志	小樽、余市、美国、積丹、高島、忍路、古平
		岩内	後志	古宇、岩内
	根室	根室	根室	根室、花咲、野付、標津、目梨
			北見	斜里、網走、常呂、紋別
			千島	国後、振別、択捉、紗那、蘂取、得撫、新知、占守、色丹
		厚岸	釧路	厚岸
		釧路	釧路	白糠、釧路、川上、阿寒、足寄
			十勝	広尾、当縁、十勝、中川、河西、河東、上川

（道庁統計綜覧・新北海道史第４巻通説３）

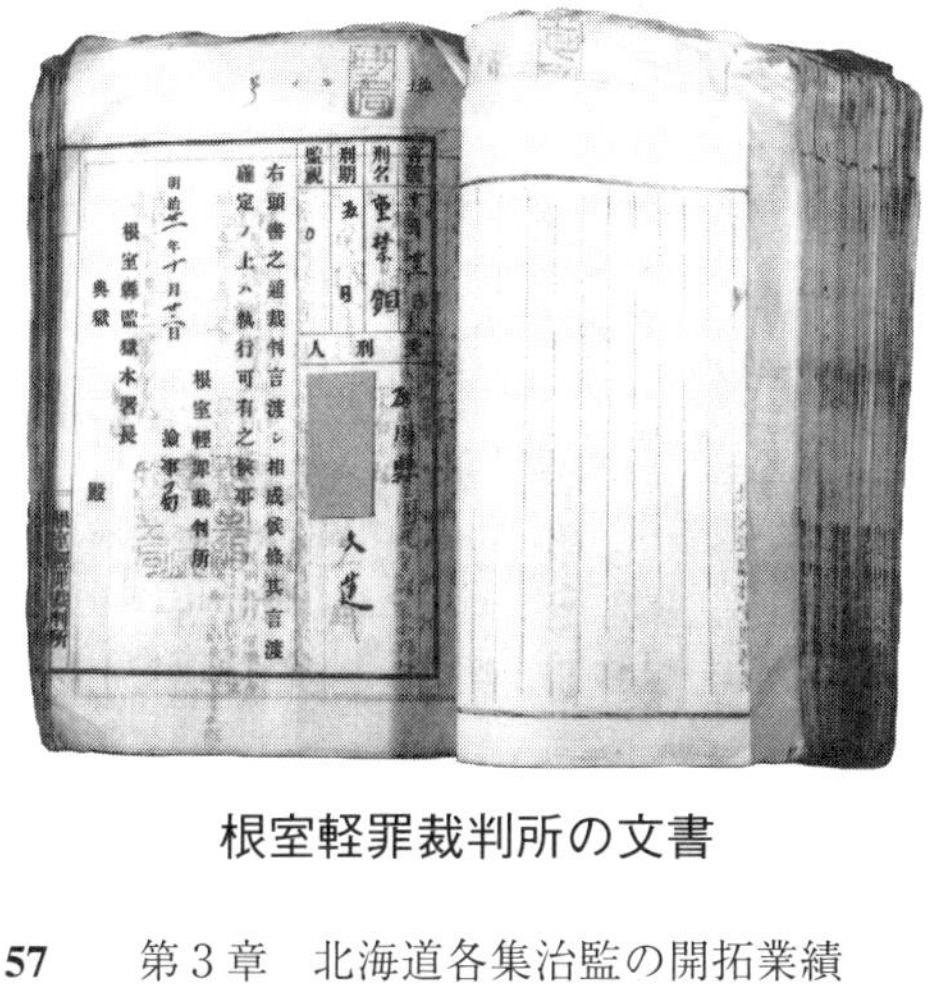

根室軽罪裁判所の文書

〔解説〕　３県１局時代につづく道庁時代の明治22年10月22日、根室軽罪裁判所検事局より失火罪・重禁錮５日で根室監獄署へ収監の例。道庁時代に入っているが根室県監獄本署の印刷書式がそのまま用いられている。

このため、明治一八年六月一八日、司法卿山田顕義が全国地方長官会同（知事会議）で次のような異例の演説を行なうのである。

司法卿の演説大意

犯罪ノ数年ヲ逐テ増加ス本年ニ至リ殊ニ多ヲ覚フ、是素ヨリ警察ノ周到スルト人知ノ開進スルコトニ起因スルナルヘシ、此度小官ノ巡回セシ地方ノミニ限ラス全国概ニ皆然ラン、其増加セシ犯罪ノ種類中最モ著シキ者ヲ掲レハ窃盗詐欺取財山林盗伐公証偽造諸規則犯等ナリ、而シテ其各種ニ付テ細ニ罪科ノ性質原因ヲ検閲スルトキハ、窃盗ハ概シテ微罪ナル者多ク他人ノ芋ヲ取リシトカ果物ヲ奪シトカ位ノ者アリ、詐欺取財ト称スル事件中ニハ犯罪ノ性質ナクシテ寧ロ民事ノ訟廷ニ訴ヘ民事トシテ審理スヘキモノ凡ソ五分ノ一位ナランカ、山林盗伐中ニハ枯木ノ枝ヲ拾ヒシ者川魚一尾捕ヘシ者ノ類少シトセス、公証偽造ノ多キハ蓋シ人智ノ開クルニ従ヒ善悪共ニ進ムノ勢ニヨリテ然ルニモセヨ戸長役場事務順序の立タサルト書類ノ不整頓ニ原因スル者少カラサルヘシ、諸規則犯ハ大抵規則アル事ヲ知ラスシテ之ニ基キ刑ヲ受クルニ至ル者ナリ（中略）

諸規則犯ノ多キヲ医スルハ先ツ人民ヲシテ普ク規則ノ要旨ヲ知ラシムルニアリ、徴兵忌避酒造烟草税則違犯等其他往々規則ヲ知ラスシテ刑罰ヲ受ケル者アリ、実ニ気ノ毒ノ次第ナリ、加之甚懼ルヘキ事ハ此違反ニシテ一度ヒ獄ニ繫ルトキハ重軽罪ヲ犯セシ悪党等ト朝夕坐ヲ同フスルヨリ悪事ノ教訓ヲ受ケ、若クハ悪人ニナラスニモセヨ出監ノ後世間ノ交際外ニ立タサルヲ得ス、遂ニ再ヒ真正ノ犯罪者トナリ入監スル者ナシトセス、故ニ諸規則法律ハ人民ニ周知セシメ、力ノ及フ限リハ良民ヲシテ犯罪者ナラシメサル様注意アリタシ。扨此人民ニ法律規則ヲ周知セシムル方法ハ各位ノ考案ヲ希望ス宜シク熟慮アルヘシ

このように、司法卿の演説もあり、微罪は極力収監服役させないという司法上の行政指導がなされることにより、人口比からいって、この明治一八年を頂点として犯罪人口・監獄人口は漸減の傾向をみせ、逃走率も減少へと向かっている。全国の監獄統計からみても、年間の逃走者は、明治一〇年から一八年の間、明治一四年の一、八二一人を最高として一、〇〇〇人を超えており、北海道の集治監統計にみる逃走は、

二四年までに六百三十九人となり、そのうち就縛された者は五七%、斬殺された者一八%、未就縛二五%となる。つまり二四年末までに百五十八人がまんまと逃走していることになる。これは各年の統計を集計したものであるから、就縛、未就縛の実数には若干の相違がでてくる。

このうち樺戸は逃走二百三十五、就縛百六十、斬殺三十二。空知の逃走三百五十四、就縛百七十三、斬殺六十六。釧路の逃走

は五十で就縛二十九、斬殺二十一、空知が首位を占める。空知で最も多い年は、二十三年の逃走九十一、就縛六十四、斬殺五、二十四年の逃走六十八、就縛二十五、斬殺三、十六年の逃走五十、就縛十五、斬殺六、二十二年の逃走四十三、就縛三十、斬殺九で、斬殺の最多年は二十年で逃走二十七のうち十七を数えた。

と解説されている。

逃走は反獄脱監もあるが、北海道では外役先での単純逃走が大部分を占め、内務卿からも次のごとく監獄則の外役運用方について注意が発せられている。

監獄則第四拾貳条第二項及本省十四年乙第拾五号達監署雑則第三条ニ依リ土木採鉱等ノ業アルニ際シ囚徒ヲ外役ニ服セシムルハ其監獄ヨリ一日間ニ往返シ得ヘキ地ニ限リ候主意ニ付、外役ノ為メ仮監設置ヲ要スル儀ハ容易ニ無之筈ニ候得共、若シ遠隔ノ地ニ滞宿外役セシメサルヲ得サル場合ニ於テハ仮監ノ設置検束方法等予メ伺出候様可被致候、右ハ従来執行後届出ノ向モ不尠候処囚徒逃走暴行等多クハ外役先又ハ仮監拘禁中ニ係リ候ニ付、尚一層不取締無之様致度趣旨ニ有之候間其辺宜ク諒知可有之候此旨及訓示候也

明治十八年十二月廿二日

内務卿伯爵　山縣有朋

札幌縣令　調所広丈　殿

大量囚徒の外役が眼に触れる北海道でも、囚人の逃走は惨事をともなう場合もあり、周辺民間移住者から怖れられたものであるが、囚徒により農地の開拓が進み、基幹の中央道路、いわゆる〝囚人道路〟が通じたとたんに、その直後の明治二四年、

治獄上より本道に集治監を置くの非なるを論ず

本道に集治監を設置したる目的は、第一流刑囚を置くに適したる絶海の離島なりしに由り、第二本道の拓殖事業を補益するが為めなりしは、前段に於て畧叙したるが如し、然り而して、今日の集治監は果して能く此両目的を達し得るや、否や、是れ劈頭第一に考究せざる可らざる問題なり、請ふ試に之を論ぜん。

先づ治獄上より視る時は、今日の北海道は絶海の離島と言ふを得べき歟、豈夫れ然らんや、本道は海陸物産に富み、日本第一の富源にして、拓殖の進歩日に著しく、彼の樺戸本監及空知分監所在の石狩原野の如きは、移住開墾を希望するもの最も多く、

表５Ａ　網走分監入監出監人員

明治	入監			出監							年末現員
	再入	他ヨリ押送	計	満期放免	特赦	仮出獄及免幽閉	他へ押送	逃走	死亡	計	
24	—	1,392	1,392	—	1	—	1	2	188	192	1,200
25	4	—	4	—	—	—	417	4	14	435	769
26	4	620	624	—	—	4	87	5	9	105	1,288
27	2	—	2	2	5	—	6	—	5	18	1,272
28	2	—	2	—	—	—	43	—	11	54	1,220

（道庁統計綜覧・網走市史（下）276頁）

表５Ｂ　網走分監収容状況

（明治24年）

刑名	入監				出監										年末現員
	越員	転入	再入	計	仮出獄免幽閉	減等	満期	特赦	収贖	押送	逃走	病死	変死	計	
懲役終身		69		69				1				4		5	64
徒刑無期		362		362							1	58	2	61	301
徒刑15年		127		127								10		10	117
14年		127		127								17		17	110
13年		238		238								27	1	28	210
12年		469		469						1	1	68	1	71	398
流刑無期															
有期															
計		1,392		1,392				1		1	2	184	4	192	1,200

（網走刑務所沿革誌）

表５Ｄ　釧路分監囚徒増減表

（明治24年10月末調）

増員	他監よりの護送収監	722名
減員	網走分監（引継・引渡し）	1,393名
	特赦	10名
	免幽閉	２名
	仮出獄	１名
	病死	46名
	倒木ノ為圧死	１名
	縊死	１名
	拒捕斬殺	８名
	逃亡	３名
現在員		1,465名

注）増員は兵庫仮留監、東京仮留監、空知集治監、本道地方監獄より収監のもの（明治24年11月28日、釧路分監長報告「囚徒収集其他諸項」による）

表５Ｃ　収容者罪質調

（明治24年）

罪名	徒刑	流刑	懲役終身	計
謀殺	74	—	—	74
同未遂	28	—	—	28
故殺	34	—	—	34
同未遂	3	—	—	3
強盗	601	—	27	628
強姦	12	—	—	12
同傷人	226	—	6	232
同殺人	5	—	—	5
窃盗	—	—	23	23
放火	89	—	1	90
同未遂	23	—	—	23
同教唆	1	—	1	2
貨幣偽造	29	—	—	29
殴打致死	11	—	—	11
逃走	—	—	5	5
罪人拒捕	—	—	1	1
計	1,136	—	64	1,200

（網走刑務所沿革誌）

官有地若くは泥炭濕地等を除く外は、殆ど寸地も余さざるの有様にして之を絶海の離島と言ふ能はざるは、復た多辯を要せざるなり、其道路は四通八達して、囚徒にして一度遁走逃亡する於ては、東西南北意の向ふ處に流転し、之を逮捕する事頗ぶる困難にして、只僅に一條の通路なりしのみの昔日と、同日の論にあらざるなり、況んや其道路は皆彼等囚徒が開鑿したるものにして、其地理と方位は、彼等の最も能く暗熟するに於てをや。

といった集治監不要論といえる論調が早くもみられるのである。また明治二六年三月一九日には「下北半島の集治監による開拓を！」という東奥日報の集治監誘致論を掲げ、同年九月二〇日には根室毎日新聞は「集治監の位置について」という題で、内務卿井上毅の来道に合わせ、樺戸集治監の千島移転の噂に対応、最も開拓が遅れている十勝への囚徒出役を望むなど、政治的思惑や開拓のニーズにからむ世論を代弁、集治監論議がにわかに渦巻いてゆくのである。

この間にあって、空知集治監には自由民権運動にからむ投獄者が政治犯として送られてくるのであって、これは、これまでの重罪犯とは異質の囚人であった。その関係者は、

秋田事件（明治一四年）　柏木第六ら三人
群馬事件（明治一七年）　岩井丑五郎、宮部襄ら五人
秩父事件（明治一七年）　堀口栄次郎ら三人
加波山事件（明治一七年）　小林篤太郎、河野広体ら九人
静岡事件（明治一七年）　湊省太郎ら一三人
名古屋事件（明治一九年）　鈴木桂太郎ら一二人
尻無川事件（明治二〇年）　間直三ら二人

など四七人である。これらの人々は一般の囚人同様に扱われているが、典獄渡辺維精も獄内風紀や諸問題の改善につきその意見を汲み、極めて好意的な遇囚がなされている。また獄内外でも深く敬意が払われており、自由党総理・伯爵の板垣退助、衆議院議員河野広中ら一行が慰問の面会にこの空知を訪れている。空知集治監のもつ特殊な一面を物語るものである。

このほか樺戸には脱獄の名人五寸釘寅吉こと西川寅吉とか、兇囚といわれる海賊房次郎こと大澤房次郎、稲妻強盗こと坂本慶次郎などが、釧路にはロシアの皇太子を斬りつけた大津事件の巡査津田三蔵も短い期間であるがいたわけで、いずれも世間の注目を浴び

た有名囚である。ただ、なかには時の権力や特殊な事件に巻き込まれたと思われる冤罪者・識者・文化人も多く、明治初期屈指の大疑獄〝藤田組贋札事件〟の犯人とされた熊坂長庵などは、いまだその罪責につき疑問の深い一人物である。長庵は相模国愛甲郡中津村（現在の愛川町中津）で医師兼画家として知られ、この地方の教育者としても著名な人物であった。この冤罪を明かしたいと今日も研究をつづけておられる同地龍福寺住職福井周道師もその一人である。私も同感者としてご交誼あることから、同寺流灯会の会誌に同師より一詩を頼まれ、近年次のような稚拙な詩を記したものがある。

捧　熊坂長庵先生之霊

兇龍鳴動　鬼才ヲ欺キテ暗雲ニ消ユ
サレド維新去リテ　兇龍何方（いずかた）ヘカ暗雲ヲ閉ズ
遭厄不可解ナルカナ　百年ノ歳月流レ行キテ証（あか）シ未ダ無し
憶　惜シミテモ余リアリ　中津維新回天ノ英才郷土ノ師
独リ空シ北辺ガ獄（ひとや）ニ　化身ノ観音像を描キテ逝ク
今宵（こよい）数フルコト将ニ二十回　菩提寺孟蘭盆行持アリ
中津在々御和讃ヲモッテ　先生ガ名ヲ高ラカニ呼ブ
故里（ふるさと）ゾ今宵　龍福寺ガ流灯（るとう）　川ヲ下リテ今北海ニ赴（ゆ）く

合掌　重松一義

平成元年八月

長庵は樺戸で獄死し、篠津山の監獄墓地に今も眠っている。寺に描き遺した観音像の仏画（月形・北漸寺蔵）は、不思議なまでに妖気を漂わせ、虚空をさまよう人間の業に、ひしひしと胸迫るものを感じさせる。長庵は只者でないことを知るのである。

三　軍事外交上の対応としての北海道行刑

　次に、軍事外交面から考察する場合、北海道の各監獄を預かるそれぞれの集治監典獄（刑務所長に相当）は、内務出先き官僚として、単に囚人を管理し開拓に駆使するという認識にとどまるものではなく、その前提にはロシアへの恐怖に対する国防意識、屯田兵と同レベルの先兵的指揮官意識があり、そのような責務と位置づけがあった。なんとなれば、釧路集治監初代典獄大井上輝前は、アメリカ留学の経験があり、開拓大主典・開拓一等属として明治八年の千島樺太交換条約（久里留・樺太交換条約）の実務的接渉・調査を永年にわたりなしてきた最高レベルの現地外交官である。大井上が釧路集治監典獄をつとめたあとも、後任に公使館書記官の寺田機一が典獄に着任する。これは監獄人事としてはまことに異例の人事であるが、千島樺太に最も近い釧路網走方面の典獄兼郡長・警察署長にロシアの外交通、語学に堪能な人物を据えることが、当座、交換条約直後の緊急事態接渉に好都合であり、ロシアに刺激を与えない隠れ蓑の人事とみられるのである。

　これと同じ配慮にあるものが、屯田兵の兵種を憲兵としたことである。これは明治七年六月一〇日、屯田兵制につき太政官が外務省に意見を聞いた回答、

> 開拓長官ヲシテ兵事ヲ兼攝セシメ、北海道屯田兵ヲ管理セシム云々（中略）右一件ニ付過日魯公使ヨリ別紙甲号之通申越候ニ付（中略）交際之上ノ都合御斟酌之上、御処分相成度

の一文を引用、「この〝交際上の都合〟も考え、政府は屯田兵の兵種を憲兵にしたのだといわれる」と解説される事情にあった。〝交際上の都合〟は、はっきりいって〝衝突を回避する都合〟であったわけである。屯田兵は内部的には明治二三年一月の「屯田兵条例改正」まで、士族屯田と、士族の身分に限られ、しかもそれは世襲制と定められて

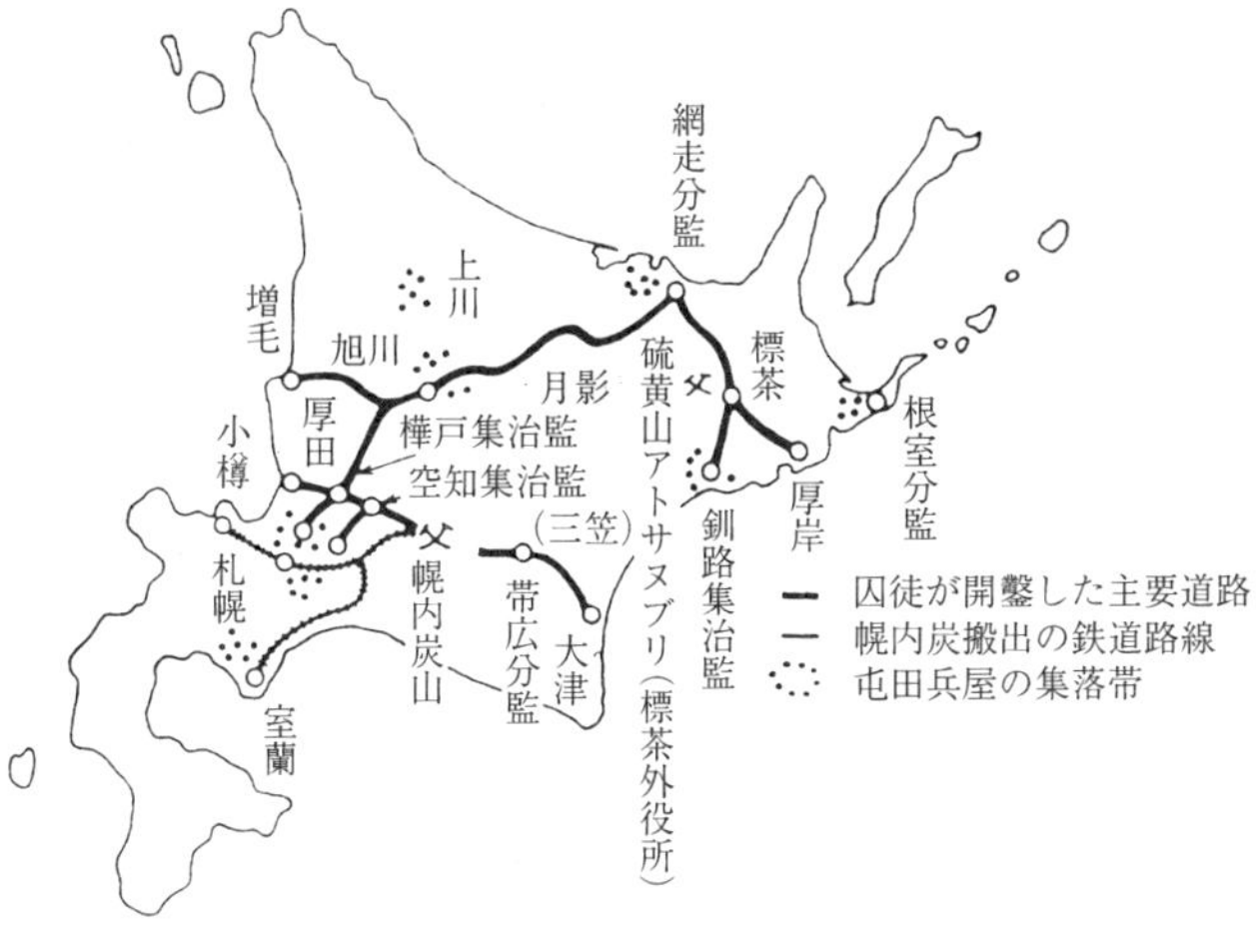

集治監をかこむ屯田兵村の配置図

いた。これは軍務を自覚する身分上の誇りを保障しようとするだけではなく、じつは集治監の周囲を屯田兵で囲み、あるいは隣接させ、囚徒の暴動・逃走に備えるという構想にあり、例えば琴似・山鼻・江別の屯田兵は樺戸に対処するという配置がそれである。ところが、屯田兵条例改正以後は、族籍を問わぬ平民屯田とし、歩・騎・砲・工の兵種を置くことに改正された。

ここに憲兵でもって対ロシアの外交的・軍事的警戒感を避けようとの発想は消えたごとくみられるが、集治監の万一に備えた憲兵的機能は平民屯田となっても変らず、空知集治監には滝川・永山などに平民屯田が大きく加わり、釧路にも太田・和田の兵村が備えられている。釧路では平民屯田の制となってより、とりわけ太田兵村より釧路集治監看守への積極的応募があったようである。しかし、どうしたものか、脱獄囚の捜査や制圧にからみ、屯田兵と警察のいざこざも多く、江別兵村や和田兵村では、ある時期、犬猿の仲であったという。こうした屯田兵のいざこざ、喧嘩、訓練遅参には、中隊ごとに杖罪や木に縛るなどの罰があった。平民屯田となってより、兵村が永山はじめ当麻・秩父別・納内・一巳・検淵・士別など上川（旭川）周辺に集中して設置される傾向をみるもので、課罰の事犯も多くなったのであろう。札幌琴似にあった屯田監獄署が旭川に移され、やがて第七師団（旭川師団）の旭川衛戍監獄となってゆく。監獄と名はつくが、一般監獄とは性格を異にする軍監獄が、こうした屯田兵処罰の系譜のもと必要とされたのである。

なお集治監に正規憲兵が詰めるのは、明治一六年九月から東京に、明治二二年から三池に置かれている。いずれも明治二八年頃までで、樺戸は月形警察署の微弱を補うため明治二九年・三〇年の二年間のみ、軍曹一名、憲兵兵卒二名の三名が配置されている。また集治監に銃器の携帯を認めたのは、明治一四年四月に樺戸・空知へ、明治一八年釧路へこれを認め、特に釧路は騎兵銃であったといわれるが、いずれもこれを発砲した事例は見当たらない。ただ集治監も樺戸は兇悪重罪囚、空知は政治犯が多く、釧路は旧軍不良兵卒多く、看守に除隊者・屯田兵あがりの者が多いためか、軍隊式に歩調をとらせるなど、特色ある囚人集団に応じた処遇の気風がみられたという。北海道諸監獄のなかで軍部と深いかかわりをもつものといえば、やはり釧路であって、陸軍より貸与の騎兵銃をもつ騎馬看守の騎術上達訓練用に、囚人の手になる柵をもつ練習場（一周一、〇〇〇メートルの監獄競馬場）まで設けている。釧路集治監には九〇頭の馬が飼われ、飛雲・辰己・若蘭と名づけられる驍勇な名馬は新冠産、多くは集治監幹部の持ち馬である。明治二二年以来、そこで官民共同の「川上共同競馬会」が催されているが、実質は監獄主催の競馬会、賞金一等八円から二五円（八円は看守の月俸相当）、入場券は上等一〇銭、普通五銭である。集治監職員の出場費は、三井銀行熊牛支店に月給天引の払込みというのも今日では考えられない植民地的事情といえよう。この競馬は廃監後の昭和初期までつづくのである。また、釧路の外役所であった網走・

十勝が分監として独立後、標茶の釧路集治監は閉庁、庁舎・獄舎・馬小屋などは、明治四一年陸軍軍馬補充部川上支部に転用され、その廃材の一部は裁判所官舎の建築用材に充てられている。

ところで、北海道の成人人口が兵籍を維持し、一個師団の構成が北海道で可能となり、憲兵・警察の治安機能が充実するに到ると、囚人や屯田兵の潜在的・先兵的な軍事・外交上の期待、開拓の使命というものは、国策として一応終ったとみられてゆくことになる。もっとも、明治三七年の日露戦争勃発時、かつて網走分監長として中央道路開鑿を指揮した有馬四郎助は、横浜監獄典獄となっていたが、北海道開拓時の使命感をよみがえらせたといえようか、愛国の至誠から囚徒を軍夫（軍附属の労役夫）にという「外役論」を監獄雑誌に掲げており、囚人の労働力を国を救う軍事にという発想は、なお根強くあった。

時代が下がり、満州事変以降、第二次大戦突入の前段階など、受刑者も国民の一人として銃後の守りにつくことは当然とされ、国家総動員令の趣旨のもと動員されている。出征兵士に代わる留守部隊として食糧増産の外役に再び従事、内役としては各刑務所は軍需工場としてその一翼をになうのである。昭和一五年一月には南方飛行場建設に札幌・網走の受刑者が選抜され、横浜刑務所に集結、海軍御用船「国島丸」（一一、五〇〇噸）でテニヤン、グアム島へと赴いている。途中、かつての流刑地八丈島に寄港していることも歴史のサイクルを感じさせるが、小笠原の父島にも寄港、一〇〇万坪の広大なテニヤン飛行場を建設している。この飛行場は渡洋爆撃機が二機同時に発着でき、地下八メートルに弾薬庫がある優秀堅牢な大飛行場であり、特に第三中隊と呼ぶ網走組は、発破作業・整地作業が群を抜いていたといわれる。しかし、夜はメザシの様に向き合って六名単位に蚊帳をつって就寝したが、暑いので、どういうものか喧嘩ばかりしており、職員から「また喧嘩か、骨だけ残しておけ」などと言われたとか。南十字星が見おろす南海の孤島の夜、北海道から来た〝囚人と役人〟が交わす精一杯の会話がにじみ出て、憎めぬエピソードとなっている。また昭和一六年から一八年にかけては、網走・札幌の受刑者が美幌・女満別飛行場の滑走路・格納庫建設をなし、札幌からは丘珠飛行場の整地作業にも出役、箱館少年刑務所は箱館ドックなどに出役し、労働力不足を補っている。戦時ならではの行刑史実である。

参考史料

屯田兵への営倉・苦役申渡書

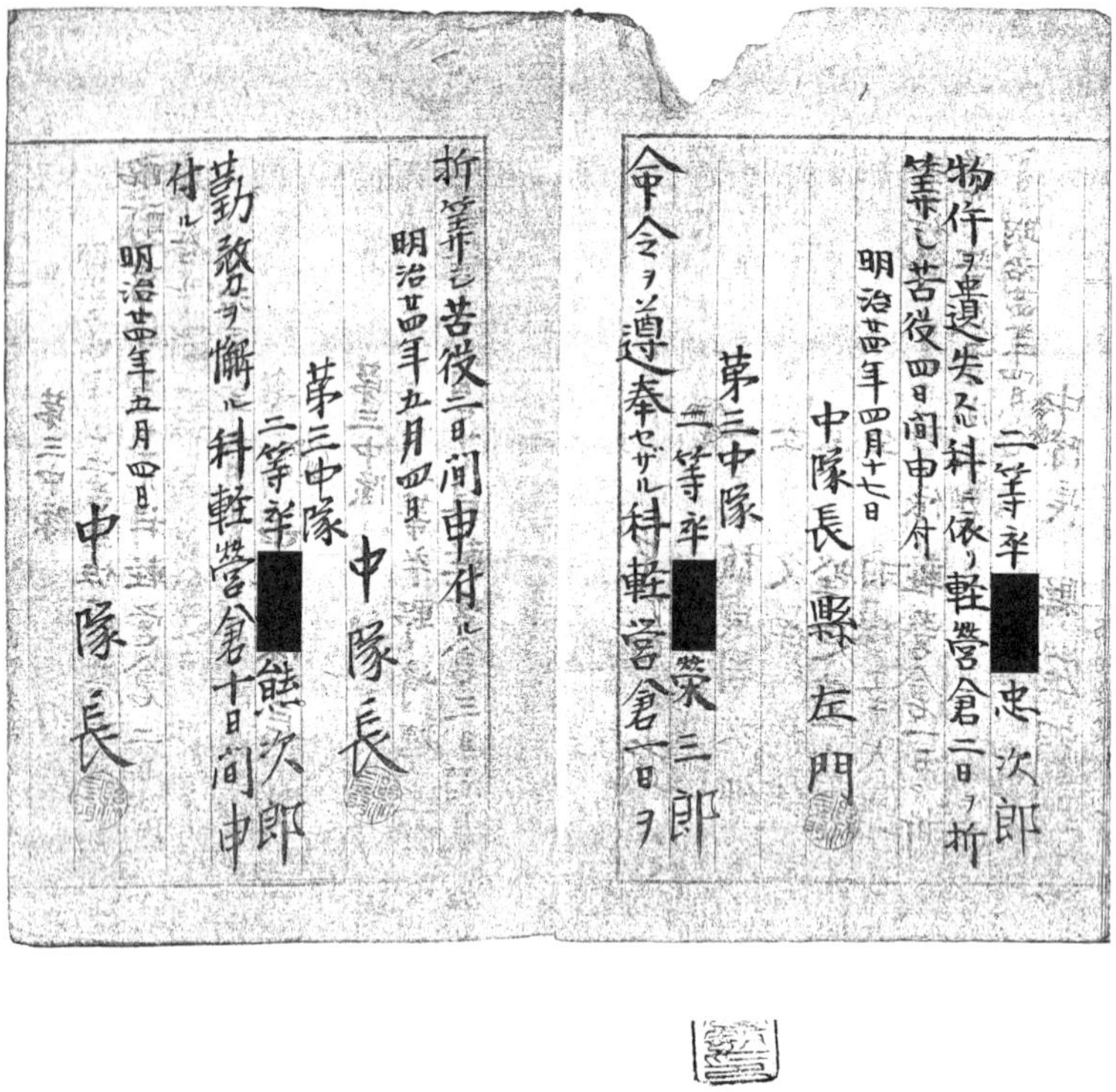
二等卒[redacted]忠次郎
物件ヲ遺失スル科ニ依リ軽営倉二日ヲ折
筭シ苦役四日間申付
明治廿四年四月十七日
中隊長 [illegible]左門

第三中隊
二等卒[redacted]榮三郎
命令ヲ遵奉セザル科軽営倉一日ヲ
折筭シ苦役二日間申付ル
明治廿四年五月四日
中隊長

第三中隊
二等卒[redacted]熊次郎
勤務ヲ懈ル科軽営倉十日間申
付ル
明治廿四年五月四日
中隊長

樺戸楽産商会よりの流木浚除ニ係ル役囚使潰シノ件伺 (一)

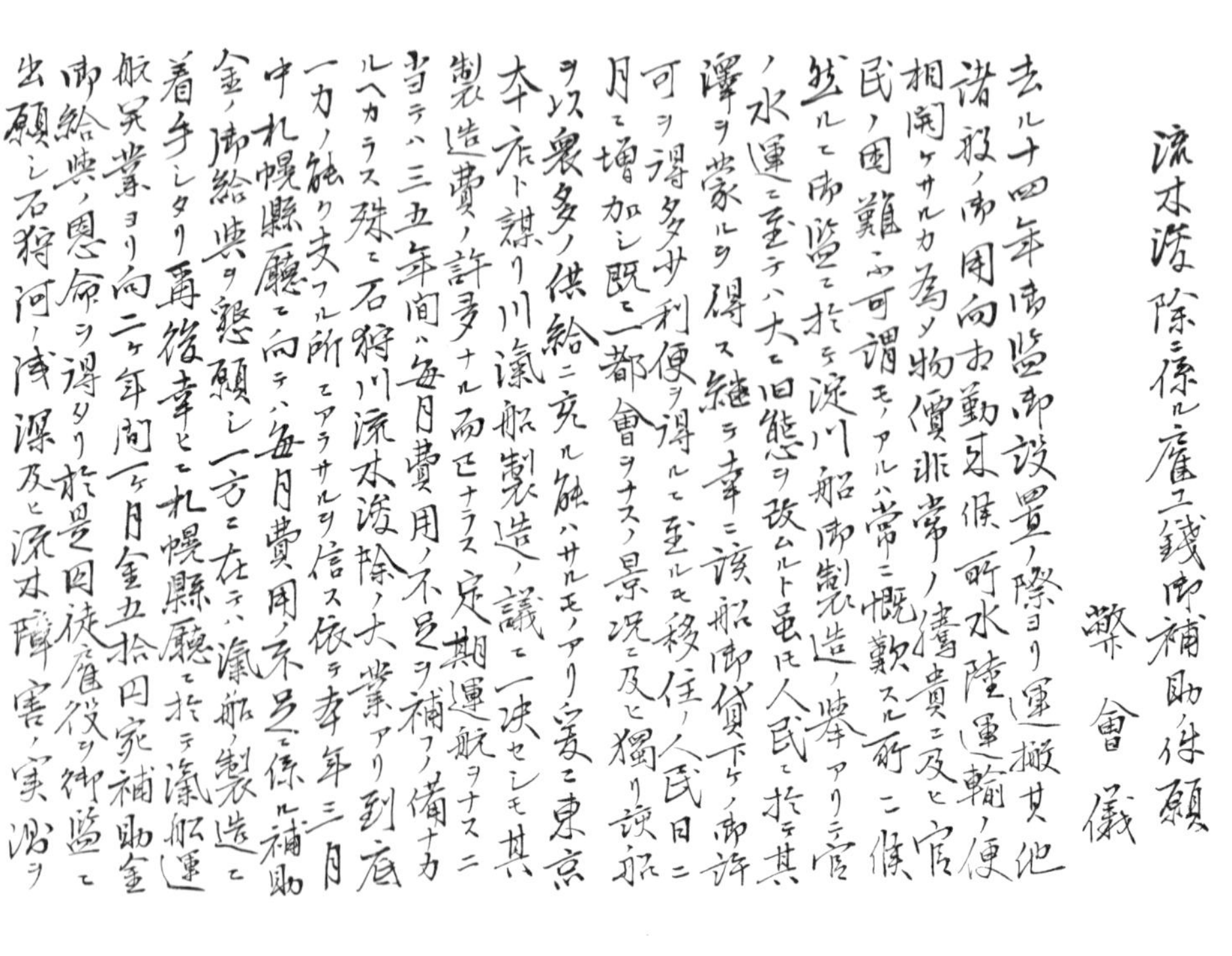
流木浚除ニ係ル雇工銭御補助ノ件願

弊會儀

去ル十四年御監御設置ノ際ヨリ運搬其他
諸般ノ御用向相勤来候所水陸運輸ノ便
相開ケサルカ為メ物價非常ノ騰貴ニ及ヒ官
民ノ困難不可謂モノアルハ常ニ慨歎スル所ニ候
然ルニ御監ニ於テ淀川船御製造ノ挙アリテ官
ノ水運ニ至テハ大ニ旧態ヲ改ムルト雖ドモ人民ニ於テ其
澤ヲ蒙ルヲ得ス継テ幸ニ該船御貸下ケノ御許
可ヲ得多少利便ヲ得ルニ至ルモ移住ノ人民日ニ
月ニ増加シ既ニ一都會ヲナスノ景況ニ及ヒ獨リ該船
ヲ以ス衆多ノ供給ニ充ル能ハサルモノアリ爰ニ東京
本店ト謀リ川瀬船製造ノ議ニ一決セシモ其
製造費ノ許多ナル而已ナラス定期運航ヲナスニ
当テハ三五年間ハ毎月費用ノ不足ヲ補フノ備ナカ
ルヘカラス殊ニ石狩川流木浚除ノ大業アリ到底
一力ノ能ク支フル所ニアラサルヲ信ス依テ本年三月
中札幌縣廳ニ向テハ毎月費用ノ不足ニ係ル補助
金ノ御給與ヲ懇願シ一方ニ在テハ瀬船ノ製造ニ
着手シタリ爾後幸ヒニ札幌縣廳ニ於テ瀬船運
航ノ営業ヨリ向二ヶ年間一ヶ月金五拾円宛補助金
御給與ノ恩命ヲ得タリ於是囚徒雇役ヲ御監ニ
出願シ石狩河ノ浅深及ヒ流木障害ノ実況ヲ

遂ケ七月八日ニ初メテ浚除ノ業ニ着手シ本地ヨリ
石狩河口迄数十ケ所ノ流木ヲ除キ九十九ケ所ニ浮
標ヲ付シ遂ニ滊船ノ航路ヲ開キ得タリ恰モ好シ
於東京製造ノ滊船落成シ九月二十日ヲ以テ
石狩河口ニ達シ河水ヲ溯リ茨戸幌向ヲ経テ九月
廿四日本地ニ着船シ以テ従直ケニ運航ヲ試ムルノ
今日アルヲ得タリ是レ素ヨリ弊会微力ノ能クナシ
得ヘキ所ニアラス偏ニ御監御保護ノ厚キト札幌県
庁ノ御補助ヲ蒙ルノ結果ナリトス然リ而シテ流木
浚除ノ事タル一朝一夕ノ業ニアラス年々歳々多分
ノ費金ヲ要スルハ勿論ナリトス若シ一時今般浚除ノ
[illegible]

（この部分一行のみ汚損不鮮明のため省略）

フノミナラス目下運航準備ニモ差響キ遂ニ充分ノ
目的ヲ達スル能ハサラシト深ク苦慮仕候所ニ候抑
此事業タル素ヨリ一己ノ私利ヲ営ムニアラス広リ
公益ヲ謀ルノ微志ニ外ナラサルナリ何卒事情御
懇察被成下特別ノ御詮議ヲ以前件流木浚
除ニ係ル塵銭ノ儀此度限リ於御監御補助
被成下候儀ハ被為叶間敷哉否ハ容易ニ可奉
願項第ニ無御座候得共困難ノ余リ不顧恐
多上陳候条可然御採酌御許容被成下候
様奉懇願候也

明治十七年
十月九日

集産商会
嶺岸梁
代 菅野利行

樺戸集治監典獄月形潔殿代理
副典獄櫻木保又殿

乾第六七號

石狩川測量并ニ流木浚除ニ係ル役囚
使潰シノ件伺

本監ヨリ札幌ニ達スル道路未タ相開ケサルニ依リ貨物
ノ運搬ニ至テハ便ヲ水路ニ取ルノ外無之就テハ本監江別間
ニ於テ滊船ノ運航ヲ開クハ最モ必要トスル所ニ候ニ付春来
本監用達楽産商會ニ於テ川滊船製造ノ企テアルヲ
聞キ札幌縣令ト謀リ共ニ之ヲ勧誘シテ其業ニ着手セシメ
尓後同商會ノ請願ニ應シ囚徒数十名ヲ派遣シ石狩河
航路ノ測量并ニ流木浚除ニ使役シ始メテ一線ノ航路ヲ開
キ以テ今日滊船ヲ運航スルノ場合ニ立至リ候就テハ本監
ノ便益ハ勿論運搬費等モ多少減省スルニ至リ且本地住
民ノ為メ利便ヲ與フル不少候然ルニ今般楽産商會ヨリ右

二　樺戸集治監

役囚雇銭補助ノ件ニ付別紙ノ通リ及出願則取調候處
事情不得止次第ニ相聞候抑滊船運航ノ件ハ当初ヨリ之
ヲ勧誘シ既ニ札幌縣廳ニ於テモ多少ノ補助金下付相成候
儀ニ付於本監モ適應ノ補助致シ遣シ候方當然ニ可有
之依テ別記人工此度限リ使潰シトシ給與銭而已上納セ
シメ可然哉ト致思考候右ハ素ヨリ公益ヲ謀ルノ事業タルヲ
以テ特別ノ御詮議ヲ以テ此旨御聞置相成候様致度此段
相伺候也

明治十七年十二月　日　樺戸集治監典獄月形潔

内務卿山縣有朋殿

記

一石狩川測量及流木浚除スヘキ川路樺戸郡月形村
ヨリ石狩郡石狩港川口マテ路程凡ツ三拾里餘
此役囚現員五十名
此延員三千人
此雇工銭三百六拾圓
此雇工給與銭三拾六圓
但使役日数六十日ニシテ一日工銭拾貳銭
給與銭壹銭貳厘トス

樺戸集治監建設予定地の着工直前の見取図

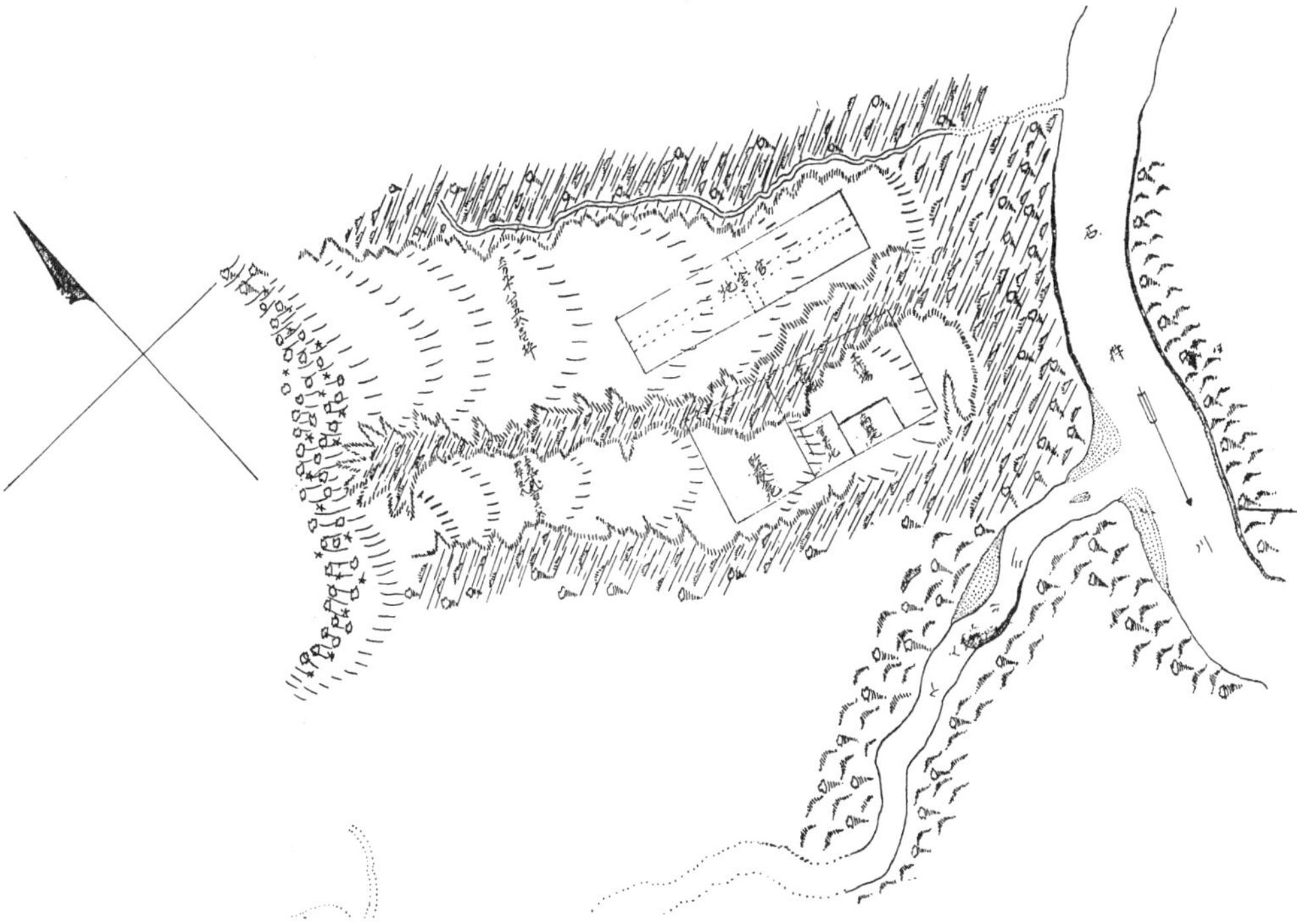

（請負業者大倉組・現大成建設所蔵）

〔解説〕 樺戸集治監御用達である楽産商会は専用船を東京で建造し、石狩川の江別・樺戸間の運行を明治17年9月20日より開始しているが、流木障害が著しく、囚徒無料（役囚使捨の意）でこの作業を依頼した件。典獄より内務卿宛に上申し公益の事業として特に認可される。

明治20年春に設置された樺戸・空知監獄出張所の所在と石狩川・忠別川・美瑛川の合流点

忠別太（現在の旭川市神居一条五丁目）の樺戸監獄署出張所之跡

（旭川市編「旭川八〇年のあゆみ」三九頁より）

第四章　北海道各集治監の改廃と獄情・地域の変化

一　樺戸集治監関係のその後の動き

本項では樺戸・空知・釧路・網走など開拓のブルドーザ的役割を果した北海道集治監本分監の廃止が続く、明治三三年から明治四〇年の監獄法制定時期にかけて、さらに大正期の分監・出張所の増設などに及ぶ獄政の転換期に触れるものである。これは大正一一年、監獄が刑務所という現代の行政官庁らしい名称へと改められてゆく準備段階ともなっている時期である。

廃監に至るまで、厳しい風土・風雪の中、囚従・監獄・原地の人々が一体となって開拓にあたり、市街・町村を形づくってきたこれらの人々にとり、監獄のあった地が市町村史であり、監獄史そのものであり、すでに愛着深い忘れられない郷土史そのものである。廃監と共に他郷に散って行った人々も多いが、この地に土着した元監獄官吏も、当時の開拓農民もまた多く、それぞれの郷土史としてかつての関係者の名を伝えている。したがって本項では重複の記載を避けるため、廃監後、当時とその後の情況を伝える監獄関係史書と、市町村史に個人的業績として名を遺す功労者・異色の人々を若干掲げるにとどめたいと思う。

まず、樺戸関係についてであるが、現在の樺戸郡月形町。初代典獄月形潔の名を町名として用いられている地である。大正八年一月二〇日、三九年間の囚徒による開拓の歴史を閉じて廃監（勅令第六号）。当時の関係者も数多く定住、囚人墓地も大切に整然と保存されている。

寺本界雄『樺戸監獄史話』（昭和二五年）、熊谷正吉『樺戸監獄』（北海道新聞社・平成四年刊）は月形の郷土史そのものといってよく、拙著『北海道行刑史』（図譜出版・昭和四三年刊）もその大要を記し、拙稿「北海道怪盗伝」（北方ジャーナル昭和五〇年一一月号）は在監した重罪囚について書き記したものである。樺戸の功労者・異色の人物を若干記せば次の人々である。

○　海賀直常

筑前国福岡藩士、明治四年二七歳で東京府に出仕、邏卆小頭を勤めてより内務省に入省、わが国最初の代言人（弁護士）試験に合格している。明治一三年四月、北海道集治監設置場所選定の調査団長・御用掛・内務権少書記官月形潔の随員として調査にあたっている。翌明治一四年、樺戸開庁への第一回重罪囚四〇名を東京集治監（小菅）から護送指揮官として引率しているが、小樽に上陸するも赤衣の囚人御一行様ではと、どこの宿も宿泊をことわられるため、そこは代言人の勉強の生かし所と、談判の末、一囚一泊一五銭で、金を払えば重罪囚もお客様と、お上風を吹かして妓楼にあがっている。こうして股引の旅姿に腰縄付の囚人四〇名は、高脚御膳で食事をとったという。前代未聞の押送異聞であるが、実際にあったことである。同年八月一〇日、樺戸集治監開庁と共に警守課長・看守長兼興業課長に据えられ、同郷の典獄月形潔を支え手腕を発揮している。

また海賀の戸籍には妻・姉の次に何と妾鈴木ツルと、日本橋室町尾張町・嘉永五年生れという女性の名が堂々と記載されており、以来、戸籍を見慣れた歴代の役場の人も、こんな戸籍は見たことがないと、当時の北海道ならではとはいうものの、この面でも大物であった。これに輪をかけたのが「海賀の欠礼」といって、人に逢うとそりくり返って答礼をしなかったということでも、これまた有名であったといわれる（拙著『北海道行刑史』一四七頁）。

しかし職務に熱心で学識豊かな海賀は、囚徒を用い月形の学校・病院・寺社の設営など村づくりに大活躍、明治二七年五〇歳で退官後は、第八代戸長（村長）や用水土木組合長、札沼線という鉄道誘致運動を行ない、その開通を促がし、晩年『月形村沿革誌』という監獄により拓けた村のルーツを書き記す貴重な文献を遺し、大正七年、七六歳で他界している。月形町に「海賀直常之碑」が建てられているのも、こうした功労による。

○　守口如瓶（にょへい）

明治一〇年、警視庁石川島懲役署駆役掛（拙稿「人足寄場と石川島監獄」『人足寄場史』三四九頁所掲・創文社）として名がみられ、同僚にのち十勝分監長となる八田哉明が一等警部補・記録掛として在任している。守口は月形に随行、海賀と共に北海道集治監の設置場所の調査団の一員として功績があり、監獄実務に明るい人物であるが、以降、内務省・警視庁畑を経歴し、月形村との縁が見当らない。ただ石川島人足寄場系の経験ある者はこの守口と八田、それにのち明治二八年宮城集治監典獄となった小泉保通が幕末・明治初年に小伝馬町囚獄・石川島徒場の双方に勤務した経験者としてあり、もう一人は元石川島人足寄場見廻与力を努め、自由民権を叫び自ら取締り見廻った石川島に投獄せられ、のち釧路集治監、北海道集治監教誨師として更生保護事業に尽くす原胤昭がいる。

○　長倉新八

松前藩士族百五拾石扶持の禄をもつ長倉家に生まれた真刀無念流の達人として新撰組副長助勤をつとめたことで知られる。会津の戦い、五稜郭の戦いが終ってのち、北海道福山の松前藩医杉村松伯の養子となり杉村義衛と名を改めている。明治一五年から一八年頃まで樺戸監獄撃剣場の剣道指南をつとめている。月形村寄留戸籍簿にもその名がある。撃剣場には山岡鉄舟の直筆「修武館」の額が掲げられ、旭川刑務所道場に引き継がれ現存している（拙著『北海道行刑史』一四八頁）。

○　安村治孝

長州の人、高杉晋作らと共に奇兵隊の一員として、一八六四年、四ヶ国聯合艦隊の下関砲台攻撃時に戦っており、明治維新後は東京府警部・本郷警察署長を勤め、この時、妻を亡くす不幸があるが、明治九年二月、前年小伝馬町旧囚獄から市ヶ谷に移ったばかりの市ヶ谷囚獄署長（未決監）に着任、ここでわが国女囚斬刑の最後の事例となった有名な高橋お伝（三〇歳）の斬刑に検使役として立会っている。

明治一〇年一月、警視庁三等大警部に昇進、同年二月一五日、西南の役が勃発、大警視川路利良に随行、囚獄署長として賊徒検策の事後処理に備え急ぎ西下、帰任後の六月、市ヶ谷囚獄署は幼年囚・病囚のみを残して未決囚の拘禁を臨時に停止。西郷軍を賊徒として受け入れ拘禁する体制を固め、同年八月、二等大警部兼陸軍中尉として再び西国に出張している。この時は、安村は新選旅団第二大隊第四中隊長として賊軍の総大将西郷隆盛の巨体に飛び付き格闘したが振り落とされ、一瞬、護衛の兵の銃弾が安村の右足に当り、西郷を捕え損なったという。西郷自尽直前のことである。同年一〇月、その賊軍の身柄は関西以南には置かないとの政治的配慮と方針のもと、打合せどおり東京警視本署（市ヶ谷・石川島・小菅の東京集治監）管下に三二七名を受け入れ、その他は関東・東北・石川・新潟などの各監獄に発配、分禁する応急の一大事務を終えている。

このような任務を遂げた業績により翌明治一一年、警視庁一等警視補に昇進、明治一二年二月、石川島の警視庁懲役署長（まもなく石川島監獄署長と改称）となり、過剰拘禁の懲役囚を青山の陸軍射的場の土砂運搬、石川島の水不足を補う神田上水の水の舟運搬、上野・高崎間の鉄道敷設工事の出役などを行なわせ、〝囚徒の外役は安村〟といわれる手腕をみせたといわれる。こうして明治一六年一〇月、篠原国幹ら西郷軍幹部を多く集禁している宮城集治監典獄に栄転しており、面識ある西南の役の国事犯として扱われている服役囚の適切な処遇に対応、平穏な行刑をなしている。

最後の任地が明治一八年八月に着任した樺戸集治監典獄（月形潔の後任で二代目）である。安村は明治一九年四月より上川仮道路二二里一四丁をわずか三カ月で貫通させ、樺戸石狩川畔に監獄波止場を設置、監獄専用船を造らせるなど、月形村・北海道開拓に大きな足跡を遺している。

明治二四年八月病による休職により退官、明治四二年一一月二八日、東京府牛込区弁天町三七番地の自宅で死去している。享年六六歳であった。安村は短軀で西郷に組み付き振りほどかされたとき、いわば舞ノ海が武蔵丸に飛び付いた格好と思われるが、その瞬間、西郷側近の衛士の銃弾を受け、以来、右足を少し跛行させているが、囚徒を自由自在に心腹させて駆使する名典獄と評され、その力量は公正な人格と枯れた武人的風貌にあったと伝えられている（拙著『名典獄評伝』七〇頁。拙著『日本刑罰史年表』一三二頁、拙著『明治内乱鎮撫記』二〇二頁、熊谷正吉『樺戸監獄』四三頁）。

○　藤田軍平

安政五年一二月二六日、青森県南津軽郡尾上村出身、明治一〇年に警視局四等巡査拝命、明治一六年渡道して樺戸監獄看守、明治二〇年看守長となり樺戸街道の追分けから空知川岸までの上川道路の改修を終え、深川・芦別周辺の屯団兵屋の建築や農耕地の整備を指揮。特に野菜栽培に力を入れたといわれる。退官後は月形郵便局長をつとめ、監獄用地の民間払下げなど農地開発に尽力している。

○　狩野（かの）萩之進

嘉永五年一〇月一五日、福島県猪苗代郡三ノ丸という、野口英世出身地の近くで出生。父は会津藩士で剣道の達人といわれ、会津下での戊辰の戦いに加わったという。神奈川県居留地一等取締心得、海軍伍長、海軍軍曹、全権公使副島種臣清国出張に随従、海軍新兵教授をつとめ除隊。明治一七年渡道して札幌警察署巡査、警部補代理・小樽警察署詰、明治二二年札幌監獄署詰看守、明治二三年樺戸集治監詰看守部長、明治二九年北海道集治監看守長・臨時第二課長心得をつとめ、門衛破りの巨漢囚柏熊常吉の制圧など、巨体で酒豪、抜群の指揮能力をもって戒護検束に力量をみせた人物として知られ、明治四二年六月一四日、現職のまま病死（『月形村沿革誌』『樺戸監獄職員履歴綴』『樺戸監獄史話』）。

○　鬼丸丑蔵

安政三年一二月、大分県速見郡杵筑村出身、明治五年大阪府四等巡査、明治一四年九月樺戸集治監看守を拝命、明治一七年二月看守長に昇進、囚徒への温厚な人格と指導力・教化力は抜群で、司獄の範と評された。明治三九年退官後は月形村会議員に選ばれている。

○　高野　譲（ゆずる）

長岡藩士で藩儒・槍の師範でもあった父高野貞吉の長男として生まれ、高野楯之進と称しているが、戊辰の役後は、敗れた旧藩士族の生きる道として考える所があったとみられ、譲と改名、明治一四年に渡道、月形村の樺戸集治監開庁と共に見られるが看守長の職に就いている。ところで戊辰の役後、高野家には渡道した譲と共に四人の男子がいたが、母に先立たれたため父は母の妹である峯と再婚、父五十六歳のとき生まれたのが譲と腹違いの弟高野五十六（いそろく）であった。大正四年五月一九日、高野五十六はすでに海軍少佐の地位に栄進しており、当時、旧長岡藩家老職の山本家に跡継ぎがないことから、旧藩主牧野忠篤子爵の肝入りで、古くから親交の厚かった旧長岡藩筆頭家老・一、三〇〇石の山本帯刀家に高野五十六は養子として迎えられ、山本五十六と名を改めている。のちの聯合艦隊司令長官、元帥山本五十六その人である。

私は『北海道行刑史』執筆調査中であった昭和四〇年頃、月形町助役松田正一氏・同役場主事熊谷正吉氏より、同役場の「寄留戸籍簿」に、山本五十六元帥の実兄であるこの記載があることを内々教えられたとき、驚きと共に礼を失してはならないと『北海道行刑史』に記載することを差控えたのであるが、以降、熊谷正吉著『樺戸監獄』にも記載され、公知のこととして見られている。同地の伝え、旭川刑務所へ引き継がれた文献からも、高野譲看守長は樺戸開庁時より幹部官舎に居住、明治二〇年、忠別太に樺戸、空知両監の出張所が別々に相接して設けられたとき、ここを拠点に二年間、藤田軍平看守長と分担し上川仮道路の補修工事を指揮、空知川が石狩川に注ぐ合流点（空知太・滝川）へ（本文六九頁図参照）、さらに音江法華（深川）を経て忠別太（旭川）へ至る道を整備し完結させている。また当別・増毛の道路開鑿をも指揮するなど、道路工事についての功績が主として大きく、一面、野幌の『北越殖民社』という郷里長岡をはじめ新潟県人の北海道入殖団体の便益に活躍、月形村内に「農事会」を設けて農業の発展に貢献している。

世が世であれば家老河井継之助らと共に、長岡藩家老の一族として列していたであろうに、戊辰の役により賊軍朝敵とされ、兄弟は数奇にも運命を変え、所を変えて、わが国発展のために尽す一つの現実の姿であった。私の自宅近くにある広大な多摩墓地には、歴代の国葬となった山本五十六元帥ら陸海軍将官の墓石が整然と立ち並ぶ一角があり、日常接することが多いことから、思い返される身近な人物となっている。

○　上野山熊四郎

樺戸廃監時まで在任した看守長であるが、御本人より明治二二年に江別で生まれた令息の上野山清貢画伯の名で知られる。令息清貢は帝展特選など道産子画家として知られ、昭和三五年没している。清貢は幾春別生れ、北海タイムス記者寺本界雄氏の著『樺戸監獄史話』（通称〝赤どじょう本〟）の表紙画を描いたことで斯界では親しまれている。その絵は監獄裏手の「ひょうたん沼」に赤い色の〝どじょう〟が住んでおり、赤衣を着せられた囚人の怨念（おん）がこのようになったのだと見るもので、

天国への門は狭くして嶮し――（聖書）
さりながら、樺戸監獄の大門は
入り易く出で難かりしにや
鉄扉固く閉ざして放たれず
あゝ赤どじょう二つ、絡み合い、力み合って、
跳り逃げんとするも叶わず
ただ黒鉄の柵上、しきりに妖気漂よう

という寺本界雄氏の詩的な一文に合わせ、囚人に見立てた赤どじょうが絡み合い力み合い、逃れ難い獄門に囚霊が妖しく漂うという、洒脱で哀感こもる幻想的詩文を絵画化している（拙著『北海道行刑史』一四五頁・一四六頁）。

二　空知集治監関係のその後の動き

空知郡市来知村（いちきしり）、現在の三笠市に設置の空知集治監は、樺戸より一年後の明治一五年七月開庁、明治二四年七月北海道集治監（本監の樺戸）の分監と位置づけられている。したがって集治監官制の独立期間は九年間で、以降は分監として明治三六年九月廃監まで一二年間存続、本分監時併せて二一年間という短期の監獄であった。この設置目的は幌内炭の採掘にあり、小樽の近郊手宮より幌内まで石炭運搬のため義経号・弁慶号を走らせるなど、囚徒による採掘は国策として強行されている。ただ坑内通風燈明などに機械設備が乏しく、匍伏して石炭を砕くなど、炭紛と有毒ガスの発生に悩み、さらに落盤事故多く、羅病・死亡率、逃走率共に道内他監獄中でも図抜けての悪条件下にあった。このため明治二七年一二月限りで幌内炭坑での外役を廃止している。翌明治二八年坑内の大ガス爆発事故があったことを思えば、これは幸運な判断であった。

この状況下にあった幌内採炭の外役所とは別に、空知の監内では当時の福島・加波山・秩父・静岡事件といった自由民権運動の関係者が投獄されており、その典獄渡辺惟精は誠意をもって対応している。また在任中、視察の内務卿山田顕義に空知で最も望

まれるのは上水道であることを述べ、これが採り上げられ、道庁技師の友成仲・佐藤勇両氏の指導監督のもと、空知の囚徒を用い、同地ヌツパオマナイ沢に堤を設けて貯水池を造成、濾過池・貯水槽にドイツ製の鉄管を用いた水道が明治二三年九月二〇日完成している。この水は地元市来知の村民にも分水しており、横浜に次いで日本で二番目、道内初の水道であった。空知廃監後、この水道は昭和二八年まで六五年間使用され、今日でも灌漑に利用されている（拙著『北海道行刑史』二二七頁）。このほか空知集治監跡に遺る建造物としては、典獄官舎の赤煉瓦煙突、囚人墓地「千人塚」、文献としては専勝寺所蔵の囚徒開拓記録『渡辺惟精日誌』（三笠市有形文化財）がある。人物としては紙数の都合から次の二人を掲げておきたい。

○　渡辺惟精

弘化二年一一月二五日、美濃国安八郡大藪村の豪農の二男として出生、明治二年奉公先の薩摩藩大坂屋敷留守居役の推挙で堺県捕亡吏となり、明治四年堺県秘書役から警視庁大警部・警視補と昇進、明治八年佐賀の乱の臨時裁判所判事、明治一〇年鹿児島警察署長、明治一一年一〇月小菅監獄署副典獄、明治一二年四月東京集治監典獄、明治一四年七月内務権少書記官、明治一五年七月空知集治監初代典獄として空知郡長・空知警察署長を兼務、明治一九年三月北海道庁炭鉱鉄道事務所長を兼ね、在任七年、宮城集治監典獄に転出、三池集治監典獄、愛知県警部長（現在の愛知県警察本部長）で退官、明治三三年東京小石川の自邸で没している。享年五六歳。令嬢は元法政大学総長大内兵衛氏夫人、令孫の渡辺精氏は東京大学教授を務めた（佚野外吉『北門鎖鑰の礎石渡辺惟精』市来知史研究第一編三六頁。同『獄窓の自由民権者たち』みやま書房、拙著『名典獄評伝』日本行刑史研究会）。

○　留岡幸助

元治元年、備中高梁（岡山県高梁市）に生まれており、同志社神学校で新島譲、ラーネット教授の感化のもと、「人間社会には遊廓と監獄という二つの暗部がある」（聖書）ことを学び、福音の光をこの二つに照らすという使命感を覚え、『ジョン・ハワード伝』（世界の監獄）を読むことにより、監獄改良を生涯の事業と決意している。そこで岡山の金森通倫牧師のすすめから明治二四年渡道、空知集治監教誨師の職に就いている。留岡は獄中の囚人同士の迫害を見ると共に、聖書講究会をつくり熱心にキリストの教えをもって教化にあたっている無期徒刑囚の好地由太郎や加波山事件の小林篤太郎は留岡の感化により、出獄後、伝道者となっている。また二、〇〇〇人の在囚の生育歴・犯歴調査から、その犯罪は一四、五歳未満で行なわれていることを知り、犯罪の早期根絶をはかる教育技法を学びたく、空知の監獄実務・教誨体験を動機としてアメリカ留学を志すのであって、明治二七年三月教誨師を辞し、当時模範といわれるマサチューセッツ州立感化院を足場に、同じくエルマイラ感化監や教護院・孤児院などを視察。明治二九年五月帰朝後は霊南坂教会牧師・巣鴨監獄教誨師・警察監獄学校教授をつとめると共に、翌三〇年『不良少年感化事業』を著している。明治三二年巣鴨に理想の少年感化施設をめざし「家庭学校」を創立、札幌基督教会信田寿之の遠軽での学田農場設立の動きに合わせるごとく大正三年八月、北海道北見国遠軽社名淵に分校と農場を、大正五年には北見国白滝の第二農場が設けられ、大正一二年には神奈川県茅ヶ崎にも分校が設けられている（牧野虎次編『留岡幸助君古稀記念集』、留岡清男著『教育農場五十年』岩波書店）。

三　釧路集治監関係のその後の動き

釧路国川上郡熊牛村字標茶（しべちゃ）に明治一八年九月、釧路集治監を開庁、通称、地元では標茶集治監と呼称、同地は明治一七年一二月一三日内務省御用掛大井上輝前・同五等属森八男の視察の結果、釧路川を挟み樹木林立、囚徒開拓拠点の適地と判断、報告されているが、根室県令湯地定元の反対があり内務卿山県有明の裁定で本決まりとなっている。明治一八年九月二一日釧路集治監開庁と官制は定められ、初代典獄に大井上輝前が任命されているが、肝心の獄舎は出来ていない。ここに急遽、看守長四本清指揮のもと空知集治監の囚徒三〇〇名を移入、伐木と獄舎建設が進められ、急造獄舎がほぼ出来上ると同時に空知・宮城・東京の集治監から囚徒一九〇名を、翌年は宮城・樺戸からと次々に増員されていった。

釧路集治監の使命は安田善次郎経営の、川湯と当地では呼ばれる硫黄山跡佐登（アメサスプリ）の硫黄を搬出する作業で、最初は山元で囚徒二〇〇名を用い硫黄の俵（かます）をもっこで運び出すのであるが、硫黄の亜硫酸ガスで朦朧としてよろめき、失明し、栄養失調などで死亡は五〇五名に及んだと言われ、つまずいて看守のサーベルに触れるものなら反抗として「拒捕斬殺一八名」との記録（集治監統計）があるように地獄図絵の惨状がみられている。明治二一年四月釧路集治監教誨師として着任した原胤昭はこれを見て、典獄に中止を進言、同年一一月ようやく囚徒による作業は中止されている。その後は駄馬の背に硫黄の俵（かます）を乗せ、山道を伝い麓の磯分内の瀬之平橋辺りまで積みおろし、ここより標茶まで舟運搬されたといわれ、その後は軽便鉄道により標茶の製錬所に運び、そこより川蒸汽船で釧路港に出されるようになっている。

釧路集治監の任務のもう一つは大田（厚岸）屯田兵屋四四〇戸とその付属施設の建設で、そのため標茶から厚岸まで四〇キロの道路開鑿をなしている。このほか標茶・網走間の山道、網走・上川間の山道、少しおくれて明治二五年から二七年には大津・伏古間の道路を開鑿しており、広大な周辺農地も開拓している。ただ明治二七年頃より外役縮小がなされ、明治三四年九月三〇日、空知分監と共に釧路は廃監、釧路の市街は人口減少と共に衰微が著しく、元釧路集治監跡は陸軍の軍馬補充部川上支部として昭和二〇年まで続き、翌二一年標茶農業高等学校へと引き継がれ、昭和三四年には建物老朽化のため標茶町が買収、昭和四四年に北海道開道百年を記念して、元監獄庁舎部分の建物は解体して塘路湖畔（標茶町字塘路）に移設復元、現在標茶町郷土館として用いられている。

戦後の昭和二六年一一月、標茶町では町議会で町史編纂を決議、昭和二九年の町開基七〇年の記念事業として編纂を進めているが、標茶町長で同じく小学校長・公民館長を兼ねた高嶋幸次氏を中心として『標茶町史考』前編が昭和四一年一一月一日刊行せられた。それは同町の開拓史であり釧路集治監史でもある貴重な労作となっている。これに続き「釧路集治監を語る会」の事務局を担当する豊原熙司氏らを中心に施設・碑・水道など釧路集治監にちなむ記録シリーズが分冊としてまとめられてゆき、さらにその後は標茶町総務部長・町史編纂事務局長をつとめた三栖達夫氏を中心に「釧路集治監の人たち」「釧路国標茶監獄署全景」――写真とその状況を考える――といった調査と研究が進められている。

同地に遺る集治監関係遺跡としては、集治監庁舎（標茶町郷土館として現在使用）、囚人合葬墓地、標茶集治監死亡者之碑、集治監書記兼平友太郎之墓、分監坂（国道三九一号・釧路町遠矢）、仮監跡（熊牛野囚徒宿泊所）、外役所跡（硫黄山外役所跡など）、開運橋（釧路川にみる架橋）、硫黄精煉所跡、倉庫跡（釧路米町の物品貯蔵庫、廃監後も網走分監派遣囚徒の仮宿泊所として残され使用されたと「網走分監沿革史」に記載）されている。

同地に遺る文献としては「伊呂波別囚人名簿」「作業日誌」「行状日表」「地図」（所属実測図）などが標茶町郷土館に保存・展示されている。人物については紙数の都合から収監された著名囚二人と一典獄を掲げるにとどめたい。

○ 津田三蔵

明治二四年五月一一日の大津事件（湖南事件）の犯人。来日中のロシア皇太子ニコラスを警備する巡査であったが、滋賀大津の小唐で斬りつけ負傷させる。総理大臣松方正義は強国ロシアの報復を予測、津田の即時処刑と戒厳令を施行、緊急勅令により対処しようと司法権に干渉するが、大審院長児島惟謙は政府のいう大逆罪を適用せず一般の謀殺未遂罪で無期懲役とし、七月二日、極秘厳重な警戒裡に兵庫仮留監経由、海路釧路集治監に収監している。同年九月二九日病により獄死。

○ 小山豊太郎

明治二八年三月。日清戦争の講和会議に出席の清国全権弁理大臣の李鴻章を群馬県人小山は駕籠に乗って赤間ヶ関（下関）市内を通過中の李鴻章をめがけ短銃で狙撃、傷を負わせている。山口地方裁判所は謀殺未遂で無期徒刑に処し、釧路集治監に護送服役しているが、明治四〇年仮出獄、明治四一年特赦となっている。

釧路集治監初代典獄大井上輝前の後任として二代目典獄に就いているが、外務省公使館書記官より内務省系の釧路集治監典獄に任ぜられたことは、まことに異例の人事であった。しかも二代続けて語学ができる海外留学経験者を監獄現場の典獄に任命する人事で、きわめて政治的・外交的配慮のあるものと考えられる。

○ 寺田機一

初代典獄大井上も幕末より単身アメリカに渡り、帰国後の明治二年、開拓使箱館府四等弁官（樺太詰）・開拓使大主典など、開拓使を窓口として政府の対露交渉、今で言う北方領土の接渉にあたり、明治八年の千島樺太交換条約締結に大きな功績があった人物である。このため締結後、太政官より格別勉励に付と慰労金・木盃を受け、開拓一等属に任ぜられている。開拓使廃止と共に内務省准奏任御用掛として、囚徒による北海道開拓と屯田兵による北方防衛に備え、北海道集治監建設の御用掛として釧路に赴任。網走の地を選定するなどの大きな任務を果している。

寺田はこの後任として、ロシア事情を知る数少ない人材の中から選考されたものと思われ、先に記す津田三蔵・小山豊太郎などの事犯があったように、予測されるこのような視点も人事の伏線にあったものとみられる。日清・日露の緊張あるいは摩擦、国際的な政治犯の緊急拘束時の対応も想定していたものであろう。大井上も寺田も北海道庁典獄兼川上郡長兼警察署長という、典獄が囚徒を用いる開拓拠点の中枢であり、千島樺太に最も近い釧路・網走方面緊急の外事問題発生時の行政責任者でもあるという、特殊な地域の任務にある時期であったからによる。

寺田は嘉永六年五月一日岡山藩士の家に生まれているが、明治六年露国ペテルブルグ大学に留学して理化学を学び、明治一一年帰朝してより外務二等書記生（駐ウラジオストック）、外務省七等出仕、明治一七年外務省貿易事務官（駐ウラジオストック）と、ウラジオストック在任一九年の貿易・税関関係事務の任にあたったようで、外務省公使館書記官もこの関係筋の任務であったとみられる。監獄とまったく無関係の人材を用いたわけであるが、ひとえに緊急時に露国と接渉し対応できる人物として、注目される釧路に配置されたわけである。寺田の在任は一年、ワンポイント・リリーフであるが、危惧される予想の事態もなく、退官後も長年在勤した地で日本郵船ウラジオストック支店長を勤め、明治三六年現地で亡くなっている（外務省外交史料館文書、拙稿「北海道諸監獄の歴史的役割」『石本三郎先生古稀記念論文集』一九八頁収録・一九九二年二月・中央学院大学刊）。

（注）司法省関係では寺田、外務省関係では寺見とあり、特別な事情で使い分けられたものか経緯は明らかでない。

四　網走分監・網走監獄関係のその後の動き

明治二四年に網走分監による困難な中央道路の開鑿が終わり、明治二五年四月からは札幌農学校農芸伝習科を卒業した湯浅純彦が網走分監授業手として採用され、秋までに一〇町歩の農地開墾がなされ、乳牛を買付けるなど、網走は欧米の新農法を導入した農業監獄として本格的な動きを見せてゆく（『湯浅純彦氏日誌』小野寺寛編集・解読稿・網走市立図書館・昭和六一年）。

翌二六年三月には樺戸・空知から六二〇名の集中的な集団移入がなされ、網走分監はこの年一、二八八名と、明治年間最大の収容年度となっている。二七年から二九年にかけては屈斜路外役所（のちの二見ヶ岡農場）、三眺切通農場など、農場は急速に拡張されている。しかしながら明治三〇年一月一一日、英昭皇太后の死去により明治維新以来はじめての大規模な大赦・減刑がなされ、北海道の重罪囚はこの大恩赦により、七、〇〇〇人余の該当者のうち、一、四九五名が内地送還のうえ放免と決定、釧路・網走・十勝三分監の放免囚九一三名は釧路港より日本郵船十勝丸・釧路丸に乗船している（拙著『博物館・網走監獄』五六頁）。

これにより同年五月、大量出獄の網走分監は定員に充たず閉鎖と決まっている（拓殖務省告示第三号）。この夢のような思いがけない恩典により、感涙にむせぶ残った囚徒も減刑に該当して希望を見出し、北海道の囚情は一変したといわれる。しかし前年、①三池集治監で対立抗争する囚徒の受入れとか、②戦時体制化に入る日露戦争前後、職員の出征などの影響もあり、悪質な喧嘩傷害事犯・集団破獄企図・逃走事犯などが続いており、③網走川の氾濫による外役への支障、④そうして明治四二年の網走監獄の大火災上事故が大恩赦に続く網走の決定的な節目となり、新しい時代へと入ってゆく。

大火災上による網走監獄の復旧と新造築には一〇年以上の歳月を必要とされ、まず煉瓦工場を造ることと、裏山の官有林の伐木からはじまり、大正一二年将棋型衛門風の赤煉瓦表門が竣工、大正一三年一〇月には笠石台付の赤煉瓦外塀が完結、大火より実に一五年を費しての完成である。この工事が遅れたのは大正五年の集団殺傷逃走事件（職員三名殉職）や、大正一一年五月の主要工場（四ヶ工場）焼失事件が大きく響いている。

かつては木造の黒塀に囲われた黒塀御殿ともいえる獄舎から大きく変身、赤煉瓦の砦とも雪中に浮かぶ岩盤上の一大不夜城ともいえる大監獄が、威容を整え姿をあらわしたのである。その敷地の広さと言い眼を見張る堂々たるたたずまいと言い、これまでの樺戸・空知・釧路といった比ではなく、北海道に造られた最も堅牢な監獄らしい最新監獄の出現であった。しかし立地上、わが国最北端の寒冷地大監となれば、やがて、さい果ての重罪監として文芸的イメージを増幅させ、事実、入獄囚の口からも絶望的な情感に耐えた体験を伝え、国民の端々にまで網走監獄と聞けば凶悪重罪囚が送られる長期監の代名詞との印象を根深く滲透させていった。たしかに、山を背に不凍の網走川が大きく曲節して監獄を囲う茫漠たる冬の遠景から、刑罰の威圧感・冷酷な無言の造形として迫るものがあった。そのごとく、網走には長期重罪囚や思想犯の隔離を目的とした保安処分的措置として、収監する傾向もみられたのである。

網走にかかわる人物として、紙数の都合から次の二人を掲げるにとどめたい。

○　有馬四郎助

文久四年鹿児島に生まれる。士族有馬平八の養子となる。幼時より秀才の誉が高く、小学校卒業後、一五歳で鹿児島県立師範学校附属小学校訓導補助から県内の正規訓導に、一七歳で京都府二等巡査となり、明治一八年警部補に昇進、明治一九年釧路集治監看守長兼書記となり、警守課長で北海道庁警部に任用されている。典獄大井上の公正な眼もあるが実力の然らしめるもので、弱冠二二歳であった。明治二四年網走分監長・奏任官として中央道路の開鑿を指揮、〝鬼分監長〟と言われている。

明治三一年、三四歳のときであるが警視庁典獄・巣鴨監獄署長のとき、帝国議会でも問題となったキリスト教誨師の集団辞職という巣鴨監獄教誨師の連袂辞職事件があり、かつて空知集治監の教誨師であった留岡幸助に霊南坂教会でキリスト教の洗礼を受けたばかりという縁もあり、有馬は責任をとって神奈川県典獄に転じるという一事もあった。のち留岡が家庭学校の分校と農場を大正三年網走の近く遠軽社名淵（ルベシベから山道に入り一二里の地点）に、大正五年同じく白滝に設けているが、いずれも有馬が分監長時代周知の囚人道路沿いに近く、有馬より適地との助言があったといわれている。社名淵は南に阿寒岳・東に遙かオホーツク海を望み、平和山を中心に九つの谷があり、少年感化に絶好の場所で（のち四男の留岡清男氏が北海道大学教授退官後、遺志を継ぎ経営）、北海道家庭学校として存続する。二人の北海道以来の盟友・同志としての絆は晩年に至っても一層深く、昭和九年二月四日、有馬が千葉刑務所で受刑者に講演中に倒れ死亡しているが、留岡も翌日奇しくも有馬のあとを追うごとく死去、青山会館で二人の合同葬がなされるという、実に劇的な最後であった（三吉明『有馬四郎助』人物業書・吉川弘文館、拙著『名典獄評伝』一四九頁）。

○　寺永法専

明治元年二月二六日、石川県河北郡高松村の真宗大谷派長福寺住職寺永照道の五男として生まれている。明治一九年に単身渡道、箱館・根室などの同派支院に身を寄せながら、明治二一年六月網走で説教小屋を設けている。明治二八年一二月、時の網走分監長高山幸雄に免囚の引受けを願い出ているが許されず、「二九歳の若増ではあるが仏陀という無限大慈の御加護がある」と再三懇願の末、明治二九年二月二一日二人の出獄者（いずれも強盗犯）の引受けが認められ、以来、家族のごとく自坊で起居、一人は九〇歳まで真面目に生活して亡くなり、一人は一二〇円という大金を貯え、郷里愛知へ帰り改悛している（網走博物館長米村喜男衛『北見郷土史話』）。しかし免囚保護事業の初めの頃は、放免囚同士の派手な喧嘩もあれば周囲からの風当りも強く、時々、永専寺と呼ぶこの寺の宿泊所からいなくなったりすると大騒ぎされ、やれ「監獄の下宿屋」などと悪態をつかれ警戒され、監獄の裏方・後見の世話役をつとめる「駆込み寺」ならぬ「引取寺」の苦労は大変なものであった（拙著『博物館・網走監獄』四二頁）。

大正四年、この永年の功績により藍授褒章が授与され、大正一一年には網走監獄の旧洋式兵営風木造表門が、これは明治四二年の大火をも免れた門であるが、永専寺の山門として払い下げられ、現在も用いられている（網走市有形文化財第一号）。このほか永専寺には網走監獄教誨堂に永く安置された阿弥陀如来像も。戦後「日本国憲法」（新憲法第二〇条第三項「国及びその機関は、宗教教育その他いかなる宗教的活動もしてはならない」）により永専寺に移っている。

寺永法専がこの網走の地で、重罪免囚の保護にただひたすら尽した実践の生涯を支えた気持は、大正七年、免囚保護の会を寺永慈恵院から網走慈恵院と改めたときの趣意書に「刑期間監獄有司にありては再犯を未然に防遏するの方針を執り、改悛帰善を促すこと切なりと雖も、其放免せらるるや、再び社会に立たんとするも亦昔日の信用なくして一般の擯行を受け、純正の生活を営むこと能はず、遂に復犯罪をなすに至る。彼等の心情憫むべきものなり」とあることに、よく読みとれる。また同寺に遺る「洗除心垢」の筆蹟にも、更生保護の真髄がよく示されている。

「仁慈博愛」「済生利民」という仏の教えに立つ寺永法専の努力に、昭和三年勲六等端宝章が贈られ、昭和七年一二月二六日、六六歳で没している。参列の衆僧四四名、合葬者一、〇〇〇余名、葬列は七列縦隊で三町余におよび、沿道の両側は、別れを惜しむ町民で人垣が築かれたという（笠原俊之助「寺永法専」、更生保護制度施行五〇周年記念『更生保護史の人びと』三五頁、法務省保護局、日本更生保護協会刊・平成一一年）。

○　**井上傳蔵**

秩父事件の首謀者の一人として、欠席裁判で死刑の判決を受けた井上傳蔵が、網走の近くの野付牛（北見）で潜伏中に死亡したことは、全国的にも、この地としても大きな反響を呼ぶ事件であった。自由民権運動の一つである秩父事件は、その逮捕、取調関連県は埼玉・群馬・長野・山梨・東京の一府五県に及び、西南の役に次ぐ大量処罰・取調べの事件といわれている（江袋文男『秩父騒動』

秩父新聞出版部、『日本政治裁判史録』明治・後篇)。

田代栄助・加藤織平・新井周三郎・坂本惣作・高岸善吉は、明治一八年二月一九日・二〇日の両日、浦和重罪裁判所より死刑が言い渡され、五月二五日、浦和監獄熊谷分監の刑場で絞首刑が執行された。幹部が所在不明として欠席のまま死刑判決を受けたのがこの井上傳蔵である。なお事件進行中、暴徒として人を殺害したと扱われた小林酉造・新井貞吉は五月一八日、すでに熊谷分監刑場で絞首刑が執行されていた(拙稿「小林酉造・新井貞吉の刑死」埼玉史談二〇巻二号・昭和四八年五月、拙稿「私の秩父事件」埼玉新聞・昭和五九年五月二二日号記事)。

事件後、所在不明の落合寅市は愛媛県別子銅山に鉱夫として潜伏中に下関で捕わり、大井憲太郎・氏家国直らと共に大阪事件に連座、懲役一〇年を大阪の堀川監獄で服役、八ヶ岳で消えた菊池貫平は甲府で捕わり無期徒刑囚として樺戸監獄に送られ服役、柿崎義藤、堀口栄太郎は無期徒刑で、宮川寅次郎は有期徒刑一五年で、すでに樺戸に収監されていた。なお柿崎は明治一九年八月一〇日樺戸監獄で獄死しており、宮川は明治三〇年二月一九日に。菊池は明治三八年二月一四日いずれも樺戸より出獄している(拙著『秩父暴動余稿』—浦和監獄史料からみた一考察—三六頁・三七頁、昭和四七年六月・日本行刑史研究会刊)。

このような厳しい処刑と追求がなされた秩父事件関係者中、死刑判決の井上傳蔵が北海道の江差・石狩から旭川・野付牛(北見)へ転々と身を隠し、代書業や呉服商・小間物屋・古物商などを営みながら世帯も持ち、事件から三五年も経った大正七年六月二三日、死の床において、すでに死刑から無期刑に減刑となっていることも知ることなく、逃亡・潜伏のまま亡くなったのである。葬儀は野付牛の高台寺で執り行なわれている(北海道新聞・昭和四五年八月一九日記事・大正七年の臨終直前の写真も掲載)。

参考史料

長期勤続者への給助之證

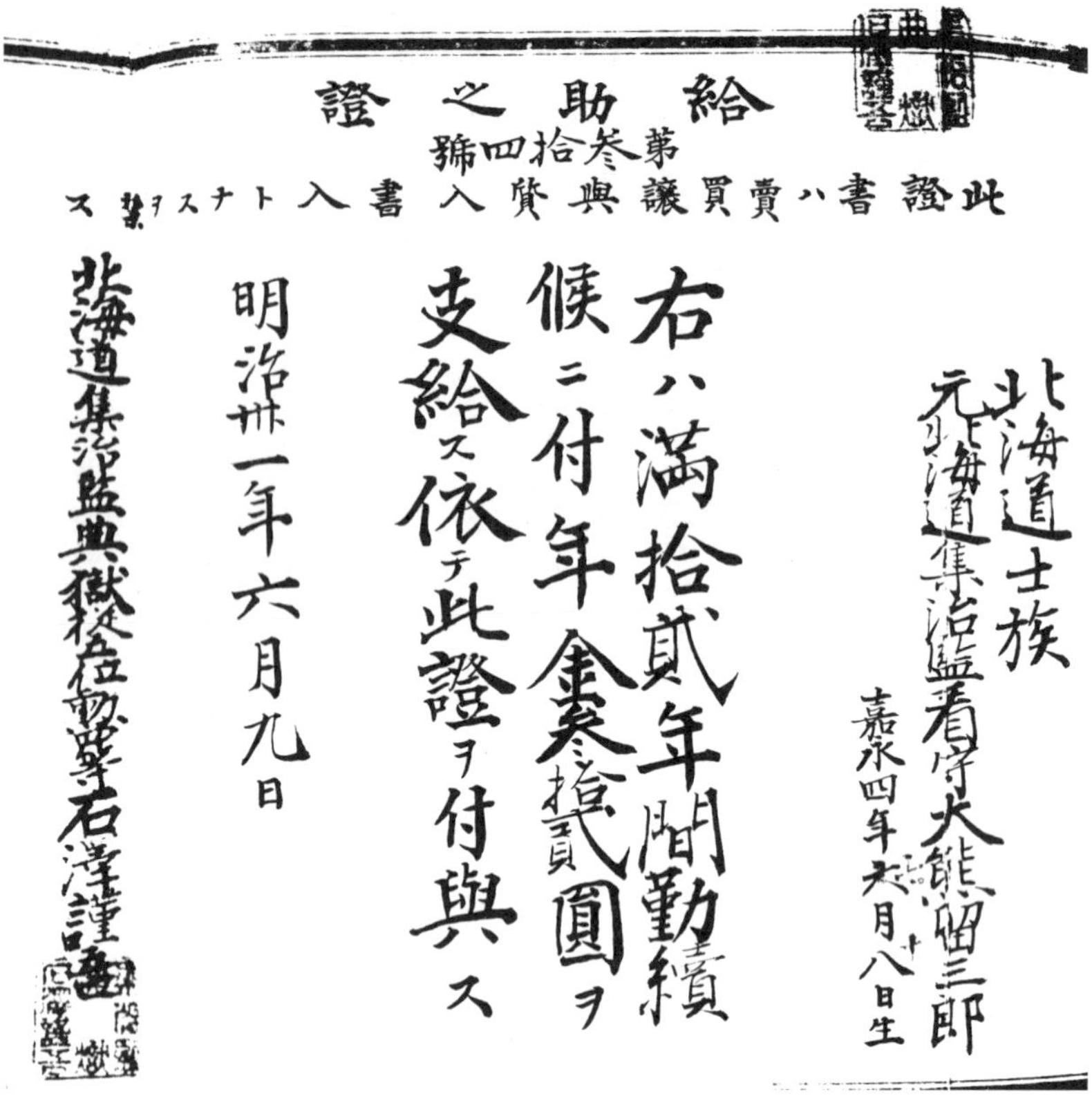

給助之證

第參拾四號

此證書ハ賣買讓與貸入書入ト爲スヲ禁ス

北海道士族
元北海道集治監看守 大熊留三郎
嘉永四年六月八日生

右ハ滿拾貳年間勤續候ニ付年金參拾貳圓ヲ支給ス依テ此證ヲ付與ス

明治卅一年六月九日

北海道集治監典獄從六位勳六等石澤謹吾

重罪長期囚の沿道警察伝逓状

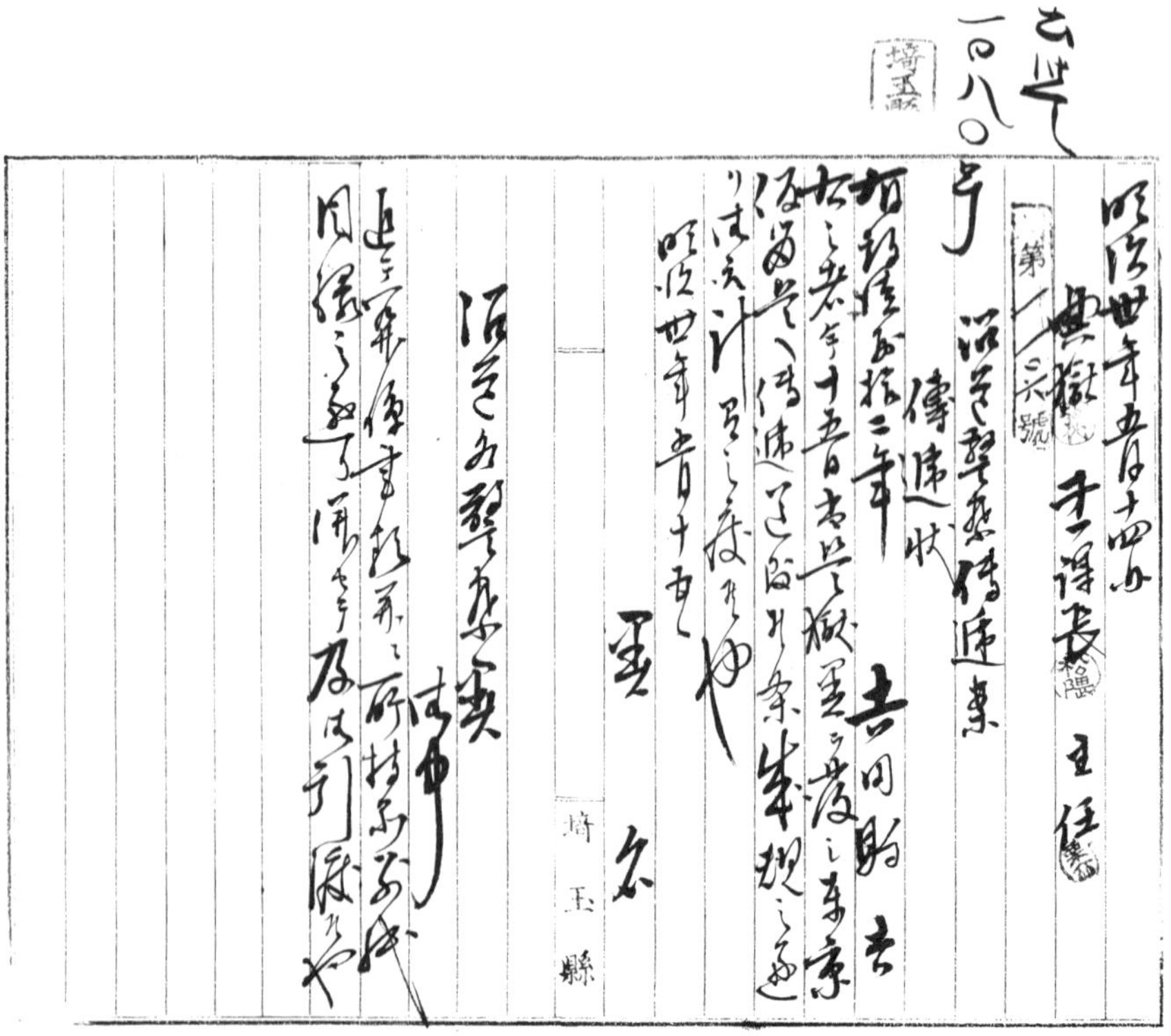

第五章　北海道庁系監獄署を中心とした史料と論考

一　札幌監獄署の役割と監獄の近代官庁化

(一)　札幌監獄署の変遷経緯

明治元年七月、新政府は北海道に開拓使を設置しており、石狩地方の開拓判官島義勇の任務の第一は札幌本府の設置にあった。翌明治二年一〇月一二日、島は陸路倶知安経由で石狩湾銭函に着き、ここの民家を借りあげて開拓使札幌仮庁小樽仮役所としている。ここを足場に札幌の地割りをなし、建設にあたっているが、その最中の明治三年三月二日に罷免、のちの明治七年江藤新平の佐賀の乱に連座して処刑されるのである。

島の後任の判官は土佐の岩村俊通で、その在任中、開拓使本庁舎西手の森にある所属の用度倉庫を改修し札幌牢として充てている。現在の北一条西一丁目（元浜益通りと元創成通りの接点）で、札幌の留置場・仮監倉・札幌監獄の監觴にあたる（拙著『北海道行刑史』九九頁）。その後、大通りの現札幌中央警察署と小学校の中間の地に仮懲役場が設けられ、軽罪囚は自宅から通勤、開拓使営繕局の材木運搬や新川堀の掘鑿雪踏みにあたらせている。人手不足の創草期の札幌では貴重な労働力であった。明治四年一二月には現在の中央郵便局の地に移転、増築を加えながら軽罪囚を使役（開拓使文書類抄）、明治八年八月には現在の帝国製麻近くに移転の工事を進め、同年一一月に完成し「雨竜通り獄舎」（敷地五、四〇〇坪）と呼ばれた。この獄舎は明治五年頒布の監獄則並図式に示す西洋式十字型の木造獄舎（パノプチコン式）である。

さらに明治一三年三月、苗穂村に一七万三、〇二六坪の用地を確保、新獄舎の建設が進められ、一二月に早くも拘禁施設部分の獄舎が落成している。この獄舎も雨竜通りと全く同型の十字型木造獄舎で、水が豊富に湧出ることから、紙漉工場を中心に木工場・農場に官舎地帯など着々と敷設しており、広大なもので、明治一三年一〇月よりこの苗穂の獄舎を札幌県監獄本署（定員は既決囚三〇〇人）と、従前の雨竜通り獄舎を支署（未決監・軽罪既決監）と定めている。

明治一五年二月開拓使が廃止され、明治一九年一月札幌県監獄本署は北海道庁監獄署と改称されているが、その前年の明治一八年三月一五日、札幌監獄分署（雨竜通り獄舎）で北海道行刑史上空前絶後の四五名の大集団破獄事故が起こっている。犯罪者増加による異常な過剰拘禁によるもので、こうした事情もあり、明治二四年、札幌分署は廃監となっている（拙著『北海道行刑史』一〇九頁）。

(二) 札幌監獄署の署中組織規程の整備

初代本署長の畑一嶽（はたいちがく）は嘉永二年一二月、岩代国北会津郡内小田垣二番町に生まれ、元会津藩士族で、若くして渡道、北海道開拓使等外三等出仕から開拓使十等属、開拓使刑法局囚獄課・警察課より着任、監獄署中規程を次々と整備、在任六年、創設期の功労者・能吏として知られている。いったん北海道庁属として警察畑に戻り、厚岸・浦河・沙流・新冠・静内・三石・様似・幌泉の各郡長兼警察署長を勤め、北海道集治監空知分監長から宮城集治監典獄、さらに全国監獄の筆頭典獄である小菅の東京集治監典獄となっている。小菅在任中、大水害の陣頭指揮が禍いして在職のまま死去、事実上の殉職であった。司法大臣代理、監獄局長らの会葬で盛大な葬儀がなされ、惜しまれた名典獄の一人である（拙著『名典獄評伝』一八二頁）。

ちなみに明治維新以後、警視庁はじめ警察畑は〝薩摩の芋づる〟などと悪口を言われるほど警察畑は鹿児島出身の警察官が多く、その出世も顕著であり、賊軍とされた会津藩出身者には大阪府典獄小林三郎、北海道庁典獄石川慶吾、三重県典獄新妻駒五郎、福島県典獄小野木源太郎、石川県典獄高北忠吾、和歌山県典獄松江重久、香川県典獄藤沢正啓、北海道庁典獄畑一嶽と、明治三〇年代でも八人もおり、薩摩は警察畑、会津は監獄畑で対照的な人脈をみせている。それぞれの世界で努力し栄達しているが、一つの時代が生んだ陰陽とでも言うものであろうか。

初代署長畑一嶽は監獄署を道庁所属の近代行政官庁として、予算処理・獄舎管理・囚徒の検束にあたり、数多くの典獄訓示簿・達示簿・命令綴りを遺している。明治二四年九月四日より典獄石川慶吾のもと上等司獄官会議という課長クラスの幹部の諮問会議（現在の刑務官会議）を毎週開催、囚情の把握と適切な処遇をはかり、明治二五年一月二日から監獄吏の教養向上のため署内に看守教習所を設けている。同年八月の内務省訓令第五一〇号に基づき、一二月二日「北海道庁処務細則」を一部改訂、庶務課・警守課・作業課・経理課のほか、監獄署に医務・教務所長を置くと定められている（道庁訓二七八号）。これで署内の組織は大きく固まっている。

(三) 監獄費国庫支弁と東部典獄会議

明治二三年一月、獄事行政も予算も府県から国（司法省）に統一されるにおよび、これらの対応と調整のため明治一三年八月九日より北海道庁会議室で東部聯合獄事協議会（東部典獄会議と通称）が開催されている。これは極めて重要な会議であり、監獄法制定に向け議案の採否につき関心の高いものであった。会長は北海道集治監典獄石澤謹吾、会の運営・連絡は北海道庁典獄四王天数馬があたり、東京集治監典獄若山茂雄、警視庁監獄（鍛冶橋）典獄藤沢正啓、神奈川県監獄署長有馬四郎助など、当時の監獄の権威が顔を揃えている。出席県は次のとおりであった。

青森・秋田・岩手・山形・宮城・福島・新潟・長崎・山梨・富山・茨城・栃木・群馬・福井・石川・神奈川・千葉・埼玉・警視庁・東京（小菅の集治監）に北海道集治監・十勝・空知・釧路分監長

議事は予算・処遇のすべてにわたっており、小さな議案も会長司会により一つ一つ入念に可否が問われ採決されている。その多くは疑点のダメ押しと共通の確認であった。なおこの大会議以前にも東部典獄会議・監獄事務諮詢会は不定期になされており、その一部は拙著『北海道行刑史』二八八頁以下に記している。

明治二三年のこの大会議以降、北海道行刑は集治監囚徒による道路開鑿などの業務は縮小の方向にあり、道東の網走、道南の十勝方面の農地開発と民間への払下げ、鉄道工事の下請けなどに振向けられ、旭川・樺太・大通りなど未決拘禁を中心とした分監・出張所の整備に重点が置かれてゆく。すなわち明治三三年一〇月一日、道庁は北海道鉄道部釧路出張所を置き、釧路より厚岸を経て根室・網走・帯広に至る鉄道線路の新設工事に関する業務を分掌させており（道庁訓五一一号）、囚徒の出役がこの方面にもみられてゆく。

明治三五年から三七年当時、司法省監獄局からの指令や問合せの往復文書が急増しており、当時の監獄局長は久保田貫一、監獄課長は小河滋次郎、経理課長は眞木喬、統計課長は山上義雄である。明治三六、七年は小菅、三池の兇悪長期重罪囚が集団で網走に送り込まれており、折からの日露戦争下、集団逃走・反抗事犯の続発と明治四一年四月一五日の網走監獄大火炎上事故があり、苦難の時期を通過している（拙著『博物館・網走監獄』四五頁）。明治四一年七月一七日、市ヶ谷監獄より拳銃二一挺の保管転換を受けるのもこのような事情によるものである。明治四一年三月監獄法が公布され（法律第二八号）、明治四一年一二月二七日「看守及ヒ女監取締職務規程」が定められ（監甲第一五四三号）、札幌監獄でも明治四五年三月二一日、「在監人動作規程」（達第一〇号）が定められている。日常的なことであり当時の動作を知るうえで同規程を掲げておきたい。典獄関省策のときである。

在監人動作規程

第一条　在監者ノ動作ハ凡テ号報又ハ号令ニ依リ一斉ニ之ヲ行ハシム

第二条　全監ニ動作ヲ命スルニハ左ノ汽笛又ハ報鐘ニヨル

一　起床　○　　　○
二　就役　○　　○○
三　喫飯　○　○○○
四　行厠　○　○○○
五　罷役　○　　○○
六　就寝　○　　　○
七　非常　○

第三条　出房ヲ命スルニハ左ノ報鈴又ハ報鐘ニヨル

一　第壱工場　　○
二　第弐工場　○　　　○
三　第参工場　○　○　○
四　第四工場　○○　○○
五　第五工場　○○○○○
六　第六工場　　　○
七　第七工場　○　　　○
八　第八工場　○　○　○
九　第九工場　○○　○○
十　第拾工場　○○○○○
十一　第拾壱工場　　○
十二　第拾弐工場　○　　　○
十三　第拾参工場　○　○　○
十四　第拾四工場（監外役）　○○　○○
十五　其他　○○○○○

第四条　在房者ノ動作ハ左ノ報鈴又ハ報鐘ニ依ル

一　起床　○○○
此令ニテ下席ノ者ヨリ順次起床シ臥具ヲ取片付ケ窓ヲ開キ洗面及掃除ヲ為サシム

二　点検　○○○
此令ニテ指定ノ席ニ就テ点検ヲ受ケシム

三　就役　○　○
此令ニテ指定ノ役ニ就カシム

四　休役　　○
此令ニテ役業ヲ休止シ房内ヲ掃除セシム

五　配食　○○○
此令ニテ炊夫掃夫又ハ雑役夫ヲシテ配食セシム

六　喫飯　○○○
此令ニテ喫飯セシム

七　休メ　○　○
此令ニテ食器ヲ洗拭シテ之レヲ納メ食台等掃除セシム

八　就寝　○
此令ニテ就寝セシム

第五条　洗面場ニ於ケル動作ハ左ノ号令ニ依ル

一　何番前ヘ進メ
此令ニテ洗面場ヘ進マシム

二　洗面
此令ニテ洗面含嗽セシム

三　元ヘ
此令ニテ原位置ニ復シ顔及手ヲ拭ハシム

四　何番前ヘ進メ
此令ニテ退場セシム

第六条　検身場ニ於ケル動作ハ左ノ号令ニ依ル
一　何番前ヘ進メ
此令ニテ脱衣場ニ進マシム
二　脱衣
此令ニテ脱衣シ之レヲ一定ノ置場ニ整置セシム
三　何番前ヘ進メ
此令ニテ検身場ヲ通過シ着衣場ニ整列セシム
四　着衣
此令ニテ着衣セシム
五　何番前ヘ進メ
此令ニテ退場セシム
第七条　整頓及人員点検ノ場合ハ左ノ号令ニ依ル
但シ正座ノ場合ハ第二第三ノ号令ヲ除ク
一　気ヲ付ケ
此令ニテ両手ヲ垂レ（正座ノトキハ両手ヲ膝ノ上ニ置カシム）
不動ノ姿勢ヲ取ラシム
二　右（左）ヘ準ヘ
此令ニテ頭ヲ右（左）ニ向ケ整頓セシム
三　直レ
此令ニテ頭ヲ正面ニ復サシム
四　番号
此令ニテ右翼ヨリ順次番号ヲ唱ヘシム
五　礼
此令ニテ体ノ上部ヲ少シク前ニ傾ケ敬礼ヲ為サシム
六　直レ
此令ニテ体ヲ元位ニ復サシム
第八条　進行及停止セシムル場合ハ左ノ号令ニ依ル
一　右（左）向ケ右（左）
此令ニテ二列ノ儘右（左）ヘ向カシム
二　全隊前ヘ進メ
此令ニテ一斉ニ左足ヨリ踏ミ出シ前進セシム
三　足踏
此令ニテ進ム事ナク交々両足ヲ踏ミ付ケ整頓ノ調子ヲ取ラシム
四　全隊止レ
此令ニテ停止セシム
五　廻レ右
此令ニテ背面ニ向カシム
第九条　工場内ニ於ケル動作ハ左ノ号令ニ依ル
一　何番前ヘ進メ
此令ニテ指定ノ場所ヘ進マシム
二　着席
此令ニテ一斉ニ着席セシム
三　就業
此令ニテ指定ノ役業ニ就カシム
四　休業
此令ニテ役業ヲ休止シ順次役場ヲ掃除セシム
五　何番前ヘ進メ
此令ニテ一定ノ場所ニ進メ整列セシム
第十条　喫食ノ場合ニ於ケル動作ハ左ノ号令ニ依ル
一　何番前ヘ進メ
此令ニテ指定ノ食卓ニ進マシム
二　着席
此令ニテ一斉ニ着席セシム

三　配食
此令ニテ炊夫又ハ掃夫雑役夫ヲシテ配食セシム
四　喫飯
此令ニテ喫飯セシム
五　休メ
此令ニテ食器ヲ洗拭シ之レヲ取片付セシム
第十一条　連鎖付着ノ場合ニ於ケル動作ハ左ノ号令ニ依ル
一　何番前へ進メ
此令ニテ連鎖場ニ進マシム
二　鞋（爪甲）着ケ
此令ニテ鞋（爪甲）ヲ穿カシム
三　着鎖
此令ニテ連鎖台ニ向ハシメ連鎖ヲ施スヘシ
四　元へ
此令ニテ原位ニ復セシム
五　笠ヲ着ケ
此令ニテ掃夫又ハ雑役夫ヲシテ笠ヲ配付セシメ晴雨ニ拘ハラス之ヲ冠ラシム
六　何番前へ進メ
此令ニテ退場セシム
第十二条　連鎖解除ノ場合ニ於ケル動作ハ左ノ号令ニ依ル
一　何番前へ進メ
此令ニテ連鎖場ニ進マシム
二　笠ヲ取レ
此令ニテ各自笠ヲ脱セシメ掃夫又ハ雑役夫ヲシテ之ヲ取纏メシム
三　解鎖
此令ニテ連鎖台ニ向ハシメ解鎖スヘシ
四　元へ
此令ニテ原位ニ復セシム
五　何番前へ進メ
此令ニテ退場セシム
第十三条　戒具検査ノ場合ニ於ケル動作ハ左ノ号令ニ依ル
一　前列何歩前（後列何歩后）へ進メ
此令ニテ前（後）へ進マシム
二　後列背面
此令ニテ背面ニ向カシメ検査ヲ為スヘシ
三　後列元へ
此令ニテ原位ニ復セシム
四　後列何歩前（前列何歩後）へ進メ
此令ニテ前（後）へ進マシム
第十四条　入浴場ニ於ケル動作ハ左ノ号令ニ依ル
一　何番前へ進メ
此令ニテ脱衣場へ進マシム
二　脱衣
此令ニテ脱衣セシメ之ヲ一定ノ置場ニ整置セシム
三　前へ進メ
此令ニテ洗湯槽ノ両側ニ進マシム
四　下湯
此令ニテ身体ノ下部ヲ洗滌セシム
五　入浴
此令ニテ入浴セシム
六　何番出浴
此令ニテ中上リヲ為サシメ洗湯槽ノ両側ニ整列セシム

七　洗滌
此令ニテ身体ヲ洗滌セシム
八　入浴
第五ニ同シ
九　何番出浴
此令ニテ出浴洗面場ニ整列セシム
十　洗頭
此令ニテ頭髪面部ヲ洗ヒ全身ヲ拭ハシム
十一　前へ進メ
此令ニテ着衣場ニ進マシム
十二　着衣
此令ニテ着衣セシム
十三　前へ進メ
此令ニテ退場セシム

第十五条　洗足ノ場合ニ於ケル動作ハ左ノ号令ニ依ル
一　鞋（爪甲）取レ
此令ニテ鞋（爪甲）ヲ取ラシム
二　何番前へ進メ
此令ニテ洗足場へ進マシム
三　洗足
此令ニテ洗足セシム
四　直レ
此令ニテ原位ニ復セシム
五　何番前へ進メ
此令ニテ退場セシム

第十六条　行厠ノ場合ニ於ケル動作ハ左ノ号令ニ依ル
一　何番行厠
此令ニテ指定ノ場所ニ整列セシム
二　前へ進メ
此令ニテ圊厠ニ進メ用便了ラハ再ヒ指定ノ場所ニ整列セシム
而シテ之レヲ復席セシムル場合モ亦本項ノ号令ニ依ル

第十七条　教誨堂ニ於ケル動作ハ左ノ号令ニ依ル
一　何監（何工場）前へ進メ
此令ニテ指定ノ腰掛前ニ進マシム
二　着席
此令ニテ着席セシム
三　気ヲ付ケ
此令ニテ起立セシム
四　礼
此令ニテ体ノ上部少シク前へ傾ケ敬礼ヲ行ハシム
五　直レ
此令ニテ体ヲ原位ニ復セシム
六　何監（何工場）前へ進メ
此令ニテ退堂セシム

第十八条　規律敬礼ノ場合ニ於ケル動作ハ左ノ号令ニ依ル
一　気ヲ付ケ
此令ニテ直立又ハ正座セシメ姿勢ヲ正サシム
二　礼
此令ニテ体ノ上部ヲ少シク前ニ傾ケ敬礼ヲ行ハシム
三　直レ
此令ニテ体ヲ原位ニ復シ作業中ノ者ハ直チニ就業セシム

第十九条　本規程ノ外場合ニ依リテハ「出房」「入房」「起立」等簡単ナル号令ヲ下シ動作ヲ命スルコトアルヘシ

第二十条　本規程ノ紀律礼ハ刑事被告人ニ適用セス

在監者行厠時間表

自十二月至一月	朝飯後就役前	午前九時	午飯後就役前	午后二時卅分	夕飯後還房前
自二月至五月	仝上	仝上	仝上	午后二時	仝上
自六月至七月	仝上	午前十時卅分	仝上	仝上	仝上
自八月至十一月	仝上	午前九時	仝上	仝上	仝上

在監者行厠時間表

一月	朝食后就役前	午前十時	午飯后就役前	午后二時	夕飯后還房前
二月	仝上	仝上	仝上	仝上	仝上
三月	仝上	仝上	仝上	仝二時卅分	仝上
四月	仝上	仝九時	仝上	仝上	仝上
五月	仝上	仝上	仝上	仝上	仝上
六月	仝上	仝上	仝上	仝上	仝上
七月	仝上	仝上	仝上	仝上	仝上
八月	仝上	仝上	仝上	仝上	仝上
九月	仝上	仝十時	仝上	仝二時	仝上
十月	仝上	仝上	仝上	仝上	仝上
十一月	仝上	仝上	仝上	仝上	仝上
十二月	仝上	仝上	仝上	仝上	仝上

改正

これでみるごとく、服役囚の監内動作は、検束上、行進・行厠（便所へ行くこと）・入浴洗滌など、一挙手一投足のすべてが監獄職員の命令により規制されており、謀議・騒擾・逃亡防止のため、無断離席・単独歩行が特に厳しく取り締られていることが本規程により知ることができる。また動作は監内（房内）と監外（連鎖・笠着用の外役）の二面に分け構成されていることも知ることができる。ただこの厳しい統制は、常に囚徒に対してのみだけでなく、職員の遅刻・不出頭がすぐさま囚徒の出役配置・動作時限にも大きく影響するため、職員の綱紀を引き締める内規を設け、厳しい罰金が多様にこまかく課せられている。この意味で「在監人動作規程」と次に掲げる「看守懲戒内規」を対比することは、当時の厳格な監獄紀律を両面から理解できよう。

看守懲罰内規

第一条　此内規ニ明文ナキ所為ト雖モ規定ニ違反シ又ハ怠慢失誤ニ渉ル者ハ各条項ニ問擬シテ処分スル事アル可シ

第二条　懲罰事犯アリタル時ハ第二課長ハ本人ノ手続書及当該看守長ノ申告書其他関係ノ証憑書類ヲ添ヘ其適条及科スヘキ罰金額等ヲ明記シテ典獄（分監ハ分監長）ニ具申ス可シ

第三条　凡ソ罰金ハ所犯ノ情状及平素ノ勤惰ヲ参酌シテ本罰ニ五等以内ヲ減軽スルコトヲ得
第四条　初犯再犯ヲ問ハス情状最モ軽キ者ハ呵責ニ処ス若シ事犯軽微ニシテ懲罰ノ範囲ニ入ラサル者ハ別ニ定ムル訓告例に依ル
第五条　罰金ヲ加減スルハ各条ニ定メタル罰金額百分ノ十ヲ以テ一等トス
第六条　満一ケ年内再度以上同一ノ事項ヲ犯シタル者ハ本罰ニ三等以内ヲ加重ス可シ、若シ所犯酌量ス可キ情状アル者ハ三等以内ヲ減軽スル事ヲ得
第七条　再犯加重ハ前犯ノ処分後ニアラザレハ之ヲ論スル事ヲ得ス
第八条　同僚互ニ庇蔭シタル者ハ其情状ヲ酌量シ本犯ニ三等以内ヲ減シ処分スルモノトス
第九条　二個以上同時ニ発覚シタル事犯ハ各別ニ之ヲ処分シ其連帯スル者ハ一ノ重キニ従テ之ヲ処分ス
第十条　罰金ヲ加減スルハ其加重ヲ先ニシテ減軽ヲ後ニス可シ
第十一条　官物ヲ遺失若クハ毀損シタル者ハ処罰ノ上尚ホ相当代価ヲ弁償セシム
第十二条　凡ソ罰金ハ銭位ニ止ム其銭位ニ満タサルモノハ之ヲ除棄ス
第十三条　出勤時間ニ遅刻シタル者ハ俸給百分ノ一以上十以下ノ罰金ニ処ス但シ遅刻三時間ヲ過クル者ハ無届不参ヲ以テ論ス
第十四条　左ノ各項ヲ犯ス者ハ俸給百分ノ一以上三以下ノ罰金ニ処ス

一　不参届ノ時間ニ後レ又ハ同僚ノ依托ヲ受テ該届ヲ為ササル者
二　官物ヲ疎略ニシ又ハ遺忘シタル者
三　上官ニ対シ礼式ヲ失シタル者
四　服務ノ規定ニ違背シタル者
五　勤務中職務外ニ渉ル談話ヲ為シタル者
六　外勤中煙草又ハ煙具ヲ携帯シタル者
七　上官ノ命令ヲ受テ之ヲ怠リ事ニ害ナキ者
八　上官ノ命令ヲ受ク可キ事柄ニシテ之ヲ受ケス専断シテ事ニ害ナキ者
九　行状表ノ記載ヲ怠リ又ハ誤記シタル者
十　獄則違犯者ノ申告ヲ怠リタル者
十一　無届ニテ他ニ宿泊シ又ハ二里以外ノ地ニ遠行シタル者
十二　交番ノ際引継ヲ為サス又ハ之ヲ受ケサル者
十三　予備ニ在リ呼出ヲ受ケ遅参シタル者
十四　手帳ニ公務外ノ事柄ヲ記載シタル者
十五　勤務中服装帯剣ノ例規ニ違ヒ又ハ姿勢ヲ乱シタル者
十六　作業ノ督励ヲ怠リタル者
十七　演武若クハ講習の規定ニ違背シタル者

第十五条　左ノ各項ヲ犯ス者ハ俸給百分ノ四以上六以下ノ罰金ニ処ス

一　囚人押送中行人ノ妨害ヲ為シタル者
二　濫リニ囚人ヲ独歩セシメタル者
三　囚人途上ニ於テ談笑声語スルヲ制セサル者
四　濫リニ囚人ト交談シタル者
五　戒護中怠慢ノ状アル者
六　酒気ヲ帯ヒテ出勤シタル者
七　官物ヲ遺失シ又毀損シタル者
八　囚人ノ聞キ得可キ場所ニ於テ時事ヲ談論シタル者
九　交代ノ際故ナク看守長ノ点検ヲ受ケサル者
十　合宿規則ニ違背シタル者

第十六条　左ノ各項ヲ犯ス者ハ俸給百分ノ七以上十以下ノ罰金ニ処

ス

一　出勤中許可ヲ得スシテ帰宅又ハ外出シタル者

二　就役器具器械受授ノ点検ヲ怠リ若クハ点検ノ周密ナラサル者

三　私ニ囚人ト物品ノ受授貸借ヲ為シタル者

四　囚人ノ貸給品ノ遺失毀損スルヲ知リテ届出ヲ為サザル者

五　制服ヲ着用シテ途上ニ放歌シ其他品位ヲ損ス可キ行為アリタル者

六　許可ヲ得スシテ懇親会又は宴会等ノ席ニ臨ミタル者

七　戒護中犯則者アルヲ覚知セサル者

八　戒護中喫飯外ニ飲食シタル者

九　病気中許可ヲ得スシテ濫リニ外出シタル者

十　勤務中睡眠シタル者

十一　戒護中私ニ腰ヲ掛ケタル者

十二　戒具ノ付着ヲ厳密ニセサル者

第十七条　左ノ各項ヲ犯ス者ハ俸給百分ノ十一以上十五以下ノ罰金ニ処ス

一　監房及戒具ノ鍵ヲ遺失シ又ハ鎖鑰ヲ怠リタル者

二　火ヲ疎漏ニシタル者

三　濫リニ受持ノ位地ヲ離レ又ハ交番巡視ヲ欠略シタル者

四　濫リニ佩剣ヲ弄シ又ハ故ナク抜劒シタル者

五　私ニ囚人ヲ使役シタル者

六　囚員ノ点検ヲ怠リ又ハ監房ノ検査ヲ為サザル者

七　擅ニ監房ヲ開閉シタル者

八　上官ノ命令ヲ受テ之ヲ怠リ事ニ害アル者

九　許可ヲ得スシテ戒具ヲ解脱シタル者

十　酩酊シテ出勤シ服務スルヲ得サル者

十一　帰省又ハ賜暇等ノ者正当ノ事由ナクシテ其日限ニ違ヒタル者

十二　履歴書ニ事実ヲ掩蔽シ其情軽キ者

第十八条　左ノ各項ヲ犯ス者ハ俸給百分ノ十六以上二十以下ノ罰金ニ処ス

一　無届不参ノ者

二　擅ニ服役時間ヲ伸縮シタル者

三　囚人逃走若クハ自尽スル者アルヲ覚知セス又ハ知セス又ハ知リテ速カニ申告セサル者

第十九条　左ノ各項ヲ犯ス者ハ俸給百分ノ二十一以上三十以下ノ罰金ニ処ス

一　上官ノ命令ヲ受ク可キ事柄ニシテ之ヲ受ケス専断シテ事ニ害アル者

二　上官ノ命令ニ違背シタル者

三　上官ニ対シ不実ノ申告ヲ為シタル者

四　非常事変ニ際シ故ナク出勤セサル者

第二十条　左ノ各項ヲ犯ス者ハ俸給百分ノ三十一以上五十以下ノ罰金ニ処ス

一　脱監越獄ヲ覚知セサル者

二　囚人及其親属故旧ニ対シ私ニ情願ヲ紹介シタル者

第廿一条　左ノ各項ヲ犯ス者ハ俸給百分ノ五十一以上一ケ月以下ノ罰金ニ処シ其情重キ者ハ免職トス但シ第十六条以下ノ犯行ニシテ其情最モ重キ者ハ本条ニ依テ処罰スル事ヲ得

一　職務ヲ耻カシムル行為アル者

二　素行修ラサル者

三　上官ノ命令ニ抗シ又ハ粗暴ノ行為アリタル者

四　事ニ臨ミ卑怯ノ挙動アリタル者

五　故ナク抜劔シテ囚徒ヲ威嚇シタル者

六　履歴書ニ事実ヲ隠蔽し其情重キ者

㈵　明治二四年一二月樺戸集治監号外達、明治二七年三月樺戸集治監号外達一部改正、拙著『北海道行刑史』三一二頁以下所掲札幌監獄もほぼ同一の内規であった。

二　分監・出張所の改廃と未決拘禁の充実

㈠　区裁判所設置に対応した出張所の設置

北海道の開拓にともなう人口の増加、市街の形成は、行政組織のほか裁判所の管轄区域も拡がりと変動をみせ、明治一九年発足の北海道庁のもとでは、函館控訴裁判所のもと、函館・札幌・根室に始審裁判所が置かれ、その下に各治安裁判所が設けられていた。明治二三年の控訴院・地方裁判所の組織下でも区裁判所がみられるが、大正五年区裁判所の配置が整備され、これに対応する分監・出張所が増設・整備され、分監・出張所は未決拘禁の場として区裁判所に近接して設けられてゆく。

しかし、すでに明治三六年、札幌監獄札幌区出張所は雨竜通り獄舎から北七条西一丁目に移り出張所と称しており、明治四〇年札幌監獄樺太分監真岡出張所が、明治四三年、小樽も札幌監獄小樽出張所が小樽区裁判所構内に設けられている。函館の汐見町出張所も一足早く、大正四年四月から出張所と称している。このように見ると大正五年以降では、十勝監獄根室出張所（大正六年四月）、札幌監獄岩見沢出張所（大正八年八月）、札幌監獄旭川分監名寄出張所（大正九年）、札幌監獄室蘭出張所（大正一一年）といった順序で設置がみられている。

㈡　旧屯田監獄署跡に移転の札幌区出張所

出張所のなかでも札幌市街の中心に位置する札幌出張所は、北六条東二丁目の開拓使雨竜通り獄舎から、明治三六年六月北七条西一丁目の元屯田監獄署跡に移転、大正一一年札幌刑務所大通出張所と改称するものである。北海道の代表的な未決監（出張所）であることから、筆者は特に調査、昭和四五年一一月『大通拘置支所沿革略史』として刊行した。その年表部分（昭和二一年以後は省略）を掲げておきたい。

大通拘置支所略年表

西暦	和暦	名称	施設長	主要事項
一八七五	明治八	開拓使雨竜通り獄舎		⑪札幌区北六条東二丁目（現在の帝国製麻会社附近）に雨竜通り獄舎が新設され、開拓使札幌牢で混禁されていた未決囚を区画収容、同一敷地ながら一応独立した未決獄舎として当所沿革の実質的な始まりとなる。
一八七六	明治九		開拓使懲役取締（獄司）	②雨竜通り獄舎は開拓使民事局警察課懲役取締の所轄に属す。この配下に獄司（懲役取締の兼務と推定される）・書記・守長・監守の制があった。 ⑦雨竜通り獄舎に病監と女役場増設。
一八七七	明治一〇			▲②西南の役起こる。 ・獄舎には開拓使札幌本庁刑法局落着係（現在の検察庁検務二課執行係に相当）から申渡書に身柄を添え確定した懲役囚が収監されてゆく。
一八七八	明治一一			⑥札幌中教院主任大講義の小松萬宗（曹洞宗）獄舎の支度所を説教所に充て、懲役囚に教誨をなし、本道監獄教誨の先駆となる。 ⑩模範囚を伍長と称させ監内取締に自主性を与える。
一八七九	明治一二			③懲役監守人取扱心得定まる。 ⑧監守礼式を定める。 ⑪雨竜通り監獄署と改称される。
一八八〇	明治一三	開拓使雨竜通り監獄署		⑦―17 刑法・治罪法制定される。 ⑫北海道石狩国札幌郡苗穂村に新獄舎が落成、札幌監獄署（現在の札幌刑務所の前名）と称し、雨竜通り監獄署は支署と改称、名実ともに未決囚専門の監獄となる。
一八八一	明治一四	開拓使札幌監獄支署		③看守長・看守の服制徽章・帯剣の制が定まる。この帯剣制度にあこがれた旧藩士・剣士のなかから数多くの達人が監獄官吏に奉職、後年、北海道の刑務官剣道界発展の契機となる。 ▲⑧―10 樺戸郡に樺戸集治監を開く。
一八八二	明治一五	支署	札幌県監獄書記	①―15 開拓使廃止され、北海道は三県に分かれ苗穂の監獄本署は札幌県監獄本署、札幌区（元雨竜通り獄舎の通称）を札幌県監獄支署と改称す。庶務・看守の二係を置き支署長は札幌県監獄書記が司る。当時の裁判所は北一条西三丁目所在で五番館の近くにあった。

一八八三	明治一六	札幌県監獄		▲⑥—15　空知郡市来知に空知集治監開く。
一八八四	明治一七			▲不況甚しく在監人急増する。
一八八五	明治一八			③—15　当支署において北海道行刑史上空前絶後の大破獄（未決囚四五名）事故起こり全道を震駭させる。 ▲⑨—21　標茶に釧路集治監開く。
一八八六	明治一九	北海道庁監獄支署	北海道庁警部補	①　札幌県廃止せられ北海道庁の所轄となる。
一八八七	明治二〇			▲⑫　全国に保安条例公布される。
一八八八	明治二一			
一八八九	明治二二			▲②　大日本帝国憲法発布される。
一八九〇	明治二三			
一八九一	明治二四			・女囚の携帯乳児を満三歳から満一歳に制限。 ⑩—29　典獄石川慶吾の命により刑事被告人および懲役囚の書信検閲簿の書式できる。
一八九二	明治二五			
一八九三	明治二六			
一八九四	明治二七			▲⑧　日清戦争起こる。
一八九五	明治二八			
一八九六	明治二九			女囚（未決は七～一〇名、懲役女囚は三五～四〇名くらい常に在監）は、大正五年大通りに移転するまで苗穂の札幌監獄内（現在の洗濯工場北側入口附近）に板囲いされ収監、和裁洗濯作業に服していた（女囚を支署から移した年月は不詳であるが明治一五年からと推定される）。
一八九七	明治三〇			
一八九八	明治三一			
一八九九	明治三二			③　北海道旧土人（アイヌ）保護法成立。
一九〇〇	明治三三			▲③　保安警察法公布される。

年	組織	人事	事項
一九〇一 明治三四			③—13 在監人食糧基準につき典獄会議の答申書まとまり、食等を十等と区分、幼年囚・刑事被告人および無定役囚は最下等の十等（四合）相当と答申せられる。 ⑩ 監獄費は道費から全額国庫負担となる。
一九〇二 明治三五			⑨—1 札幌地方裁判所検事局検事正より清浦奎吾司法大臣宛に「未決監ヲ裁判所附近ニ移転ヲ要スル議」が提出せられ、明年第七師団が旭川移転予定につき北七条西一丁目の陸軍屯田監獄署跡地を未決監とすることを建議す。
一九〇三 明治三六	札幌区出張所	出張所首席 看守長	④ 監獄官制改正により監獄は司法省の所轄となる。 ⑥ 北七条西一丁目（現在の帝国製麻会社から石狩街道をはさんで西向側・札幌駅寄りの位置）の元屯田陸軍監獄署を補修して移転、札幌監獄札幌区出張所と改称す。 ⑪—5 未決囚について囚人入監簿を廃し裁判確定簿を設ける。
一九〇四 明治三七			▲② 日露戦争起こる。
一九〇五 明治三八			
一九〇六 明治三九			
一九〇七 明治四〇			
一九〇八 明治四一			⑩ 監獄法成立、未決拘禁は監獄法の併用条文で運用せられることになる。
一九〇九 明治四二			④—13 看守長竹内真造（のちの大通二代目分監長）、監獄協会が設ける第一回監獄官練習所に典獄三池傎の推薦により入所を命ぜられる。
一九一〇 明治四三			▲⑧ 日韓併合条約調約。 ・札幌監獄報（達示第三三号）創刊され出張所詰監獄官吏にも配布される。
一九一一 明治四四			⑪—16 札幌区出張所詰・札幌監獄看守吉野直矢、函館監獄へ未決拘禁事務研究のため出張、復命書を提出し新築移転上および処遇上の参考となる。
一九一二 明治四五（大正元）			④—5 札幌監獄上等司獄官会議（現在の刑務官会議）で、在監人に対しては全て番号で呼称し、取調応問の場合のみ刑事被告人には「其許」もしくは「御前」、懲役囚・労役には「汝」もしくは「其方」と統一的に呼び、在監者相互の称呼は番号の下に「さん」と付すべしと決議す。

一九一三　大正二	札幌監獄		
一九一四　大正三	札幌監獄		
一九一五　大正四	札幌監獄		⑥—11　巣鴨監獄・十勝監獄から技能懲役囚二六名を受け取り、札幌監獄懲役囚を使役要員として集結、出張所新庁舎仕事始まりの式を行なう。 ⑦—18　出張所庁舎上棟式を挙行（典獄立石重司・工事主任池田竹蔵看守長ら参列）。 ・当出張所から廃監間近い樺戸監獄へ重罪囚の最後の押送を行なう。
一九一六　大正五	札幌監獄	出張所首席看守長 池　田　竹　蔵	③　区裁判所設置に対応し、裁判所に隣接した札幌区大通り西十四丁目十番地に新築移転、未決囚と女囚（女囚は苗穂より移入）を収容、大通支所の歴史始まる。 ・軍法会議関係の収容者多し。
一九一七　大正六	札幌監獄		⑩—2　刑事被告人（男）縊死あり。 ・衆議院議員選挙違反で大量の入監あり。 ・この年はアイヌ人が賭博・傷害などで多く入監する。
一九一八　大正七	札幌監獄		▲　北海道開道五〇周年記念。 ・当出張所から重罪囚を十勝監獄へ最後の押送を行なう。 ⑨—10　炭坑関係の騒擾・家宅侵入・建造物毀棄で朝鮮人多数収監。
一九一九　大正八	札幌監獄 札幌区分監	分監長・看守長 竹　内　真　造	▲③　朝鮮の独立運動活発化する。 ④　札幌区分監と改称。 ⑤—5　懲役一五年言渡のあった刑事被告人（女）病死する。 ・騒擾・治安警察法違反の入監者増加。 ⑩　刑事被告人（老女）病死する。 ⑫　女懲役囚自殺企図（未遂）。
一九二〇　大正九	札幌監獄 札幌区分監		
一九二一　大正一〇	札幌監獄 札幌区分監		
一九二二　大正一一	札幌監獄 札幌区分監		⑧　市制施行、札幌区は札幌市となる。 ⑩　官制改正により監獄から刑務所と改称。 ⑪　札幌刑務所大通出張所と改称。

年	和暦	施設	所長	事項
一九二三	大正一二	札幌刑務所大通出張所	所長・看守長 橘井吉治	▲⑥ 第一次共産党大検挙全国で行なわれる。 ▲⑨ 関東大震災起こる。
一九二四	大正一三			・樺太から護送のモルヒネ中毒犯罪者多し。
一九二五	大正一四			⑩―7 一舎担当能勢保徳看守（五三歳、能勢保道技官の実父）勤務中に脳溢血で殉職（一時恩給九九円）。
一九二六	大正一五（昭和元）			
一九二七	昭和二			③ 片平庫吉（妻はな）さん、当所前で差入屋の指定をうけ開業。
一九二八	昭和三			③―15 共産党大検挙（三・一五事件）、道内で五八人起訴される。この年治安維持法違反で当所に収容した延人員は四七名である。
一九二九	昭和四	務支所	支所長・看守長 三浦惣次郎	▲④―16 共産党大検挙（四・一六事件）。 ⑫ 大通刑務支所と改称。
一九三〇	昭和五			・北海道の朝鮮人犯罪（男は傷害・女は姦通）が急激に増加する。
一九三一	昭和六			▲⑨ 満州事変起こる。
一九三二	昭和七			
一九三三	昭和八			
一九三四	昭和九			
一九三五	昭和一〇			
一九三六	昭和一一			▲② 二・二六事件起こる。
一九三七	昭和一二			
一九三八	昭和一三			▲③ 国家総動員法成立。
一九三九	昭和一四			・死刑確定者多し。 ・松本徹弥さん、当支所前で差入屋の指定を受け開業。

			⑪北海少年刑務所廃止にともない女受刑者・女刑事被告人のみを苗穂刑務支所に移送する。
一九四〇 昭和一五	刑	支所長・看守長 野手甚之助	▲紀元二千六百年記念式典行なわれる。 ・国家総動員法違反で多数収容される。 ・北海道綴方教育連盟の教員、左翼教育思想の容疑で多数収容。
一九四一 昭和一六			▲⑫―8 太平洋戦争起こる。
一九四二 昭和一七			・開戦により左翼教授・キリスト教宣教師・外国人など多数収容される。
一九四三 昭和一八			
一九四四 昭和一九	通		
一九四五 昭和二〇	大		▲⑧―15 太平洋戦争、ポツダム宣言を受諾敗戦。 ⑧―21 24 樺太刑務所から二回にわたり死刑囚と治安維持法違反者らを緊急移入。 ⑩ 聯合軍北海道に進駐開始、北一条の逓信ビルを司令部とし、拘置支所内をＭＰやＣＩＣ関係の米軍人が常に巡視する。 ⑩―5 治安維持法関係で拘禁せられていた収容者、米軍指令により釈放される。 ⑪ 聯合国軍に接収され米軍政下に置かれた大通支所はODORI BRANCH OF DETENTION HOUSE（大通分禁所の意）と英字の看板を併掲、経理夫の一部を除く全収容者を、男子は札幌刑務所へ、女子は苗穂刑務支所へ移す。

㈢ 樺太分監と真岡出張所の設置

明治八年、樺太をロシアに譲渡するや、ロシアはこの島全てを流刑囚徒の監獄島となしており、年々本国より数百人の囚徒を送り込んでおり、明治三一年には自由民九、七九七人、流刑民二二、一六七人で犯罪者が全体の六九％、明治三九年には自由民一一、九九七人、流刑民二三、二五一人で犯罪者は全体の六六％となっており、樺太はそのスタートから呪わしい運命の地であったのかも知れない（拙著『北海道行刑史』四〇四頁）。シベリア流刑の終着地、ケナンやチェーホフが記す囚人の島「サハリン島」と化していた（拙著『図説・世界の監獄史』一六三頁）。

しかし、日露戦争の勝利により再び日本領土となってからは、北海道開拓の陰に大いなる貢献をなした囚徒があったごとく、樺太刑務所のこの地に尽した力もまた甚大であった。当時の文献、例えば『樺太要覧』昭和七年・（樺太庁編）や、戦後引揚の札幌刑務所職員などの回想などから、樺太は北海道の北端の稚内から船上の人となって八時間、北海特有の荒々しい波の猛（たけ）りをうつろに眺めつつ護送された囚徒の姿が眼に見えるようである。こうして樺太随一の表玄関大泊港に入り、ここから北上することおよそ一時間、車窓に見る起伏に富んだ風景を見送るうちに、東西南北きちんとした碁盤の目に区画された首都豊原の市街が開けてくる。その建物も石材と赤煉瓦を基調としたロシア風のものである。

樺太刑務所はこの市街地の東南に位し、旭ヶ丘の麓に四〇町歩の平坦広大な農場を付属し、厳然と建っていた。樺太刑務所の沿革は、明治三八年八月、日露戦争による日本軍の本島占領の時から始まっている。占領と同時に軍令第二号をもって民政が施かれており、民政署が民事刑事の審判を行なった。つづいて同年一〇月占領地人民刑罰令（軍令第二一号）により仮拘禁所が設けられ、翌三九年一月樺太民政署拘禁所条例（軍令第三一号）が制定、樺太守備隊憲兵隊長管理下に大泊民政署拘禁所を、豊原および真岡には拘禁支署が置かれ、未決既決の囚人が拘禁せられた。

明治四〇年軍政撤廃と共に、同年四月豊原の拘禁支署の跡は札幌監獄樺太分監の設置となり、同時に真岡に出張所が設けられた。大正一一年樺太分監は樺太刑務所として独立、収容人員は約四〇〇人、木工・洋裁・鍛冶の工場のほか農場では農耕のほか狐の毛皮を目的とした養狐作業があり、これはわが国の刑務作業として他にない業種であった。

特別に問題もなく平穏に推移していたといわれるこの樺太刑務所であるが、昭和二〇年八月九日、ソ連の艦砲射撃と共にソ連軍の南下が伝えられ、六五〇名の拘禁者のうち真岡出張所を主とした思想犯（スパイ関係者）として拘禁中の白系露人一〇名、死刑囚四名、重罪犯と朝鮮人受刑者、六名の女囚ら五〇名を第一次の緊急護送とし、大泊より機帆船をチャーターして宗谷海峡を突破、稚内経由、札幌刑務所に引渡し、第二回もきわどく成功しているが、第三回を企図した時はソ連軍は進駐、抑留・残留・死亡など、悲劇の顚末となっている（拙著『北海道行刑史』四〇四頁以下・ソ連軍の樺太刑務所接収と撤退護送）。

三　旭川・十勝分監など内陸部の開発促進

㈠　旭川分監の消長と独立

最上徳内の『蝦夷草紙』『渡海筆記』、伊能忠敬の『大日本沿海実測地図』、松浦武四郎らの石狩・忠別方面より踏査の『石狩日誌』

『久摺日記』『三航蝦夷日誌』『東西蝦夷山川地理取調日記』など、幕末、蝦夷地を探検した記録からみて、北海道の奥地・内陸部は石狩川を遡ったその上流にあることを見定めていた。当時、石狩川の上流は奥蝦夷地と呼ばれ、神秘のヴェールに包まれていた。その水源とみられる地はアイヌ語で忠別太（チュブベツ）と発音、キラキラと波立つ太陽の川がある所との意味という。

旭川は古くより忠別・忠別太と呼ばれてきた地で、北海道中央部上川盆地の西側に位置し、石狩川・牛朱別川・忠別川の合流点にある。開拓使時代でも交通の最も不便な内陸部の未開拓地で、明治五年、開拓判官であった岩村通俊は高畑利宣に上川原野の調査を命じた所でもある。明治一三年四月、内務省御用掛月形潔ら七人の一行は石狩川を遡り、須部都（スベツ＝現在の樺戸郡月形町）を、水利よく土壌肥沃で農地に適地と、地形・水運の測量図を記す測量手藤崎甚平の復命書を添え内務省に報告している。

このような調査のもと須部都太（月形）に樺戸集治監が設置され、旭川（上川・忠別太）に向け囚徒による開拓が着手されたわけである。かつて開拓判官であった岩村通俊は、明治一五年会計検査院長のとき北海道を視察、その復命書に「北海道奠京本議副啓」といった添付書まで付け、北海道上川（忠別）に北京（ほっきょう）という離宮を建設するビジョンを掲げ、上川開発に強い意欲と執念を示している。これは岩村通俊一行の近文山国見の挙として、この地では広く知られている（旭川常磐公園内の元岩村氏銅石碑に詩文があった。拙著『明治内乱鎮撫記』）。

石狩川流域の囚徒による開拓を使命とする樺戸集治監と、翌年幌内炭採掘を大きな目的として設置の空知集治監は、両監共に石狩川流域の開拓を進め、水源の旭川（忠別太）をめざし開拓を急いでいる。このため翌明治一六年九月、典獄月形潔の命により、副典獄櫻木保又は書記海賀直常、御用掛井上敬之輔のほか、測量方・押丁各一名を従え、樺戸集治監専用船樺戸丸（五〇石積）で石狩川を遡り、浦臼内・上川地方の状況を次のように伝えている。

「ウシシベツ」ニ達スル、四十有余里ノ間、熊・狼ノ巣窟変シテ良田トナル、蓋シ難キニ非サルヲ信ズ

（『上川郡出張日誌』旭川刑務所蔵）

つづいて明治一七年一〇月一六日からは、典獄月形潔一行により、船で石狩川を神居古潭に至る所まで巡視しており（月形潔「上川郡地方巡回日誌」）、明治一九年四月には樺戸の二代典獄安村治孝が道庁属高畑利宣を伴い旭川近文の神居古潭にまで至り、上川道路開鑿の下調べに赴いている。こうして明治一九年一月北海道庁が発足。初代道庁長官に岩村通俊が就任するや、上川への道路開鑿

は本格化し、急ピッチで進められる。

道庁長官岩村の着任に合わせるごとく、樺戸・空知の囚徒により刈分け道（上川仮道路＝峯延・忠別太間一四〇キロ）を拓いており、なかでも春志内から忠別太区間の川岸を伝う道路は特に難工事であったといわれている。この仮道路の補修は明治二〇年から二年間かけ、樺戸側は高野譲看守長、空知側は藤田軍平看守長指揮で整えられている。これは第四章で記したごとくである。また明治二二年六月から空知の武川銈之助看守長ら指揮により、忠別から北見・網走に向けての道路開鑿が進められ、明治二四年九月、網走側の有馬四郎助分監長指揮下の道路開鑿囚徒とが遂に天北の滝の上あたりで出会い貫通、後世、強行無情な囚人道路と評される国策至上の中央道路（現在は北見道路とも呼ぶ）が、囚徒の労苦と犠牲を礎として通じている。これより民間請負いで滝川から旭川へ鉄道が通じ、日清・日露の戦雲から網走へ向け敷設が進められている。これは野付牛（北見）辺りで足踏みしているのであるが、大正元年一〇月、網走までついに貫通、網走本線として石狩流域から北海道東部への開発を加速している。

囚徒による開発は道路のみではなく、上川の屯田兵村の伐採と流送運搬・建築にも貢献しており、

> 永山の屯田兵村の建設工事は、明治二三年三月に、荒城重雄少佐と陸軍御用掛の本田親美を監督として、一個中隊二〇〇戸分は樺戸と空知の両集治監が担当し、他の一個中隊二〇〇戸分は北海商会（福原啓作）が請負い、集治監は当麻から伐採した用材を牛朱別川に流送して牛朱別川畔で製材（一部は宇園別で製材）、北海商会は雨紛の山から伐採して美瑛川を流送し、曙地区で製材した。工事途中で北海商会は資金がつづかずに手を引き、一〇〇戸は集治監が、残りの一〇〇戸は札幌の沢井請負師が土肥組の協力で請負い、資材は小樽から汽車で江別へ、江別から舟で滝川に、滝川から馬そりで永山に運んで建設した。
>
> （旭川市編纂『旭川八〇年のあゆみ』五四頁）

と詳細に出役状況を伝えている。明治二三年上川郡に永山・神居・旭川の三村が置かれ、これまでの戸長役場は上川郡長で警察署長・郵便局長に戸籍・登記も管掌する樺戸集治監の典獄（現在の刑務所長）が兼ねていた。この年、旭川村に駅逓が開設され、屯田兵四〇〇戸の入地を見ることにより、ようやく戸長役場は月形村から永山に移ったのである。これを機に永山村の屯田兵村入地者は、札幌・当麻ら近在の屯田兵・家族のほか、内地からの新入植者もあった。これらの人は小樽に入港、幌内行の石炭列車で空知太下車、第三美瑛舎と呼ばれた駅逓に宿泊、翌早朝に出発、囚徒が拓いたばかりの上川道路を隊伍を組んで北へと歩きつづけ、音江法華の駅

逓で宿泊、国見峠を越え、難関の神居古潭の崖淵を通り抜け、台場の峠を越して忠別太に達しており、ここで一泊、翌日ようやく石狩川と忠別川の合流点旭川村にたどり着いている。この屯田兵村入村の陰にも、無名囚徒の道路建設という貴重な先兵的役割を知ることができる。

永山屯田兵村入村を大きな区切りとして、屯田兵は明治二七年、日清戦争に際し、臨時第七師団のもと東京に移動し待機中に講和となり帰還、明治二九年、札幌の屯田兵司令部は第七師団と改称、近文台一帯は射的場・軍用鉄道用地として買収、関連工事の従事者も急増、軍の移駐も進み、明治三四年師団司令部は旭川に移転して北の守りの使命に立つ軍都旭川の市街化とその基盤をしだいに整えている。

軍都旭川といわれた土地柄、軍紀治安統制の要めである憲兵隊・警察の力もあり、分監・出張所はいまだなく、大正五年八月、旭川町八条通一三丁目に札幌監獄旭川分監の設置をみている。しかしそれは官制上で、実態は木造仮設の未決監にすぎず、翌年九月新営工事でコンクリート外塀に囲われた拘置監・女区・雑居棟二棟・独居棟一棟・工場二棟の小じんまりとした監獄が新造せられた。翌年には名寄出張所も分監付属施設として設けられている。

大正八年二月旭川分監は旭川監獄として昇格・独立、廃止された樺戸監獄の一切の事務・書類を引き継いでおり、大正一一年、この年旭川は市に昇格、旭川監獄は同年旭川刑務所と改称しているが、大正一三年一二月、本監（本所）期間わずかに三年で札幌刑務所旭川刑務支所となっている。同支所は市中にあり、外役の付属農場もなく、軍関係作業の受注による監内のいわゆる内役に留まり、事実上の機能としては、道央の大きな留置場、裁判所の仮監といった未決監的役割を主としていた。

ところで、この旭川の短い本監独立時代での特記される事柄に、天皇行幸による陸軍大演習と閲兵という大きな行事がなされたことである。天皇は御召艦である戦艦「比叡」で室蘭に、演習は昭和一一年（一九三六）一〇月三日から五日にかけ南軍（室蘭から上陸進攻する弘前の第八師団）と北軍（旭川の第七師団）が対峙、北軍側の司令官は師団長三宅一夫で、昭和二年まで長くソヴィエト大使館付武官、昭和九年からは満州の関東軍の治安工作にあたったといわれ、参謀長横山大佐も北満・ソヴィエト国境付近の守備や討匪作戦にあたっており、共に陸軍のソヴィエト・満州通であった。この陸軍大演習は北海道で最初で最後の大実戦型演習になっているが、国際情勢・国内情勢からも、特に国内皇道派に二・二六事件でブレーキがかかった年であり、対ソ戦争を作戦上想定、北海道・千島・樺太の国防的位置づけの認識とその強化策としてなされたことは明らかである。

大演習はまず、当時ではめずらしい双翼飛行機の偵察から始められ、折りからの豪雨の中「砂利を叩きつけるような機関銃の音」「実戦さながらの渡河作戦」「将兵の志気旺盛にして其成績概ね良好」(「北海タイムス」昭和一一年一〇月四日報道記事)と実況を伝え、最後は島松・恵庭山麓で会戦し終っている。

ただ問題は、天皇が旭川・釧路・根室・大樹・札幌を行幸通路の警備が大変で、制服・私服警察官一、五〇〇人に加え、警備補助員として思想健実・身体強健な消防団員・青年団員が四、四〇九人選ばれこの任に当っている。しかし熱狂歓迎の道民であるが、警備の指示・制止・注意に反し、検束・仮留置・保護・説諭・注意を受けた数が余りに多く、その総件数は八、二八一件(うち制止・注意七、六九三件)とあり、五八八名は一時的にせよ身柄を引致取調のため警察署留置や監獄の分監・出張所に検束・仮留置せられている。いずれにしても軍都旭川を中心とした一大行事の警察取締事犯であった(道庁警察部「大演習地方行幸記録」)。

このような経過もあり、旭川刑務支所の外役はしばらく休止されていたが、昭和六年から神楽村の神楽岡一帯高台の元御料地一、六〇〇町歩払下げにより、これを利用して貯水池築造の準備に囚徒を出役させている。この作業は「聖台土功」と呼ばれ、本格的貯水池築造は昭和一〇年九月から受刑者一二〇名の泊込により進められ、美瑛村を流れる宇莫別川をせき止め、農家二〇余戸の池底に沈む犠牲もあったが、六年後の昭和一二年一二月に完成、五一町歩の水面をもつ貯水池となり造田に利している(旭川市編『旭川市史』資料第一集二七九頁)。その関係碑は元刑務支所長官舎裏の築山にあったが現在の新刑務所構内に移されている。文面は次のごとく記されている。

聖台土功出業記念之碑

旭川市住愚仏雲書

元御料地神楽高台ヲ造田ス。貯水池ハ工費一八八万円余、右工事ニ受刑者約五万出業。工ヲ助ク、今池中ノ桜、ヒムロヲ移シ記念ス

昭和一二年一一月

旭川刑務支所長　正七位勲六等福山福太郎

この貯水池工事に併行し、昭和八年七月から道庁・軍部の下請けである内役も活発化し、昭和九年六月からは東旭川の道路工事と師団火薬庫の防禦盛土作業に、連鎖連絆付（途中で無連鎖とされる）で少数受刑者の出役がなされている。同年九月からは民間業者の下請けとして天塩川切替工事に受刑者七〇名を一日七〇銭で泊込作業に充て、昭和一〇年七月からは道庁直轄の工事である忠別川の改修工事に一日八〇銭（一般労務者は最低一日一円）で出役している。昭和一〇年一〇月からは名寄に近い上川郡剣淵村の剣淵川築堤工事に泊込作業を実施（昭和一二年終了）、昭和一一年九月には支所長・双木文四郎典獄補の時代に石狩川波防工事に出役、昭和一二年七月からは上川郡鷹巣村のオサラッペ川改修工事にも泊込で出役している。この作業は翌年終えているが、昭和一三年以降は本格的な戦時体制に入っており、札幌・旭川・網走を主とする受刑者部隊は、美幌・女満別の飛行場建設や、南方テニヤン島の飛行場建設に動員されている。

昭和二二年四月、旭川刑務支所は再び旭川刑務所として独立。昭和二三年、明治二九年より旭川歩兵第二六・二七・二八各連隊の演習地であった旭川市西神楽南一六号の少年保護財団附属自治農園を借地、旭川刑務所西神楽農場（泊込作業場）としている。ここは広大な山林・農地三、〇〇〇㎡をもち、跡地に事務所・倉庫・食堂・浴場・雑居舎房・味噌醤油工場・畜舎二棟を備えていることから、内地の選抜模範受刑者「北海道名誉作業班」を、旭川刑務所主管で受け入れ、ここを拠点に、荒廃した北海道の河川修復のため、昭和二三年から二五年まで三年間活躍している。その地は東川・和寒・美瑛・近文・宗谷・枝幸で、受刑者と地元民との交流もあり、新しい受刑者像の認識の機会ともなっている。

ここでは旭川にかかわる刑務所関係のエピソードと人物につき、次の二つの事柄を掲げておくことにしたい。

○　受刑者の手で飼われた軍用犬ピロー号の碑

ピローは、元第七師団の軍用犬で、昭和六年満州事変が勃発すると同時に従軍、戦地では敵兵の捜索や伝令犬として縦横に活躍、部隊全滅の危機にある敵の包囲網を突破、本隊に援軍の任を立派に果したという有名な名犬であった。日本に帰還後はその世話を旭川刑務支所に委ねられて移管、長く世話掛であった小林政太郎上等兵は除隊後、函館市新川町の自宅から好きな肉とビスケットなどの代金として毎月一円を刑務所宛送金し続けている。ただ不幸にも年老いたピローは、昭和一二年二月、犬小屋の板塀を飛び越えようとして首輪が引っかかり、縊死を遂げる最後であった。このため第七師団軍用犬班長成田大尉らは、その死を惜しみ、大成小学校に近い八条通一四丁目の官舎地帯の裏に小庭園を設け植樹、受刑者が出役した聖台土功貯水池の工事現場で採れた一メートル三〇セ

ンチの高さの風雅な美瑛石を碑に選び、左の文を刻み建立している。碑陰には、所長撰、職員の筆にて文あり、曰く、

忠犬ピロー号之碑

旭川市住愚仏雲書

尽忠報国ハ人ノ専有ニアラス、禽獣ト雖尚克ク人ニ勝ルモノアリ。軍犬ピロー号ハ即チ是ナリ。ピロー号ハ昭和八年六月一三日第七師団軍用犬班ニ生レ、小林上等兵ニ撫育セラル。小林政太郎氏ト共ニ満州ニ出征シ転戦、辛苦ヲ共ニシ、勲功アリ、凱旋後旭川刑務支所ニ配属セラレ、平和守護タル行刑任務ニ服ス。外役泊込所ニ到リ、或ハ所内ニ於テ功績アリ、其間小林上等兵ヲ慕ヒ、小林氏モ亦愛撫至ラサルナク、退官後ト雖肉資ヲ贈リテ慰ム。其ノ純情ハ当時新聞雑誌ニ推讃セラル。昭和十二年二月死亡スルニ当リ、師団軍用犬班成田大尉外旭川刑務支所職員ハ浄財ヲ集メ碑ヲ建テ其ノ霊ヲ慰メ、且其功績ヲ後世ニ貽スノミ。

昭和十三年五月

旭川刑務支所長　正七位勲六等　福山福太郎誌

これは戦時下での受刑者の教化として、動物に学ぶべき人生の教訓と考えたのであろう。建碑列席受刑者に感想文を書かせており、次のような数点の一文が遺されている。

忠犬の碑に詣ずるや風かほる
罪人の犬碑に恥じて涙かな
忠犬碑仰げば春の日は和ごむ（二五五番囚）

忠犬ピローの碑文を眺拝するとき、其処には顧る自己の良心に、動物ピローに劣る非国民であった過去の自分を恨むと共に、再び邪心の起る時にこそ、きっと此の小さな忠誠無言の勇士忠犬ピローを想い浮べ敢然自制することを誓うたのでありました（六〇四番囚）

（下略）

ピローの亡き魂は、庭木の様な人為的加工によって築き上げられた魂ではなかった。否其様に考へることはピローの功績を彼の純情に逆くものと信ずる。恐らくは彼の白樺の自然木の若木の様に自然にスクスクと伸び、自然の人情に感じた為であろう。

あどけない児童の多い小学校を前にしたこの小天地が、恐らくは将来に至って児童の良き遊び場所となる事であろう。雪が融けて暖かき春が訪れ、子供の天地が来て快活な声のする朝や涼しい夕風の渡る初秋の夕べなどに、此の天地に集まった無邪気な子供達が、彼の自然の若木白樺の下に喜々として戯れる時、ピローの魂も眠から醒めて、悦びにあふれ、自然の子供、自然の若木、自然の魂の三つが一つとなって、永遠に地上の天国を形造って行くことであろう。そしてそれは軈て此処から人類の情操教育再検討の第一歩を踏み出す故郷となることを信ずる。（三三八番囚）

（上略）碑前に於ける所長殿の御訓話は、一言一句自分達の肺腑を刺さる、の思して、思はず腋下に冷汗の滲み出るを覚へたのである。昔から人々が「犬にも劣る奴」と言はれるが、それが今自分達の目の前に如実に物語られたのである。ピローが野良犬であったならば、その醜い残骸を路傍にさらすとも、唯一人振りむくものも無いのは勿論である。忠犬なればこそその名を新聞に雑誌に謳はれ、死を悼まれ、死して後まで人々に愛撫せらる、のである。自分達は今この重大なる時局に際会して囹圄に繋がれつ、あるは、遂に「犬にも劣る奴」になってしまったのではあるまいか今更ながら慚愧に堪えなく思うのである。然し自分達は徒らに過去の暗影にのみ囚はれず、その分を守り、その与へられた業務に砕励の誠をいたして更生の一歩一歩を力強く踏みしめつ、辿るこそ、人としての価値を見出すことが出来るのではあるまいか。然して自分達は現下の情勢を深く認識し、堅忍持久の精進の涵養に努め、銃後の一員として責務を全うするに精進するを天地神命に誓うものである。（下略）（三三九番囚）

（旭川市編『旭川市史』資料第一集二八〇頁）

㊟　ピロー号については外役の受刑者と一諸にいたことを、小学校時代、実際に数回見た旭川市北門町の秋葉みどりさんがおられ、大きなシェパード犬であったことを伺う。また、この資料を見て、すばらしい記録であると、その感動が伝えられる。ピロー号の碑と戦時下に建立の「旭川刑務所遙拝所碑」は取払われて現在はない。ピロー号の碑は保存すべきだったと思われ惜しまれる。

○　あるロシア革命難民獄死の謎

わが国プロ野球史上、初の三百勝投手で不世出の名投手・永遠の名投手として名を遺すヴィクトル・ウィジャー・スタルヒンの前半生には、父コンスタンチン・フェドロヴィッチ・スタルヒンの、旭川での〝女給マリア殺し〞が悲劇としてのしかかる。呪わしい運命とでも言おうか、ロシア革命の嵐の末端が極東北海道旭川を舞台に起こったと言うか、意外にも難民外国人の刑事事件として獄死の顚末をみるのである。

スタルヒンは大正五年（一九一六）五月四日、ロシア・ロマノフ王朝の貴族階級に属した退役将校の父コンスタンチンの四男（上の兄三人は早逝）として、ウラル山脈東麓ペリム県ベルホートゥールスク（現在はその近村ニージニ・タギール）で生まれている。母の名はエレドキアである。生まれた翌大正六年（一九一七）無産階級側の大衆を中心にロシア革命が起こり、ロシアの国内体制は激変、反対制側となったスタルヒン一家は革命軍（赤軍）に追われ、東部シベリアから極東へ、流浪の果てにたどり着いたのがハルピンで、この地では難民の白系ロシア人とみられていた。

しかし、ここも情勢の悪化があり、一家は国際連盟難民救済委員会よりの入国査証で日本国・北海道・旭川と指定された。それは外国人難民が特定地域に集中することを避けるための分散措置で、スタルヒン一家の希望する選択ではなかった。このときの旭川行はスタルヒン一家ら二〇世帯であったといわれる。このような動乱の国際情勢から、大正末期より昭和初期の旭川は、一時期ながらロシア革命下の難民集団受入れとして、白系ロシア人が多く、他にポーランド人や朝鮮人、それにアナーキストやマルキストなど当時の思想を反映する外国人が流入、一種の国際都市の様相を見せていた。

九歳であったスタルヒン少年は日章小学校に入学、長身で大きな体、ブロンドの髪に青い眼、人なつこい笑顔の彼は、すぐさま三歳下の日本人小学生と机を並べ学習。〝ウィジャー〟との愛称で呼ばれ、誰からも好かれたと言われている。父は流浪中から続けている羅紗商（ラシャ生地販売）を旭川でも営み、母はロシアパンを籠に入れて売り歩き、スタルヒンも放課後は街でパン売りをして歩き、その途中、はやりの少年野球に親しみ、やがて小学六年生のとき、北海道少年野球大会があり、どのチームからも毎試合三一七〜一八を奪い〝怪童・野球少年〟との名を轟かせている。

ところで生活もようやく安定したかにみえた昭和七年（一九三二）、父は若干貯えた金で旭川市内八条八丁目に「バイカル」というロシア名の喫茶店（当時はミルク・ホールと呼んだ）を開き、所用で神戸に出かけた折に知り合ったロシア女性、父は帝政ロシア時代の陸軍少将といわれるマリア・ストカノワ（二八歳）を店の看板娘として雇っている。しかしマリアは想像していたほど店は大きくなく、給料にも不満があったとか、看板娘としての期待に反し不愛想で「日本人は大嫌い」と不遜な言動もあったとか、マリアがコンスタンチンと同じ北海道露国移民協会の会員で軍人時代旧知であり同郷でもある鬼中尉と異名のコレザトコフと恋人の仲であったとか、マリアが彼の最も嫌うソヴィエートの旅券を持っていたため、それを捨てるように言ったとか、さまざまなトラブルの種がマリアとの間にあったようで、マリアを赤色スパイと疑い殺意に及んだのではなかろうか。

昭和八年（一九三三）一月二三日、コンスタンチンはマリアを殺害している。この事件は旭川新聞（昭和八年一月二五日記事）に二面一杯の大見出しで報道され、その見出しの活字は「喫茶店バイカル主人　女給を刺し殺す」――白系露人在地人会長ロ氏方で――原因は痴情関係か？……とセンセーショナルな一大猟奇事件突発といえる文体で組まれ、旭川市民を釘付けにしている。その反響は旭川にとどまることはなかったが、その報道記事は次のごとくであった。

昨廿三日午後八時三五分頃旭川市一条通五丁目右四号洋服行商人白露人在旭人会長ロシア人デミートリ・ヒヨトロウィッチ・コレザトコフ（四二）方で美貌のロシア婦人殺し事件があった――被害者は旭川市三条通八丁目ロシア人経営喫茶店バイカル給仕女マルシヤことマリア・ストカノア（二八）加害者は同喫茶店主人コンスタンチン・フェドトウィッチ・スタルヒン（四七）で加害者スタルヒンは同八時五〇分頃『怖ろしい、わたし人殺しした』と旭川署に自首して出た。

加害者コンスタンチンは予審段階で当初の供述を否定、「マリアはソヴィエートのスパイであることを殺害目的の理由と主張」「日本人が最も嫌うアカである者を殺したのであるから私は罪にならない」とも主張したといわれる。ただ平素、温和で人望あるあの人がと、身近かにその人柄を知る人々は信じられないというのが周囲の声で、加えて旭川少年野球のヒーロー〝ヴィージャー〟の父親であることに同情を寄せる一面も大きいものがあり注目された。

ロシア革命後、刊行される学術書・思想書・一般書には「スパイ」（間諜）「赤化」「アカ」（共産主義者・シンパ）「人民」「人民の声」「人民戦線」といった言葉が噴出氾濫、治安維持上の警戒心や中傷・弾圧の言論は交錯しており、

「最近コミンテルンの密偵が、満州里通過、続々北満に入り込みつつある模様である。この間諜は従来からも当地に採用されているが、殊に美人間牒として女教員、女給等が多く採用されている（陸軍大佐・佐々木一雄著『裏から脅威するソヴィエート・ロシア』新日本書房・昭和七年刊）

「最近ふえて来た共産党ファン」――桃色の街に恐怖時代を現出――旭川署取締に腐心――（「旭川新聞」昭和八年二月七日記事見出し）

といった内容と論調で把えられている。この事件は思想問題のもつれか痴情の果てか?といった疑念渦巻くなか、昭和八年（一九三三）六月一六日午後一時半から旭川地方裁判所（福地裁判長掛・田部検事立会）で開廷された。コンスタンチンは逮捕以来、錯乱状態がつづき、上常盤町の救護院（行路病者・泥酔者・捨児・狂気の者などの保護・医療処置の施設）預けで特別に隔離拘束されているが、窓ガラスを割りその破片で咽喉を自傷したり、絶食による自殺企図などがあるため、当日も旭川警察署より一〇人の警察官で護送出廷がなされている。法廷では形通りの証拠調につづき、次のごとく予審決定書が読みくだされた。

被告人は白系露人にして欧露に勃発せる革命運動赤漸するに従ひこれが難を避けて故国を亡命し満州里、哈爾賓を経て大正一四年旭川市に転住し来り爾来洋服行商若は喫茶店を営む傍ら北海道露国移民協会なる白系団体に加入し同志と共に極東の風雲を望みて慷慨時事を論じ只管反赤運動喚起の機を窺ひ居るものなるが昭和七年一一月初頃自己の経営に係る同市三条八丁目左四号喫茶店バイカルに其頃神戸市に於て知合となりたる同市在住露西亜婦人マリア・ニコライスウナ・ストカノア（二八）を女給に雇入れたるところ其の態度甚だ不遜にして主命に順ならず然かも其頃偶々妹某は神戸に於て商事会社を装へるソビエット官憲の詳報機関に勤務し居る旨申向けたるのみならず談たまく故国に及ぶや恰もソビエット治下にあるを謳歌するが如き口吻に出たる為被告人は遂に同年一二月一〇日同女が妹と共にソビエット官憲の詳報機関に活動せるものなりとの信念を固め、ソビエット政治を嫌悪するの余り同女を憎む事甚しく玆に其の企図を封ぜん為同女を殺害せん事を決意したるも其の機を得ざりしところ昭和八年一月一三日右喫茶店を去りて一条五丁目露西亜人コレザトコフの許に赴き同人と同棲生活を営み居る内恰も良し同月二三日コレザトコフが所用のため外出不在なるを聞知するに及び之に乗じて同女を絞殺せんとし午後八時過ぎ右コレザトコフ方に至り折柄六畳間に病臥中のマリアの傍に至りたる際其の傍に小刀を発見するや該小刀を揮ってマリアの右胸部を突き刺し因って肺部内出血を惹起せしめて同女を即時死に至らしめたり

当日は反論もなくこれで結審、身柄は旭川刑務所に移監、翌一七日に判決言渡がなされている。事実関係の認定は予審決定書の通りであるが、自首したことと精神状態を裁量。本来は殺人罪適用であるが傷害致死罪懲役八年と決せられた。この言渡時にコンスタンチンは「日本法律万歳」と叫んだという。彼の精神状態からいまだ真相は謎といわれているが、昭和八年一〇月一二日札幌刑務所

に移送し服役となっている。ただ精神錯乱と体力の憔悴が持続、工場出役不可能のまま準病者扱いで三年後ともいわれるが獄死している。衰弱死とみられるが、古い職員からの話では事実上の自殺（錯乱死・絶食死）・獄中死といえるものであったといわれる。

少年スタルヒンは法廷の父の変わり果てた姿を眼を真赤にして母と共に傍聴。そこには少年スタルヒンに草野球・少年野球時代から指導し育てた立野庄市氏（旅館「三浦屋」主人・旭川巨人軍創始者・旭川中学野球部監督）も同席していた。これが父との最後の生き別れで、その後は一切父との面会の機会もなかった。その後は生活苦で月七円五〇銭の旭川中学への授業料も滞納する状態であった。

ちょうどこの折、第一九回全国中等学校野球大会北海道地区の対北海中学との決勝戦を控えていたため、旭川中学のエース、スタルヒン少年への同情は高まり、カンパがなされている。名門北海中学との決勝戦は五対三で惜敗、甲子園出場を逸しているが、その一九〇センチメートルの長身から投げ下す剛球と大きく落ちるドロップの威力は見逃せなかった。元早稲田大学野球監督の市岡氏やコーチの福田豊氏らは、もう一度北海道で何とか優勝させ、早稲田大学野球部に入れたいとの動きもあり、職業野球創設の動きからのスカウトの打診もみられたという。

当時の東京六大学での早慶戦の人気は絶頂で、世間でも金銭をもらい生活する海のものとも山のものとも先が判らぬ興業的職業野球より、学生野球の早慶戦こそ、スポーツの中のスポーツの神髄だと認識している全盛時代でもあった。悲劇のドン底にあったスタルヒン少年は、このような時代背景と動きがあるなか、その実力を買われ、昭和八年一一月二九日旭川中学を退学、母と共に上京、板橋区に移り住むことになっている。こうして生活のため六大学ではなく結成を急ぐ大日本東京野球クラブ（昭和九年＝一九三四年）にスカウトされ、同年一一月二日にベーブ＝ルースらアメリカ職業野球団を迎えうつ全日本代表野球チームに加えられ、翌昭和一〇年（一九三五年）には東京ジャイアンツ（現在の読売巨人軍の前身）の米国遠征にも加えられ渡米している。しかし無国籍ということで入国を拒否されるといったハプニングもあるなど相変らず苦難がつきまとっている。

米国遠征帰国後のスタルヒンの活躍は一層めざましく、昭和一二年（一九三七）から四年間連続最多勝利投手、戦後の昭和二四年（一九四九）にも最多勝利投手となっており計五回の最多勝利投手を記録、昭和一四年（一九三九）には四二勝を挙げ最高殊勲選手に輝いている。しかし昭和一六年の日米開戦から昭和二〇年（一九四五）の敗戦に至る四年間は、開戦と同時に須田博と日本名に強制改名され、警察からも外国人は敵・スパイ同様に監視され、敗戦の一年前である昭和一九年（一九四四）にはプロ野球界から追放のうえ軽井沢山荘に幽閉状態に置かれている。昭和二〇年（一九四五）敗戦により監視が解かれ、巣鴨プリズン通訳試験を受けるなど進駐軍のロシア語通訳をつとめ、昭和二一年（一九四六）プロ野球への復帰が認められている。

北海道旭川市にあるスタンヒル球場
（平成16年７月筆者撮影）

戦後は以来昭和三〇年（一九五五）引退まで、足かけ一九年間活躍、戦前戦後を通算三〇三勝を記録している。スタルヒンもこの年三九歳に達しているが、同年、母エフドキアが愛する獄死の夫を想い、ロシアの故郷に思いを遺し異国日本で他界しており、虚脱の年となったのではなかろうか。二年後の昭和三二年（一九五七）一月一二日夜スタルヒン運転の自動車が玉川電車と衝突する鉄道事故で死亡している（享年四〇歳）。まことに数奇な運命の生涯であった。このとき三五歳の時に生まれた一人娘のナターシャ・スタルヒンさんは五歳であった。遺品にキリスト像〝イコン〟がある（ナターシャ・スタンヒル著『白球に栄光と夢をのせて』ベースボール・マガジン社・昭和五四年）。

父の事件と服役・獄死といった悲劇の裏面史、家庭や国際事情による苦しい挫折を秘めながら、スタルヒンはこれほどの栄光に輝く大記録を遺しており、少年スタルヒンを最もよく知る地元旭川では、昭和五七年九月二三日、旭川市内に総工費一九億円で、当時では北海道一の野球場（二万五、〇〇〇人収容）を完成、〝スタルヒン球場〟と命名している。メインゲートのロビーにはスタルヒン記念室があり、球場入口には巨人軍のユニホームを着た等身大のブロンズ立像があり、東京ドームにも昭和三五年（一九六〇）野球殿堂入りしたレリーフが飾られている。

なお最近のテレビ報道でも、平成一六年三月一五日午後二時より、テレビ朝日の番組で「心の中の国境――無国籍投手スタルヒンの栄光と挫折――」徳光和夫と佐々木主浩が送る孤独な投手の秘話という放送がなされている。旭川を舞台に獄死に至った一地域一事件の行刑史料・獄事史料であるが、実はこの話は四国松山中学で水原茂（スタルヒンらと共に大活躍した巨人軍の名選手）と机を並べ学んだ父重松忠義が、生前、郷里松山の誇りとしてスタルヒン共々に話題とした事柄でもあり、旭川の項に史料として収録した。

(二) 十勝分監と道南の開発

(イ) 十勝の大地に燃える更生の炎

戦後とはいえ六〇年に近い歳月が過ぎ去ったいま、かつて十勝の地に北海道名誉作業班と名づけられた受刑者集団が出役、貴重な労働力として築堤・河川切替工事にあたった足跡も、人びとの記憶からしだいに消え去ろうとしている。もっとも初期北海道は苛酷な囚人労働によるブルドーザ的役割によって開拓が進められ、明治二六年五月には下帯広村の釧路分監大津外役所の囚徒により、大津・帯広間の大津街道が開通、さらに七〇キロメートル上流の音更川畔糠平に元小屋を設け、分監建設用材を下流の十勝川合流点に流し陸揚げ、木軌道と軽便レールで運ぶなどの作業が続けられ、内陸部十勝はしだいに拓かれていった。

分監建設が進み、明治二八年三月、釧路分監帯広出張所は十勝分監に昇格、分監長八田哉明（拓務大臣、鉄道大臣を歴任した八田嘉明の父）のもと、一、三〇〇人の囚人を用い雑草地の開墾、湿地の荒起こし、根ふるいなど、帯広草創期の農地の墾成作業を進めている。しかし、この時点では十勝岳連山の難所に阻まれ、帯広から旭川・札幌方面に出るには、なお馬または徒歩でけわしい狩勝峠を越えねばならなかった。

明治三六年、十勝分監は十勝監獄として独立、明治四〇年六月、難所の狩勝峠を含む落合・帯広間七〇キロメートルの鉄道敷設工事を終え、帯広はじめ道東の地は飛躍的な発展を遂げている。その後も延べ六、〇〇〇人の囚人の努力により、大正七年には音更山道（現在の糠平国道）一六キロメートルの開鑿をもやり遂げている。こうして大正九年、十勝監獄庁舎の焼失を転機に、広大な監獄農地は次々に民間に払い下げられ、帯広市街形成の前史を築いている。

(ロ)　戦後の復興の貴重な労働力として

大正一一年、監獄は刑務所と近代的官庁名に、囚人労働も受刑者による刑務作業と改称されているが、道内刑務所は依然、営農を中心に殖産開拓に専心、昭和期の戦時体制下では飛行場整地や軍事産業に出役、伐採・掘鑿・築堤などの経験も豊富に蓄積されていた。ここに北海道名誉作業班は戦後の労働力不足を補い、内地の戦災刑務所の過剰拘禁緩和などに対処するため登場することになる。当時の司法省当局として、昭和二三年二月、受刑者の労働力を立案中の経済安定本部の公共事業計画、とりわけ北海道開発事業の中に組み入れる案を提示、翌三月には北海道庁との内議により、かつて集治監時代の暗い苛酷な外役のイメージを大きく払拭した、斬新な計画として理解が得られたという。

それは全国の刑務所から選抜された模範受刑者の奉仕班を北海道に派遣するという画期的なもので、作業は戒具（手錠・腰縄）をつけない、待遇はすべて累進処遇最上級の一級者とし、霜降りの服（当時はなお戦前同様二級・三級は浅葱色、四級は柿色を便宜着用）、刑期は三日を一日に短縮して換算、仮釈放に最短で結びつく善時制 Good Times System と、いずれも受刑者に名誉と誇り、希望と責任をもたせるというものであった。この案は連合国軍総司令部（ＧＨＱ）でも占領行政下の方針に沿うものとして好意的に迎えられ、HONOURCAMPと名づけられて、さっそく実施に移されている。三年間にわたる帯広刑務所主管の出役作業場の工事分担等は次のごとくであった。

【昭和二三年度】

○茂岩（七～一〇月、一五〇人出役）……豊頃町茂岩

牛首別川を農野牛川に切替・掘鑿・築堤工事、前橋・豊多摩・岩国・帯広各刑務所職員担当

○帯広（六～一〇月、五〇人出役）……売買川を木内側に切替改修工事、大阪・姫路・横浜・小倉・甲府・富山・帯広各刑務所職員担当

○新吉野（七～一〇月、五〇人出役）

湿地帯の明渠暗渠排水工事、府中・前橋・松本・帯広各刑務所職員担当

○川合（七～一〇月、一〇〇人出役）

十勝川・利別川の合流点新水路築堤工事、帯広刑務所職員のみで担当

【昭和二四年度】

○茂岩（七～一一月、一五〇人出役）

左岸茂岩・十勝間の逆水防止築堤工事、京都・神戸・帯広各刑務所職員担当

○石神（六～一〇月、一五〇人出役）……豊頃町石神

牛首別川を農野牛川に切替・掘鑿・築堤工事、宇都宮・前橋・名古屋・帯広各刑務所職員担当

○新吉野（七～一〇月、一〇〇人出役）

湿地帯の明渠暗渠排水工事、帯広・宇都宮各刑務所職員担当

○西足寄（七～一〇月、一〇〇人出役）

道路整備工事、帯広刑務所職員のみで担当

【昭和二五年度】

○茂岩（五～一〇月、五〇人出役）

十勝川左岸茂岩・十勝間の逆水防止築堤工事、帯広・京都・高松各刑務所職員担当

○石神（六～一〇月、一五〇人出役）

牛首別川を農野牛川に切替・掘鑿・築堤工事、高知・松山・前橋・豊多摩・東京（拘置所）・帯広の各刑務所職員担当

○幌泉（六～一一月、五〇人出役）

襟裳岬への黄金道路の拡張補修工事、広島・山口・帯広各刑務所職員担当

これでわかるように茂岩・石神の両作業場は三年継続でなされ、この両作業場配属の前橋・豊多摩の職員・受刑者には、昭和一三年中止となった第一二回国際オリンピック東京大会用戸田漕艇場建設に出役した掘鑿・築堤の経験者、および石川島造船作業隊での泊り込み外役経験者も含まれていた。また中川郡池田町川合地区での昭和二三年度派遣の名誉作業班受刑者は、帯広刑務所職員のみの監督下で作業が進められ、翌年別の作業場に転属、二四・二五年度も帯広刑務所別途請負契約の作業として進められた。

私が昭和四五年八月に発刊した北海道行刑史の中に「中川郡池田町では、役場の高橋寿夫庶務係長のお世話で、神谷冨雄氏（町会議員）に伺うと、『池田町川合地区は十勝川と利別川の合流点で、毎年のごとく洪水に悩まされてきた地帯で、築堤工事の完成を待望されていた地区でした。戦時中は予算の関係で進捗が思わしくありませんでした。受刑者が作業をしたのは昭和二三年から二四年で、五月より一〇月ころまでのようです。人数は一〇〇人程度、手押しのトロッコ、モッコにより、利別川右岸堤防作業に従事しました。付近住民との接触はなかったが、住民が不安の状態もなく、むしろ早期築堤完成を期待していました。』といわれている。」と記したのもその一駒である。

(ハ) 想い出として遺る地元民との交流

現地に赴いた名誉作業班は受刑者の名誉や統制上、はじめの頃は近隣住民との接触を避け作業に専念しており、受刑者の心情はつぎに掲げる札幌矯正保護管区募集・選の北海道名誉作業班の左の歌二編によく示されていよう。

使命感に燃えた出征兵士の唄のごとくでもあるが、やがて札幌刑務所の受刑者劇団（ＳＫ劇団）が現地慰問に巡回、「雪の夜ばな

し」「父帰る」「青の洞門」「あほう松」など教訓物や更生美談をユーモアたっぷりに演じ、現地の民間人を招待して共に楽しむなどの交流が生まれ、新しい刑務所・受刑者の姿が伝えられ多くの人に理解されることになった。昭和四二年、私が現地を訪れ、またお手紙でお教えいただいたことなどから、前述の池田町では昭和二四年九月二六日、川合神社の秋祭りに受刑者と地元民との花相撲が行なわれたとか、地元農家の高橋武夫さんが利別川のサケを作業班の受刑者一同にプレゼントしたとか、地元泰商店が味噌、醤油を納入していた事情なども知ることができた。石狩川上流旭川市の近文付近で小堤防作りに出会った旭川在住の秋葉みどりさんも、いまだに美瑛・忠別川出役の名誉作業班の築堤による恩恵と紀律正しく微笑ましい活躍に感謝の書簡をたびたびいただくなど、当時の受刑者の活躍が十勝川の流れある限り伝えられることを祈るものである。

[選一]

作曲　思賀寿一
編曲　平川英夫
唄　岡本敦郎・安藤まり子

一　雨は終わりの希望を乗せて
吹いて流れる北海に
明日の日本を起こすもの
その任重い名誉班

二　嵐にぬれた想いをこめて
澄んだ大地に花は咲く
えらび出された真心の
愛に結んだ名誉班

三　今日もやるぞと大空仰ぐ
まぶたに浮かぶ笑顔には
清く生きよと母の顔
更生　希望　名誉班

四　いななく広野北海道に
文化の光燃えいずる
若くのびゆく日本の
いしづえ築く名誉班

[選二]

作曲　佐々木草
編曲　平川英夫
唄　岡本敦郎

一　内地でるとき覚悟をきめて
日本たいへい背負った俺だ
広野たがやせどんどこ開け
名誉作業は国のため国のため

二　浮世忘れて荒波越えて
　北の天地は男の場所だ
　今日も押せ押せどんとこ運べ
　名誉作業は伊達じゃない伊達じゃない

三　ここでやらねば社会に済まぬ
　晴れて会いたい人もある
　掘れよ掘れ掘れどんとこ掘って
　名誉作業をやりとげろ

（本稿は拙稿「受刑者による十勝開発の語り草」・北海道開発協会刊『十勝川下流のあゆみ』所掲・平成一四年刊）

十勝・帯広にかかわる監獄関係のエピソード、人物については、左の分監長八田哉明についてのみ掲げておくことにしたい。

○　八田（はった）哉明

江戸石川島人足寄場が東京府徒場・警視庁懲役場と変遷してゆく明治一〇年一二月の警視庁懲役署の「署中配置表」によれば、署長一等警視補小野田元熙のもと、記録掛・一等警部補として八田哉明の在職が確認される。同僚に樺戸の用地選定に内務省御用掛月形潔に随行した駆役掛（伝統の人足寄場油紋作業などの掛、維新後は懲役使役掛）の守口如瓶がおり、第二支署詰（支署長に相当）に三等少警部重田位俊（鍛冶橋監獄署長に転出）らが石川島の同僚である（拙稿「人足寄場と石川島監獄」『人足寄場史』三四八頁～三五〇頁・創文社刊・昭和四九年）。

八田は静岡藩士八田哉幸の長男で、弘化元年（一八四四）に生まれている。明治維新後は日本橋に本籍を移しているが、明治二五年空知分監書記から分監長となり、同年八月釧路分監長となっている。すでに四八歳であった。釧路で二年九カ月在任し明治二八年四月十勝分監長に就いている。高潔な人格者として十勝創草期の囚徒による開拓に貢献、明治三一年八月空知分監に戻っているが、同年一〇月三一日非職となり退官、内務属に転じているが、翌明治三二年四月愛媛県監獄署長となり、二年後の明治三四年一〇月病により休職（退職）となっている。令息はのち拓務大臣・鉄道大臣を歴任した八田嘉明である。

（補注）十勝分監の変遷略年表

十勝分監は釧路・網走・函館の所轄や分監と本監の入替、名称の変更など著しく、ここに変遷の略年表掲げておきたい（拙著『北海道行刑史』『日本刑罰史年表』）。

明治二八年（一八九五）四月　北海道集治監十勝分監として開庁
明治三六年（一九〇三）六月　十勝監獄として独立
明治四一年（一九〇八）四月　函館監獄根室分監を十勝監獄の所轄とする
大正五年（一九一六）四月　地方裁判所が根室より釧路に移転のため、釧路町浦見の民家を借受け仮監房とし、十勝監獄釧路出張所とする
大正六年（一九一七）三月　十勝監獄釧路分監竣工。同年八月八日廃庁となる十勝監獄根室出張所では分監時代の在監死亡囚七二人の遺体を合葬、追弔法要を行なう
大正九年（一九二〇）四月　十勝監獄庁舎が全焼
大正一〇年（一九二一）五月　十勝監獄の釧路移転が本決まり
大正一一年（一九二二）一〇月　工事中の十勝監獄釧路分監を十勝刑務所釧路刑務支所と改称
大正一三年（一九二四）四月　新築中の十勝刑務所釧路支所は釧路刑務所に昇格。十勝刑務所は釧路刑務所帯広支所と、本支所が交替となる
昭和二年（一九二七）一月　帯広支所の新営工事竣工
昭和一一年（一九三六）四月　釧路刑務所は網走刑務所の管轄下に置かれ、網走刑務所釧路刑務支所となる
昭和一四年（一九三九）一一月　釧路刑務所帯広支所は帯広少年刑務所として再び独立
昭和一八年（一九四三）八月　官制改正により帯広刑務所と呼称。函館が少年刑務所となる
昭和二五年（一九五〇）四月　釧路刑務所、本所に昇格
昭和三九年（一九六四）一二月　帯広刑務所を北海道の交通刑務所に指定
昭和五一年（一九七六）一〇月　帯広刑務所、市内別府町に新築移転

㈢　亀田分監の系譜と役割

幕末、幕府直轄地として蝦夷奉行・箱館奉行が置かれ、箱館牢・松前牢・根室牢・福山バッコ沢牢・臼別人足寄場などが散在している。特に箱館牢には未決の檻倉のほか、相生町下に徒罪場（ずざいじょう）という労役場・作業場があった。現在の函館市立病院レントゲン室辺り

の場所である。明治六年この徒罪場は開拓使箱館出張所徒刑場として東川町二四番地に移転、明治一一年函館監獄署となっている。
徒刑・懲役監の系譜は右のような形で変遷しているが、檻倉・囚獄と呼ばれる未決監は次のような形で偏在し変遷している。

開拓使第一檻倉……明治九年まで箱館裁判所檻倉・箱館檻倉と呼ばれる
開拓使第二檻倉……亀田村の開拓使倉庫を亀田檻倉・亀田の囚獄と呼び明治一八年まで使用。明治一八年九月東川町の函館監獄署は、この亀田檻倉を含む同一地帯・函館区大字亀田村千代ヶ岳一八番地の元津軽藩陣屋跡（現在の中島町）に移転、函館県監獄署と改称
開拓使第三檻倉……福山檻倉。明治二五年廃監
開拓使第四檻倉……江差檻倉。明治二五年廃監
開拓使第五檻倉……寿津支署。明治二五年廃監

明治一九年以降は道庁・内務省・司法省の所轄となり、次のような名称の変更を見ながら現在の少年刑務所に至っている。

明治一九年一月　函館県監獄署を北海道庁函館支庁警察本署第五部囚獄と改称（道庁所管）
明治一九年四月　北海道庁函館監獄署と改称
明治一九年一二月　北海道庁監獄亀田支署と改称
明治三二年一〇月　北海道庁監獄署函館支署と改称
明治三六年四月　函館監獄と改称（司法省所管）
大正四年四月　函館監獄のもとに汐見町出張所を設置。のち新川拘置支所となる
大正九年二月　函館監獄官舎全焼。消防隊・重砲兵大隊・憲兵隊救護出動、少年監の開放寸前で鎮火
大正一一年八月　函館市大字亀田字柏野一八番地に新築工事を着手
大正一一年一〇月　柏野に工事中の施設を函館刑務所と改称
昭和二年一〇月　亀田村千代ヶ岱一八番地の旧施設より新設中で未完成の函館刑務所に移転

昭和五年一一月　新築の函館刑務所完工
昭和六年九月　新築の函館刑務所所在地柏野と官舎地帯の乃木町がまたがる
昭和一八年七月　函館少年刑務所と改称
昭和四三年五月　函館少年刑務所の所在地名は金堀町三三番地から金堀町六―一一と改正される。

これでみるごとく、函館監獄と名付けられてはいるが、函館の監獄業務は亀田分監が明治時代主として支えており、地元でも監獄といえば亀田の監獄を通常指称されていた。函館は本府が札幌に移るまで開拓使の出先機関であり、北海道の玄関口で外国船の出入りする開港地であり、重罪囚を奥地に送り込む通過地点であったことから、開拓監獄の立地には不適とみられた所であった。

また避けられたもう一つの理由として、逃走志向の強い重罪囚の護送中の事故の危険度は極めて高く、明治一四年には小菅の東京集治監から集団護送中、元海軍機関二等兵曹の中野甚之助は、さっそく津軽海峡に飛込み行方不明、その後は函館・樺戸で破獄経験者の御代沢金次郎の破獄や、海・河岸辺など船での強盗専門の海賊房次郎など多士済済で、明治一七年七月には樺戸監獄服役囚の太田外記ら七囚が集団破獄しており、目的は海岸に繋留の舟を奪い樺太方面へ逃亡を企てた事件である（「厚田七囚事件」・拙著『北海道行刑史』一九一頁）。明治一九年七月には兵庫仮留監より日本郵船相模丸で二〇〇名の囚徒を集団護送中、船内で暴動があり二囚を射殺し鎮圧した事件がある（『日本近世行刑史稿』下・年表）。これは三池監獄よりの騒擾囚であるといわれる。同年九月にも兵庫仮留監で騒擾があり、前年関西丸で護送されてきた囚徒であり、同じく明治一九年九月一五日伊勢丸により首謀囚一〇名を北海道へ緊急護送している（拙著『日本刑罰史年表』一四一頁）。

このような事犯の累積から、道内では囚人を漁撈など海ないし船にかかわる監獄作業には一切出役がなされていない。網走など湖畔での農作物の舟運搬は広大な構内の戒護区域であり、論議の対象外で、道内の監獄文献にも「東部典獄会議議事録」にも、漁撈についての建議は一切見当らない。

しかし昭和の時代に入り、昭和二年より小田原少年刑務所で小型漁船を用いての湾岸漁撈の試みがあり、昭和四年には海軍省より廃艦（海防艦）「武蔵」の譲渡があり、浦賀の海岸に保留しての海洋訓練をなしている。この先例は日清戦役で捕獲の砲艦「鎮辺号」を洲本分監の懲治人感化に用いているが、明治四三年七月、四名の懲治少年が錨を伝い海に飛び込み逃走、廃止となっている（拙著『図鑑・日本の監獄史』一九四頁）。しばらく間を置き、昭和一〇年一二月、小田原少年刑務所の少年受刑者が乗り組む「快天丸」が伊豆沖の鵜渡根島という岩礁に座礁、遭難して一名死亡した事件があり（雑誌「刑政」、『戦時行刑実録』九二七頁以下）、昭和一三年には遠洋漁船「少年報国丸」の少年受刑者が太平洋上で謀議反抗に及んだ事件があるなど、少年行刑への思い切った更生への試みと情熱が、不運にも裏目に出る結果となっている。

ただ戦時体制下の昭和一七年四月、網走港が北千島前線基地への軍需物資・兵員の輸送を担当する船舶部隊（暁部隊と呼称）の駐屯地であったことから、暁部隊・網走刑務所の連絡支援のもと、小田原少年刑務所の海洋訓練船の少年受刑者が、北千島幌延島の五十嵐水産会社の鱈加工作業に従事、同島の飛行場整備にも出役している。官制もより積極的に整えられ、小田原少年刑務所が函館刑務所に移転し函館少年刑務所とし、帯広少年刑務所を廃止し、その跡に函館刑務所を移転して帯広刑務所と改称。これにより網走の少年受刑者など道内の少年受刑者は函館少年刑務所に集結されている（雑誌「刑政」五五巻八号、拙著『博物館・網走監獄』六七頁・平成一四年・網走監獄保存財団刊）。

こうした時局のもと、小田原少年刑務所の遠洋練習船が軍の補給・食糧増産の一翼として事実上動員されたことをきっかけに、これまで北海道行刑のタブーとされた受刑者の海員としての活動、訓練としての漁撈を認め支援する実績が築かれていく。当時の少年受刑者も勝利を信じ、日本国民としての自覚のもと、事故もなく立派にその使命を果しており、昭和一九年九月、函館少年刑務所には北海道海員養成道場甲板科・機械科を設置、海員成規の養成課程を習得させている（拙著『日本刑罰史年表』二三四頁）。また石川島造船所に少年受刑者をも造船奉公隊として出役させたと同様、函館でも函館ドックに少年造船奉公隊（第四造船奉公隊と呼ぶ）として出役、青函連絡船の荷役作業にも出役し、北海道と内地のパイプを死守している（『戦時行刑実録』五一七頁・五一八頁、拙著『日本刑罰史年表』二三五頁）。戦後、これを踏まえ、函館少年刑務所は最新レーダーを備えた練習船『少年北海丸』を新造、船舶科職業訓練で航海士・機関士などの資格を与え、更生の実を挙げている（拙著『北海道行刑史』四四四頁）。

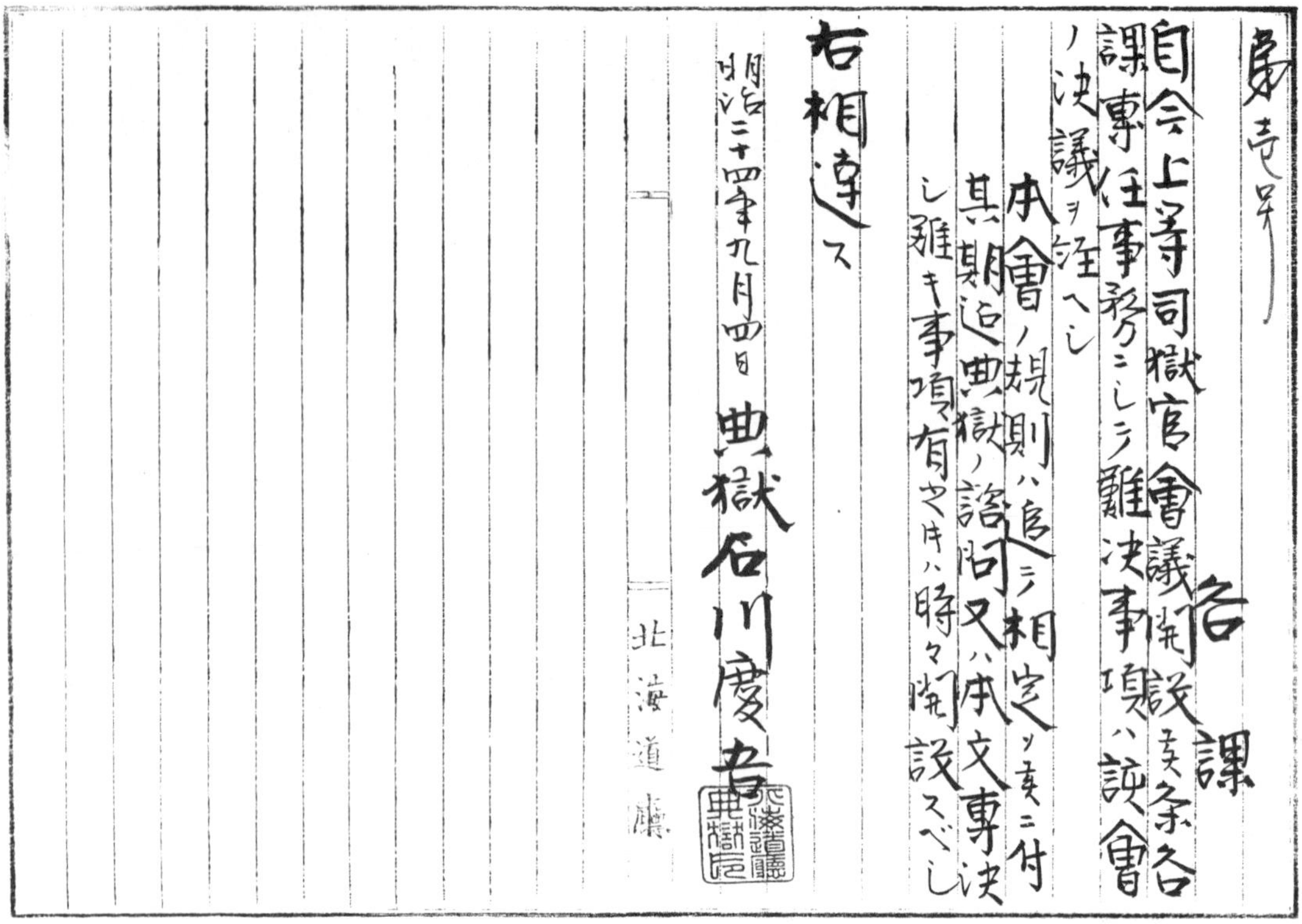

乙第壱号

各課

自今上等司獄官會議開設シ其条各課專任事務ニシテ難決事項ハ該會ノ決議ヲ経ヘシ

本會ノ規則ハ追テ相定メ其ニ付其期迄典獄ノ諮問又ハ成文事決シ難キ事項有之トキハ時々開設スヘシ

右相達ス

明治二十四年九月四日　典獄　石川慶吉

北海道廳

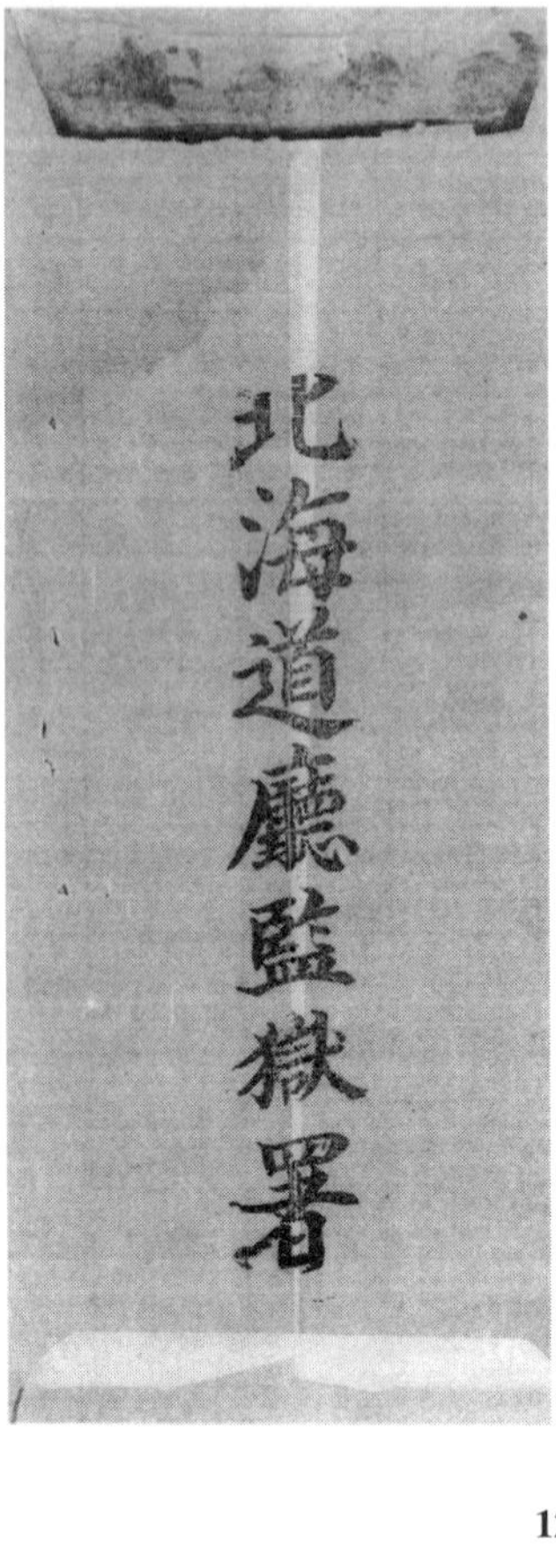

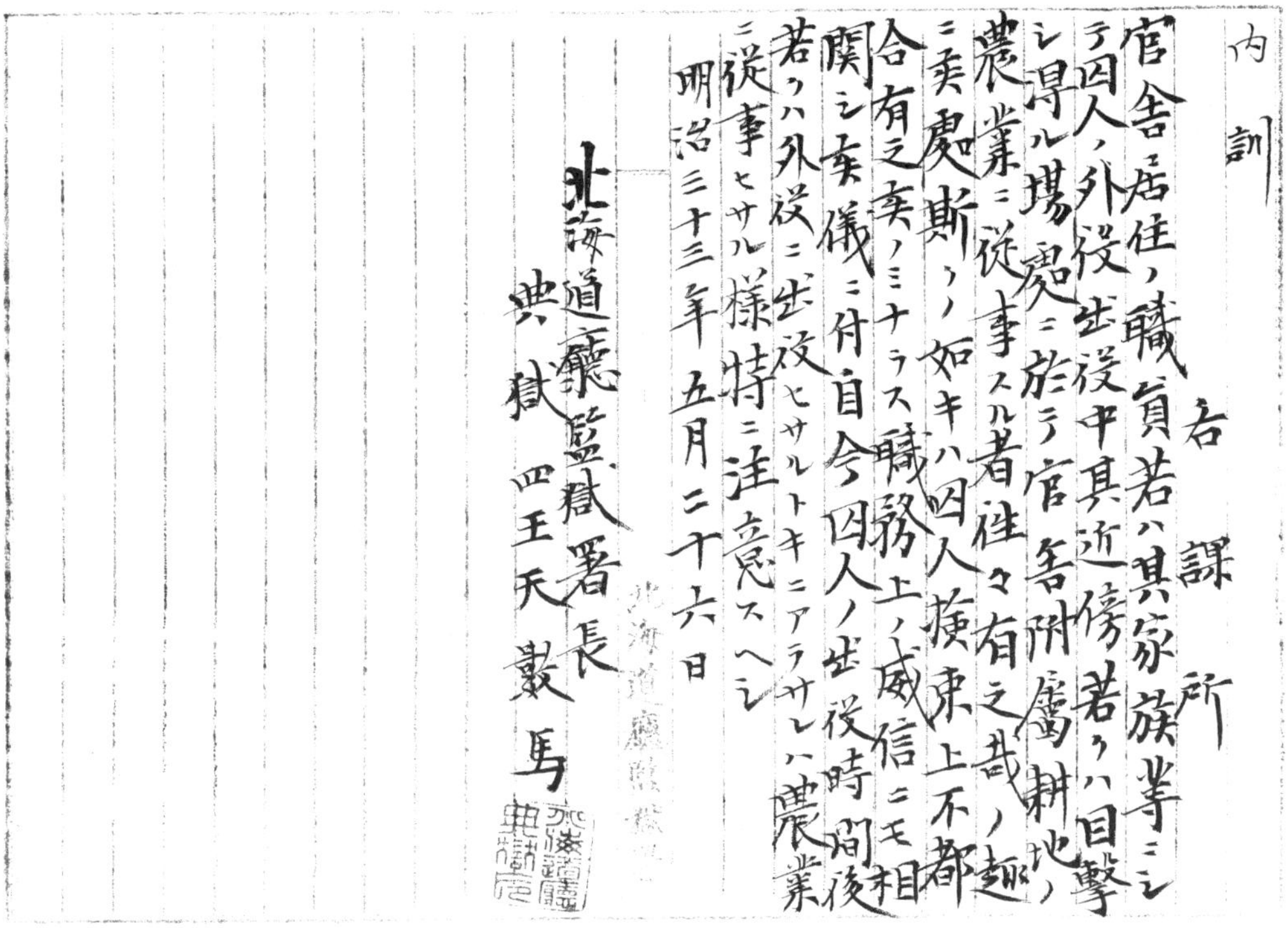
内訓　右課所

官舎ニ居住ノ職員若ハ其家族等ニシテ囚人ノ外役出役中其近傍若クハ目撃シ得ル場処ニ於テ官舎附属耕地ノ農業ニ従事スル者往々有之哉ノ趣ニ承聞斯クノ如キハ囚人撿束上不都合有之ノミナラス職務上ノ威信ニモ相関シ候儀ニ付自今囚人ノ出役時間後若クハ外役ニ出役セサルトキニアラサレハ農業ニ従事セサル様特ニ注意スヘシ

明治三十三年五月二十六日

北海道庁監獄署長

典獄　四王天數馬

官舎住居者の囚人との接触回避注意の内訓

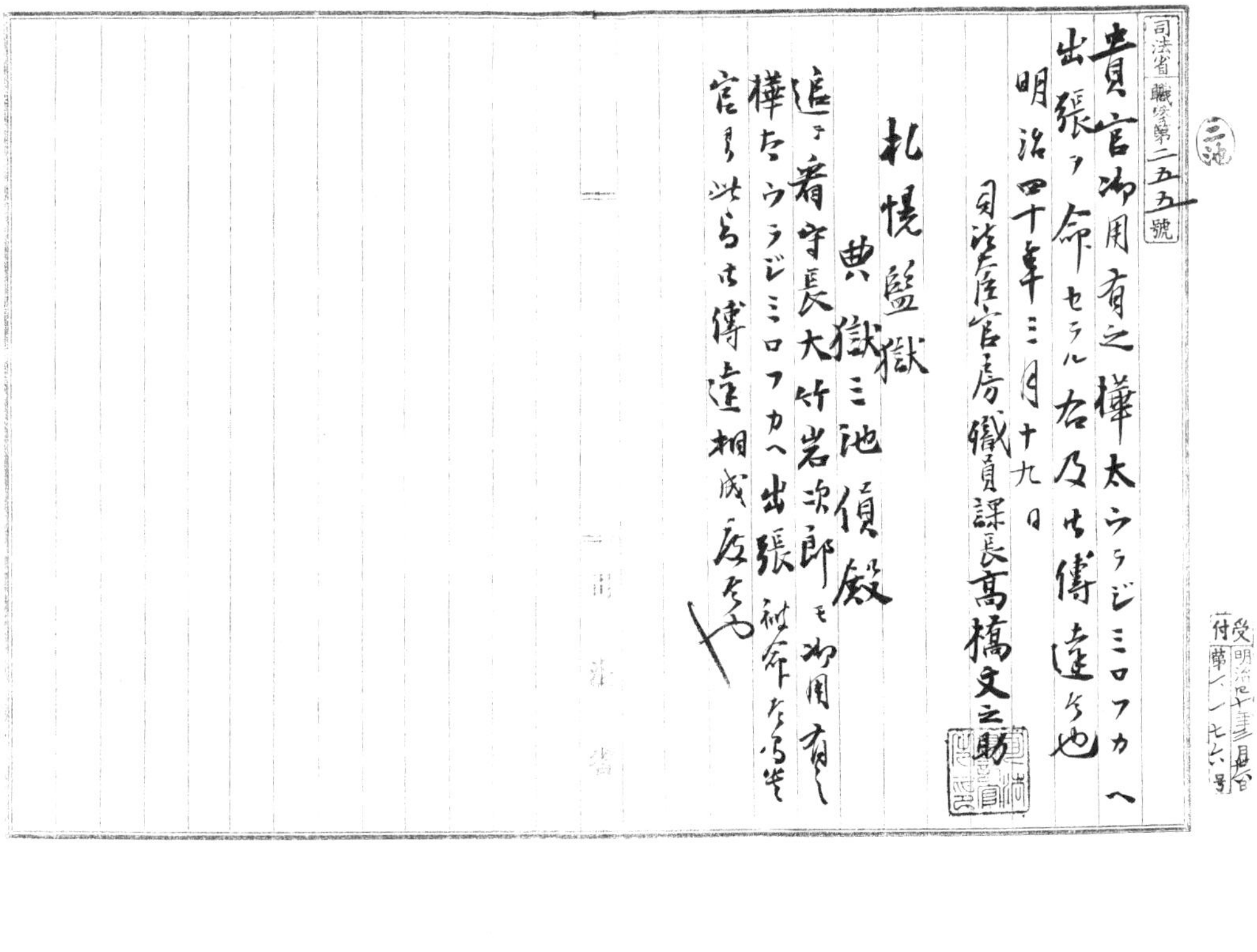
司法省 職字第二五五號

貴官御用有之樺太ウラジミロフカヘ出張ヲ命セラル右及ヒ傳達候也

明治四十年三月十九日

司法省官房職員課長高橋文之助

札幌監獄

典獄三池偵殿

追テ看守長大竹岩次郎モ御用有之樺太ウラジミロフカヘ出張被命候旨官房ヨリ傳達相成候条申添候也

樺太ウラジミロフカへ出張の要ありとの司法省官房よりの伝達文書

釧路・網走・帯広に至る鉄道線路の新設工事を事業分掌させる旨の道庁通達

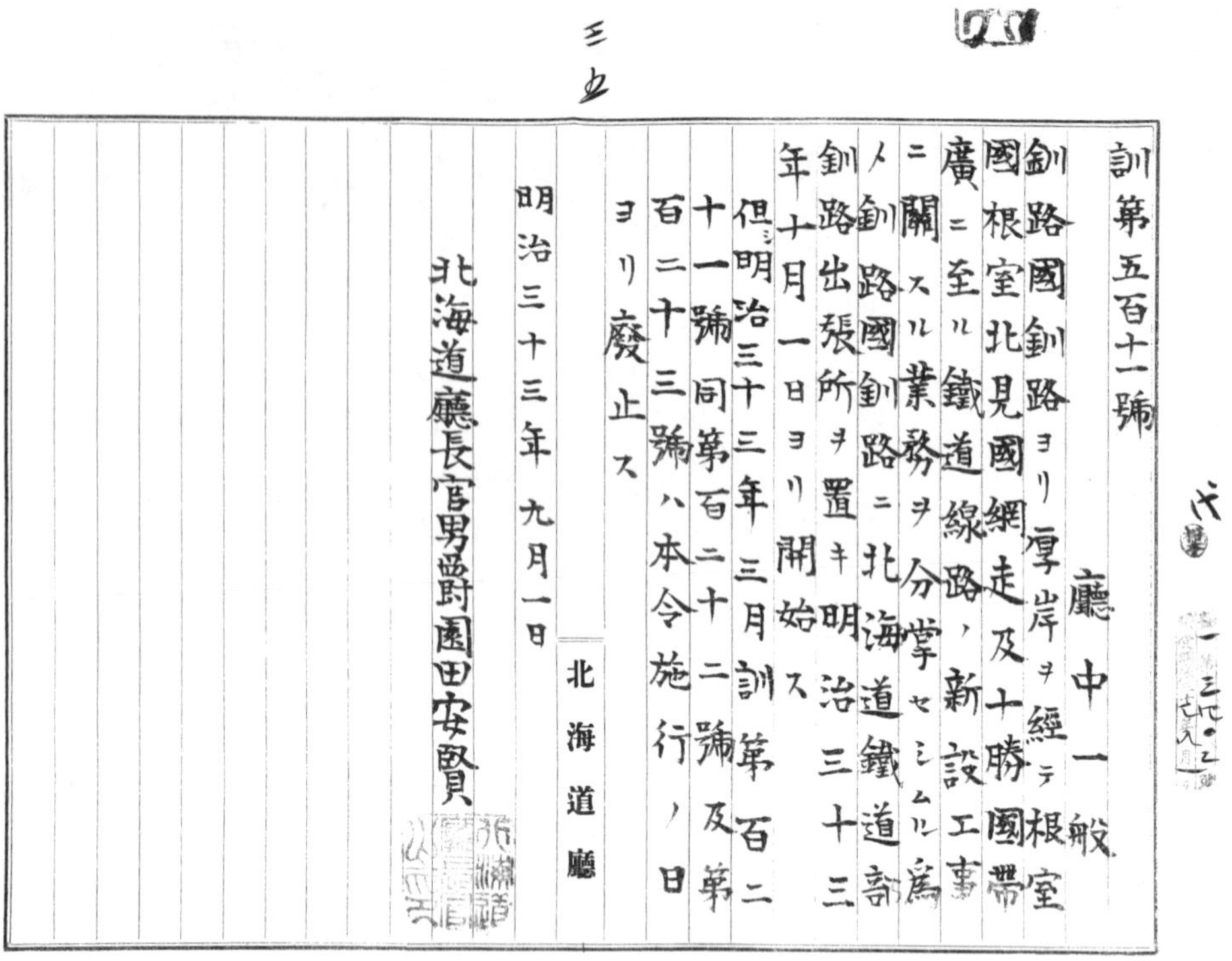

訓第五百十一號
廳中一般
釧路國釧路ヨリ厚岸ヲ經テ根室國根室北見國網走及十勝國帶廣ニ至ル鐵道線路ノ新設工事ニ關スル業務ヲ分掌セシムル爲メ釧路國釧路ニ北海道鐵道部釧路出張所ヲ置キ明治三十三年十月一日ヨリ開始ス
但シ明治三十三年三月訓第百二十一號同第百二十二號及第百二十三號ハ本令施行ノ日ヨリ廢止ス
北海道廳
明治三十三年九月一日
北海道廳長官男爵園田安賢

亀田・根室監獄支署への看守教習支所設置指令文書

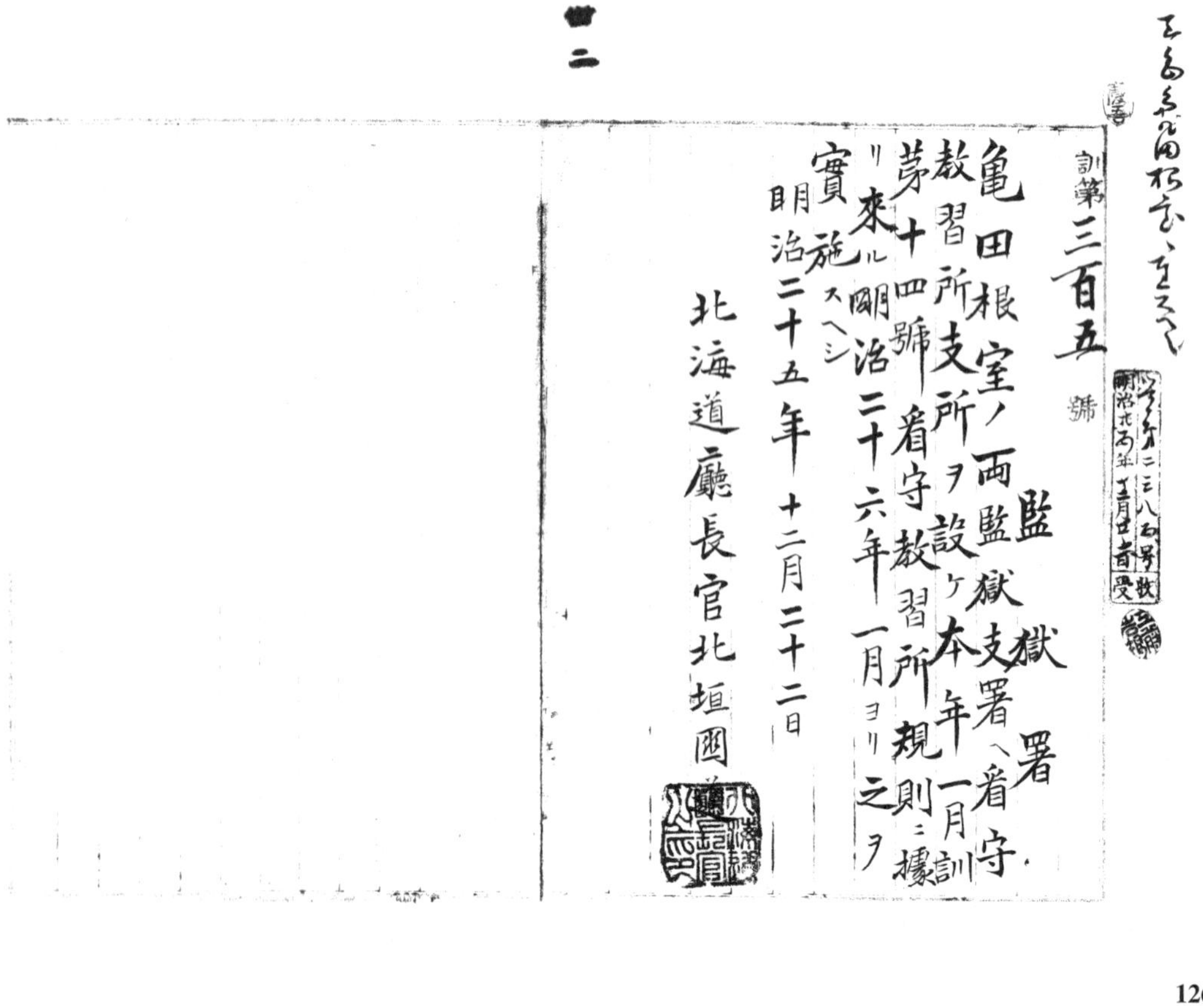

訓第三百五號
監獄署
亀田根室ノ両監獄支署ヘ看守教習所支所ヲ設ケ本年一月訓第十四號看守教習所規則ニ據リ來ル明治二十六年一月ヨリ之ヲ實施スヘシ
明治二十五年十二月二十二日
北海道廳長官北垣國道

第六章　監獄史からみた北海道行刑の回顧

一　開拓草創期の典獄の面影と業績

㈠　典獄月形潔頌徳碑

碑　文

月形君、名は潔、篁邨と号す。筑前福岡の人なり。世に儒者として黒田侯に仕う。父は健と曰い兄は洗蔵と曰う。洗蔵は人と為り慷慨、義を好み、幕府の未だ至らざるに際し諸藩勤王の士と交わる。奔走するところ有るも終に国事のために斃る。朝廷其の功を追賞し従四位を贈る。君同志に応じ大義を唱道し、その名、頗る著わる。首め福岡藩、権少参事に挙げ、その後司法省八等出仕、東京裁判所小検事を歴任し内務省に御用掛諸職を奏任され明治十四年八月樺戸集治監典獄に遷さる。これに先だち内務省北海道に集治監を建つる有り、之が議により君を往かしめて其の地を相するに石狩国樺戸を以てす。内務卿之を納れ、ここに至り、現職を拝し獄舎経営し年を越えて竣工す。当時樺戸の地たるや荊榛瀰望にして斧斤入らず挙げて荒蕪に委ね加うるに冬期を以てす。酷寒にして人、住むを得べきに非ざるなり。君命を受け専ら力を獄政に用い蕪を苅り奔を闢き在監の囚従をして執役させ、幾んど亡う。地区豁開され移住する者、日々に稠く蔚然として一邨落を為す。開拓使、君の労を多とし月形村と命名す。君益々感奮勤苦し効果大いに彰わる。居ること五年職を罷め、福岡に還りて大いに公共事業に力を竭し、二十七年一月八日病を以て没す。享年四十八歳なり。頃日、月形村の民、

月形　潔

胥いに謀り将に君が為に碑を建て以て其の功を朽ちざらんとす。余に属して之を誌さしむ。余と君の兄弟と蒿誼あり辞すべからず。乃って其の半生を概記し以て之を授く

明治三十三年一月八日

内務大臣海軍大将正二位勲一等侯爵　西郷従道　篆額

帝室制度調査局副総裁正二位勲一等伯爵　土方久元　撰文

前樺戸集治監教誨師北漸寺第一世秋葉現住　鴻　春倪　書

北海道樺戸郡月形町の北漸寺入口左側に建立されているが、典獄をたたえる碑というものは、大阪市長良鶴満寺にある前田素志典獄の碑と、空知の渡辺維精典獄の碑とこの碑のほかに存在しない。碑文末尾に名のある人のほか、樺戸集治監初代典獄のこの月形を支えた看守長海賀直常・鬼丸丑藏・中島繁太郎・加来庸雄らの発起によるもので、碑文は月形の略歴・功績を簡にして要を得た文章でよく伝えている。典獄の名が今なお開拓の祖として村名・町名となることはわが国では例を見ず、この碑と共に永くその名をとどめることであろう。

月形潔については「典獄月形潔とその遺稿」――筑前勤王派が彩る北海道開拓の足跡――と題し、雑誌『九州矯正』（福岡矯正管区文化部刊・福岡刑務所印刷）に小稿を連載、抜刷を合本して配布した。昭和五二年一一月一日である。それには月形一族の系譜とその遺功、同家古文書断片「天保年中百姓一揆囚人警固一件覚書」のほか、「北海回覧記」「北海回覧記附冊」「集治監建設予定地伐木傭役の準備工作を記す中井美俊覚書」「巡回日誌」「測量手藤﨑甚平復命書」「境界回覧日記」「篠津川境界巳東巡廻日誌」「須倍都帰行日誌」「集治監用地の利用説明下書き」「明治十四年海賀直常より吾妻謙に伐木墾田に要する見積照会の書状」「明治一四年吾妻謙の回答書状」「明治十六年海賀直常覚書」「上川郡地方巡回日誌」「北海道移住民意見書第二」「参議伊藤博文に月形村巡覧を請う書簡下書き」という、一五の史料が亡くなるまで手元に遺されている。病により典獄を辞しても樺戸への思いは忘れることの出来ぬ思いが込められている。私なりに解読して活字化したが小部の抜刷合本で終り、公刊する機会なく、今回も本書の本項に加えたいと試み

たが紙数多く、またの機会に製本配布したい。

(二) 典獄大井上輝前の回顧とその系累

本項では網走監獄百年を偲んでとして「典獄大井上輝前の足跡とその面影」①②（網走新聞社平成二年一〇月二八日～一〇月三〇日連載記事）と、研究ノート「典獄大井上輝前の回顧と足跡」――網走監獄一〇〇周年を記念して――（中央学院大学総合科学研究所紀要第八巻一号・平成二年一〇月発行）の二点を収録いたしたい。

典獄大井上輝前の足跡とその面影
――網走監獄百年を偲んで――

本年は網走の地に監獄が創設されて百年、風雪に耐えた旧監獄の建物は佐藤久氏らを中心に、網走市民のご協力で「博物館網走監獄」として向いの天都山に移されている。この博物館も本年で創業十周年、網走はまさに大きな節目を迎えており、感慨ひとしおのものがある。ここで私なりにも、監獄の一研究者として網走の地を選んだ典獄大井上の故郷である伊予大洲を訪ねることにした。

この訪問旅行を通じ、幾つかのエピソードを知り、私はまたそれを網走の方々に知らせたいとの気持に駆り立てられることとなった。それは南国といえる四国の西南端大洲に生まれた大井上が、この北辺に執念を燃やし、この地網走を選ぶに至った波乱の軌跡に、大きなドラマ、大きな史実が伏せられており、今なおそれが息づき、大きな世紀の回帰をみせようとしているように思えるからである。

まず、大井上の知られざる若き日々のことから伝えてみたい。

大井上は嘉永元年（一八四八）伊予国大洲藩士井上瀬左衛門忠前（隠居後に瀬脇と称した）の四男として生まれているが、同家の伝によれば一四歳で西洋学修行に箱館に赴き、江戸・薩州に遊学、長崎で蘭学をも修めている。数え年一六歳の文久三年（一八六三）、箱館よりサンフランシスコへと渡り留学しており、まことに進取の気性に富む俊才であった。彼の留学中の慶応元年、兄前博（将策）は家督を相続したとみられ、大洲藩『士族分限記』卒名簿（慶応元年～明治元年）によれば、少属軍務懸・四人扶持一五石・家持と記されている。

この前博は翌慶応二年、大洲藩御作事奉行国島六左衛門（百石取り）の随員として長崎に赴き、オランダ蒸気船アビワ号を購入（メキシコドル・銀四万五千枚）、大洲藩軍艦『伊呂波丸』（四五〇頓）するなどの大任を果たしている。しかし、この軍艦は翌年四月、坂本龍馬が乗り込む海援隊チャーター船として武器弾薬を運搬中、鞆港沖で紀州藩船と衝突沈没するのであって、奉行国島が長崎表で引責自刃するという事件に係わるのである。

弟輝前はこの年の暮、アメリカから帰国しており、翌年一月から鳥羽伏見・奥羽の戦いがはじまるのであるが、兄弟共に官軍に身を投じている。兄前博は軍務官知事仁和寺宮（後の伏見宮）に供奉、戦功あって「大」の字を賜姓、ここに一族はこれまでの井上姓に大の字を冠し、「大井上」と称するのである。しかし輝前は留学前後より佐幕派、大洲藩保守派に狙われ迫害を受けており、「各藩の勤王の志士と交わって、遂に浪士組に入って専ら勤王の大義を唱えて各地を徘徊したので、徳川幕府の注意人物となり屢々危害を被ったが、就中、徳川勢が江戸の薩邸を焼いた時など、九死に一生を得て漸く身を以て脱れた。維新当時、官軍に投じて箱館に賊軍追うて大に戦功があった」（浅井伯源著『伊豫の山水と人物と実蹟』上巻六一頁、昭和五年・愛媛出版協会）との記録が見られるごとく、また箱館戦争では「賊軍のために擒（とりこ）となり、のち切抜けて横浜に帰り軍事に盡くす』（大井上家伝）とあるように、維新回転に奔走した志士の一人であったことを知る。

明治二年、このようにして大井上は、当時としては稀少な国際感覚の持主として、留学中の語学力も買われ、開拓少主典、箱館府四等弁官（通訳）に、翌三年二二歳で開拓使権大主典、翌四年には大主典という大任を荷負うことになる。彼は主として箱館に常駐、樺太で雑居する日露両国民とのさまざまな事件処理や交渉に出張、当時世界の最強国帝政ロシアとの渉外第一戦で活躍している。おそらく現場実務家として対ロシア問題に精通した第一人者であったと考えられる。

この結果、「樺太を放棄して北海道、千島の開拓に全力を挙げねば、北海道だけではなく日本全土を失うことになるであろう」との開拓使案というか建言が、明治四年に早々と纏められている。緊迫した現地での日本人殺害事件、日本人家屋放火事件などを含め、『樺太問題』は当面する政府の大きな難題であったが、明治七年、政府はかつて箱館に籠る賊将榎本武揚を駐露公使に起用、翌八年五月七日、ようやく『千島樺太交換条約』の締結をみるのである。大井上はその功により太政官から格別勉励につき慰労金と木盃を受けている。今日、ハボマイ、シコタンを含む北方領土返還問題の根拠は、この大井上らの平和的な外交交渉により確定している事実を、はっきりと認識したい。大井上は条約締結後も、その実施上の樺太問題、開拓使の残務処理のため、開拓一等属として引き続き接渉にあたっている。

大井上の第一の転機と足跡が、渡米留学につづくこの千島樺太交換条約締結に及ぶものであるならば、第二の転機と足跡は、明治一五年二月八日、開拓使廃止と共に内務省准奏任御用掛になったことであり、翌年、全く新しい分野である監獄建設・囚人労働の指揮にあたることであろう。それに明治一五年三月六日「願事アリ　中村戸長役場へ出頭ノ上戸長ト対談中卒中病ニ罹リ逝去」（大井上家伝）と、父の死があり、輝前名義の地券もこの年の一〇月一五日梶田氏に売却されている。戸長と直接対談した願事とは何であったかは明らかでなく、大井上家はこのようにして、父の死と共に、また家屋敷を売るという、当時の大洲の人々からみれば、追われるごとく一家は離散したとみられるもので、輝前自身も新天地を求めた決断の年ともなったわけである。やがて忘れ去られてゆく大井上家のことは、少年時代の友大月満前氏口書により断片的な記述を遺すのみである。

ところで、条約締結後、ロシヤも以前に増して流刑囚を含む開拓農民を樺太に本格的に送り込んでおり、これに対抗するかのごとく、わが国も重罪囚徒を釧路、網走、樺戸へと送り込むのであり、皮肉にもその囚徒による北海道開拓は実施の緒についていた。それに行政区分も、幕末から択捉以南の南千島は割当請藩が交替して守備、経営がなされ、明治五年には開拓使根室支庁が、明治八年の条約締結以後は札幌本庁が担当と、またさまざまに推移するが、本来、大井上の手腕実績からみれば、外務省出向・樺太領事にでも登用すれば最適任であったと考えられるものの、むしろ北海道東部・千島方面についての精通者をとの判断があったものか、惜しいことに留学三年、外交交渉一四年の経験が生かされず、明治一六年一〇月内務省監獄局事務取扱に据えられている

その任務は監獄用地の選定で、明治一七年一二月一三日という酷寒の日、標茶（釧路）を視察、翌年九月この地を選定、一一月早くも釧路集治監として開庁している。大井上はここの初代典獄として在任四年一〇カ月、最後の年にあたる明治二三年、道庁より請負う開拓道路の北の起点を求め網走の地を踏査、ここを釧路集治監の外役所と定めている。網走分監はこの翌年八月に発足するものである。私はこのたびの大洲への旅で、網走川は霧に煙る大井上の故郷を流れる肱川に、天都山は同じく大洲の富士山に極めて酷似していることに気づくもので、大井上はもはや再び見ることのない伊予大洲の原風景を、この網走の地に見出したと思えるのである。それは英人小雲八雲（ラフカディオ・ハーン＝Lafcadio Hean）が母の故郷ギリシヤのレフカダ湾の原風景を松江に見出したと同様のものであったとみるものであろう。私は大井上の心中を察し、思わず網走と大洲との姉妹都市をと心に叫んだものである。

明治二四年八月一六日、釧路集治監で見出した若き看守長有馬四郎助を初代網走分監長に指名して送り出し、同日、自からは本監となった樺戸の北海道集治監典獄として釧路の地を去ってゆく。大井上の後任に公使館書記官の寺田機一が着任したことは注目され、千島に近い釧路集治監に、なお万一に備え外国交渉能力ある者を温存した理由があったものか、他の監獄人事では皆無の異例なこと

であった。

樺戸ではクリスチャン典獄として、アメリカ留学時代に知り得た西洋の知識をふんだんに処遇に反映、監獄は洋式大農園方式で経営、教化にはキリスト教を採用、教誨堂を椅子式に改め、オルガンを用い、囚徒にベース・ボールまで教えており、まさに画期的な、内地でもみられぬ欧風処遇の先駆をなしている。しかし反動も大きく、異端視され、さまざまな風評が風評を生んでゆく。折からの日清戦争のさなかである明治二七年一一月、東京の絵入り自由新聞に大井上の不敬事件という捏造記事まで掲載され、収拾のつかぬままに非職（依願免）に至るのである。

悲劇ではあるが、人格高潔、「氏は容貌魁偉、男子らしき男子、辺幅を修めざる所、殊にその人物を知るに足るものあらむ」（三吉明『有馬四郎助』吉川弘文館八九頁・牧師大塚素の初対面印象）という人柄から、退官後も、大井上は札幌区会議長（現在の市議会議長）を一〇年も務めており、愛弟子といえる有馬は、のち重罪監である小菅監獄典獄のとき関東大震災に遭遇、外塀が数ヵ所も倒壊しながらクリスチャン典獄有馬の人格を慕い、一人の逃亡者もなく、国際的に奇跡と評されたものである。また大井上のもとにあった本監樺戸・空知・釧路・網走各分監のキリスト教誨師団は、横浜バンド（グラオン博士中心）・札幌バンド（クラーク博士中心）・熊本花岡山バンド（ゼンス大尉中心）と共に、明治の四教化団といわれ、日本キリスト教史に大きく名をとどめている。交友深い留岡幸助は、網走に近い遠軽に北海道家庭学校をおこし、少年感化に盡すのであり、同じく原胤昭は、のちに免囚保護の父と称される業績をのこし、この原の建言を容れ、内務省出先官僚として囚徒を指揮する立場にありながら、人道上を理由として危険な釧路の硫黄山での囚人労働を廃止させた大井上の英断は、日本鉱山労働史にその名を遺している。

大井上一族も、網走監獄百年という年月の流れの中にあり、さまざまな人物を生んでおり、兄前博の長男前は叔父輝前を頼り、明治二五年入植、帯広の初代郵便局長として二〇年在道、兄前博の長女綱は土佐の人広井勇（札幌農学校出身・東大教授・工学博士）と結婚、前の長男博は東京帝国大学出身で三菱造船会社技師となり、昭和四年フランス留学、工学博士で酸素魚雷の発明者としても知られる。博の妻節子は早稲田大学教授・代議士として知られる安部磯雄の娘である。また前博の孫忠雄氏は現在東京・阿佐ヶ谷で歯科医院を開業しておられる。

輝前は長男・二男共に亡くし、長女春は養子義近氏（旧姓大竹・長野の人、東京帝国大学卒・北海道大学教授）と結婚、その子菅野郁子さん（青山学院卒）、その娘幸さんは共にクリスチャンで東京・西荻にご健在、輝前の直系にあたる人である。

輝前の弟逸策は大坂鎮台・一等軍曹などの軍籍を経て看守長代理で屈斜路村への出役囚徒を指揮、その養子武・滋・稔はいずれも牧師となって活躍、同じく弟の久磨は日本海海戦で戦艦春日艦長をつとめ、海軍少将で退役、久磨の子康は農学博士で、昭和のはじめ、フランス・アカデミー会員は日本で二人という当時の一人であり、終戦直前の昭和一九年、オーストラリア産「センテニアル」と国産「石原早生」を交配させた巨粒ブドウの結実に成功、同二〇年「巨峰」と名付け発表している。知られている巨峰生みの親で、その子静一氏は現在伊豆町で大井上康記念館とブドウ園を経営、日本巨峰会会長をつとめている。

このほか一族のなかに多くの学者・軍人・事業家の名がみられるが、前博の長男前が元広島藩士和田郁次郎の娘ヨネヲと結婚、現在札幌医科大学を舞台に心臓移植・アラブ諸国への医療技術援助などで大活躍されている和田武雄（元北海道大学教授・医学博士）は大井上輝前の甥・前とヨネヲの甥にあたり、和田武雄夫人の百合子さんは前とヨネヲの孫にあたるという深い関係にある。札幌歯科大学は本夏、ロシア共和国サハリン州（樺太）から大火傷のコースチャ坊や（コンスタンチン・スコロブィシュスイ君・三歳）を飛行機で緊急受け入れ、治療中であることは日ソ友好のほのぼのとした話題とされ、千島樺太交換条約以来、日ソ関係に大きな回復の兆しをもたらしている。

人には眼にみえるものを遺した人と眼にはみえないが大きなものを遺した人がある。大井上ならびにその一族は悪戦苦闘の中に、憑くがごとく内在するとでも表現しようか、その人道と愛国への陰徳・執念・使命感というものは、その後者であり、網走百年の歳月をめぐり、いまここに不思議な奇縁のめぐり合いと足音を身近に感じとるのである。

大井上輝前

典獄大井上輝前の回顧と足跡
――網走監獄一〇〇周年を記念して――

（中央学院大学総合科学研究所紀要八巻一号所掲・平成二年一〇月）

目　次

一、青年期にみる勤王討幕と弾圧の日々
二、維新回転期にみる対露交渉の力量
三、囚徒による北海道開拓の足跡

四、魂の開拓と新世紀への回帰
五、大井上一族にみる異色の人脈と貢献
附録㈠　大井上輝前略年譜
㈡　大井上一族家系図
㈢　大井上家過去帳
㈣　大井上家伝

㈡　本項は紙数の都合と前項に掲げる網走新聞記事との一部重複する部分などを省略、断片的であるが、左の部分のみ抜粋付記した。

○勤王派大井上家が弾圧・蟄居とされた理由

大井上家は大洲の旧家で郷土扱いの家格にあり、過去帳では寛永元年からの技法が遺されている。広い家敷・田畠・山林をもち、代々地元では「お上」と呼ばれる資産家であり敬意を表された一家であった。

大井上家伝

伊予大洲領五郎村谷河内ニ住居スル事数代ナリ　幾ク古ヘヨリ暦ヲ知ルニ術ナシ　比地神社アリ　則三ヶ峯大明神　我家ニテ昔古ヨリ奉祭スト云　但シ晩近ニ至リ満穂ノ時谷中ノ者談合奉祭之事ニナリタルト云　神體ハ鷹ヲ居ルノ尊像ナリ　其謂詳ナラズト雖我家ノ鼻祖ヲ観請奉リタルト云

天保七丙申年谷河内ノ家売却シテ城下桝形長家ニ住居ス時ニ神社世話祭事等委ク屋敷ニ属ケテ井上左源治ナルモノへ譲ラレタルトナリ

谷河内ノ者往古ヨリ我家ヲ呼テ御上ト云来レリ其謂詳ナラズ

谷河内旧屋敷(谷ゾラ家)近傍ニ家ノ墓二ヶ所数十ノ石碑アリ　幾百年ヲ経タル耶金紋金銘アルモ正ヲ失シテ知ル事ヲ得ズ　嘉永二酉年ニ先祖代々ノ墓ト銘シテ中村本誓寺へ奉還セラレタリ　故ニ慶応二年前博旧墓地ヲ求メ往々清浄ナラン事ヲ欲シ小社(ホコラ)ヲ建テ地ヲ祭リ子孫ニ示ス

藤堂和泉守(当時伊勢ノ城主)大洲ノ城主タリシトキ大坂軍役ニ物見勤ノ任ナル我家ノ人アリ　時流弾腹中ニ飛入リ其侭平癒長寿ト云　長ク郷士ニテ居住タル邪(ママ)ト考

家ノ定紋

藤輪ニ三階菱　但シ丸ニ三階菱ノ紋ヲ藤輪ト替ヘタル邪ト考

三ツ扇ニ井ゲタ　但シ一ツ扇ニ井ゲタ本紋　後三ニ替タルモノ邪　又婦人ハ畳扇二本打違モ付ル

宝暦明和ノ頃谷河内屋敷火災ス　此時家経仏碑宝器等尽ク焼失スト云　其頃城願寺（檀寺ナリ）火災ス　其後文化年間又屋敷火災　家財焼亡家経暦證更ニ無シト　数年ノ今ニ至レリ前博切ニ調ルト雖知ルノ道ナク子孫ノ痛歎大息実ニ言語ニ絶セリ　唯纔ニ知リ得タル霊号ヲ左ニ挙ケテ伝フ（省略）

○　幕末、明治期の大井上兄弟活躍の断片史実

大井上家は数少ない勤王一家で大州藩保守派からは過激派、奸悪な者として冷遇、「不倶戴天の国賊」「夷狄奴隷の調練をいたし」などの文面をみる斬奸状を突つけられるなど、さまざまな弾圧を受けている。あたかも隣藩土佐の武市瑞山らが監禁され、自刃させられたごとく、坂本龍馬が脱藩すると同様な立場、時代背景にあった。大井上兄弟は大洲藩侍講・藩校明倫堂教授で藩内勤王派の思想的中核である武田敬孝（亀五郎、弟は箱館・五稜郭築城の武田斐三郎）を師として学んでいることから鳥羽伏見・奥羽戦役にはいちはやく脱藩して従軍、三男大蔵は蟄居を命ぜられているが、長州戦では使者・奥羽戦役では天朝より艦将を命ぜられるなど活躍、二八歳の若さで亡くなっている。

(イ)　長兄前博のこと

長兄で慶応元年家督を相続した前博（ちかひろ）（将策）は、当時、大洲藩長浜下目付役で相続時は少属軍務懸・四人扶持一五石・家持と記されている（大洲藩『士族分限記』）。兄弟と共に転戦、兄井上将策は陸軍の練兵教授・軍監兼隊長・俗事務長として軍務官知事（陸軍大臣に相当）仁和寺宮（のちの伏見宮）に供奉、戦功あって「大」の字を賜り、これより大井上将策と名乗ることとなる。これらの戦功があるも、かつて大洲藩軍艦「伊呂波丸」を坂本龍馬に貸与、紀州船明光丸と衝突して沈没した事件で、作事奉行国島六左衛門紹徳は責任をとり長崎表で自刃、操艦のスタッフで二等士官（一等士官について第三席）であった将策も連座、同藩惣津村（総津村）長泉寺に蟄居、死を覚悟していたものか、同寺大和尚より「機鋒全忠大居士」の法号が与えられていた。

蟄　述　懐

天理運行時転二釣洪一、幾多変化応二無窮一、昔時来船一匣渡、
今日巨害九洲充、内憂外患湧如水、表讃裏愬吹似風、
浮雲漫々犯二皇国一、殺気漠々及二王宮一、野陥二塗炭一四民苦、
堂挙二雲烟一万夫雄、伝聞桑田変成海、又見塵埃起羽中空、
悪龍吟雲忽促毒、頑虎嘯風漫興戒、臣庶欝悒何可知、
君上安否事未通、輾転反側遺二寝食一、夢魂幼魄奈二面攻一、
竊謂我項豈砥石、蠢苗何敢知二蓼蟲一、懐君忘家味二死節一、

脱藩去国赴二関東一、英気赫顔如二渥赭一、慷慨憤首如二蹴蓬一、
藤枝道中新二旭日一、堂々馬前拝二我君一、辱賜二台旨一存二断節一、
復侍二鞍鞍一歓当熙、帝京御衛霹二訏訽一、天子詔書耀二号隆一、
直夜恥耿鬼妨睡、昼日曠々脉干瞳、何処撃鼓忽動地、
禁城夢裡但溟濛、千乗万騎馳二南北一、九車六軍行二西東一、
肯垂二虎口一護二鳳闕一誓歠二鮮血一払二貫虹一、掲簾上堂会二郷相一、
横槊伏策謁二王公一、成衛定趙義切々、説魏告嘯事忽々、
縦横献策雖不就、所到也不惜二微躬一、千嗟奈何世罔極、
一朝離鄙委二樊籠一、屈手遺辞傷二膽腑一、賈誼伝賦披二曚朧一、
身在二寺門一弥二居士一、居下二幽趣一比二崆峒一、長泉嗽口口来啞、
絲川洗耳耳難聾、疾風動草恩有溢、石心松操瑰無功、
運甓不屈目中虜、何日奮剣終二寸忠一

蟄居中の漢文述懐である。明治元年、京にあり軍務官として和蘭国銃隊教授や大砲築城測量掛をつとめており、慶応三年には藩公より

数年来術学精研国事尽力今王事ニ及（オヨベ）リ全ク是迄赤心報国ノ志顕満足ニ付此度分家取立徒士小姓三人扶持二十二石宛行者也

との賞詞と待遇が与えられている。その後、藩の操船を教授したり宇和島藩との使者を勤めたともいわれるが、明治九年一一月三日、二九歳で急死している。それにしても明治一五年四月の大洲藩士禄高調（大政奉還以前の禄高）にも、大井上前（すすむ）拾壱石（中村五五九番地住）、大井上逸策九石（大阪府寄留）の二人の名を留めるのみであった。大井上家の戸籍はすでに戸長役場から抹消されていたのである。

(ロ) 弟逸策のこと

五男の弟逸策についてであるが、逸策は大洲藩においては調練大鼓喇叭教授役を務め、京都に出て軍務官楽隊教授方御雇と、文明開化の洋式軍楽隊の一員であった。京都より大洲に戻り、明治八年、二二歳のとき陸軍教導団歩兵科に入学、同九年四月一八日、陸軍伍長大阪鎮台付、以後、御在所付御守衛、京都相国寺・露撤寺・天寧寺詰、同一〇年、鹿児島賊徒征討と、西南の役にも従軍、同一〇年六月二三日、陸軍軍曹、同一一年七月三〇日、罪人護送（西南役賊徒の分散拘禁護送と思われる）で出阪を命ぜられており、同一二年三月六日、一等軍曹、同一六年四月一七日、満期本官免となっている。七年の空白ののち同二三年七月一〇日、北海道庁看守月俸一〇円、同二四年七月一〇日、空知分監詰看守長代理で、用材伐採のため屈斜路村出役の囚従を指揮、同二六年三月一〇日、依願免となっている。この当時の北海道諸監獄では、重罪囚を統率・指揮する必要から、このように陸軍除隊の元下士官が多くみられ

た時代で、兄輝前の手伝いということであったろう。なお、その後についてはキリスト教関係とみられるが明らかでなく、昭和二年、七六歳で没している。

○　大井上逸策家之墓

東京・青山墓地（立山）一種イ第一号五側六号

逸策（嘉永四年一二月八日生・昭和二年八月七日永眠）
カオル（生年不詳・昭和二六年八月七日永眠）
幹（生年不詳・大正一〇年八月一二日永眠）
節（生年不詳・大正一二年八月一日永眠）
シズ（生年不詳・昭和一一年一一月一四日永眠）
武（生年不詳・昭和三八年一〇月九日永眠）
宮子（生年不詳・昭和六〇年八月一二日永眠）

(ハ) 弟久磨のこと

七男の弟久磨についてであるが、輝前の弟久磨（きゅうま）は忠前の七男にあたる。久磨・琢磨（たくま）は双子の兄弟、一〇歳のとき、共に揃って長崎に洋学修行に出ており、琢磨はのち東京大学東校に在学していたが病没、久磨は海軍のエリートとして明治一四年一月に海軍少尉に任官、日本海海戦には戦艦「春日」艦長（海軍大佐）を務め戦功あり、海軍少将ののち退役、赤坂区青山高樹町三番地に本籍・住居ともに移しており、大正九年、六二歳で没している。墓は青山墓地（立山墓地の区画）甲ロ号四側二〇番という南端にあり、海軍の「乃後会」と記す灯籠が置かれている。久磨の真裏の墓は明治三八年五月二七日、日本海海戦第一艦隊参謀として旗艦「日進」上で戦死の海軍中佐松井健吉の墓であり、一つ置いた左側には陸軍中将近野鳩三の墓（大正一二年没）、数メートル奥には元陸軍大将木村兵太郎の墓があり、「昭和二三年一二月二三日極東軍事裁判に依り刑死。賀屋興宣謹書」と記す小さな墓誌がある。いわば軍人墓地といえる一角にあり、墓には〝丸に三ッ藤井ゲタ〟の家紋があり、宗旨は仏式で葬られている。

○ 大井上久磨家之墓

東京・青山墓地（立山）甲－ロ－第四側二〇号

久磨（安政五年四月八日生・大正九年二月一五日死亡）

兼子（文久元年八月一五日生・昭和一一年一〇月二四日死亡）

長女静子（生年不詳・明治一八年四月二一日死亡）

長男肇（生年不詳・明治二四年一一月三日死亡）

三男茂（生年不詳・明治四〇年三月三一日死亡）

孫真（生年不詳・大正一〇年一月六日死亡）

㈠ 墓名にある人のみ記載

㈡ 弟輝前のこと

四男・弟輝前については、あえて説明上、兄弟の最後に記すこととする。輝前は兄弟と共に維新前後の行動をほぼ共にし、アメリカ留学前から佐幕派・大洲藩保守因循派に狙われ、讒言・中傷・迫害を受け、一四歳のときから藩を出て、江戸・箱館に遊学している。箱館には屋敷がごく近く、五稜郭築城にあたった武田斐三郎を頼り渡道したものとみられる。幼名を弥三郎、支藩の吉田藩士米倉軍兵の養子となり晋平と改め、以後は彰而、通称干城（たてき）といい、さらに輝前（てるちか）と改めている。このため輝前の少年時代を物語る記録は乏しく、大洲市立図書館の「大月文庫」に国書として、大正時代に聞き取られたものがある。

少年時代の友大月満前（おおつきまんぜん）氏口書きにより、断片的かつあいまいな次の記述を大洲に遺すのみである。

一 輝前氏は将策氏の二男?（筆者注・大月氏の記憶違いである）、壮年北海道集治監の典獄となり多数の荒くれ囚徒を教化されたクリスト信者であったという。早くから藩を出た人で青少年時代の事蹟が分らぬ、調査研究を願う（満前誌）

一 久磨氏は日本海戦役で吉野艦長であったらしい、衝突事件で退職、少将になられたとも聞いている（満前誌）

一 逸作（ママ）（大月氏口書き）という人は自分（満前）が中学時代に初めて柔軟体操というものを習った軍曹であった寺尾新太郎氏妹カホル氏が奥さんでした。此養子さんに大井上武という人があった由、長く大洲教会牧師であったが、今は宮崎の教会の牧師ということである（満前誌）

一　将水さん（筆者注――大月氏の記憶違いであって将策をさす）のお子さんと息子（ママ）おつなさん（娘の綱（つな）さんをさす）、進（ママ）さん（前（すすむ）さんをさす）、前（ちか）さん（大月氏の記憶の重複で不正確だが、前雄さんをさすと思われる――以上、一四四頁家系図参照）という一女二男があった。おつなさんは東京・広井工学博士の奥さんとなられた（満前誌）

○　大井上輝前略年譜

嘉永　元年（一八四八）一〇月二三日　伊予国喜多郡中村殿町五五九番地に、大洲藩士井上忠前の四男として出生（一歳）
文久　元年（一八六一）三月二四日　大洲長浜沖に異国船（国籍不明）停泊、上下狼狽。西洋学修行のため箱館に赴く（一四歳）
文久　二年（一八六二）　江戸。薩州へ遊学（一五歳）
文久　三年（一八六三）　箱館よりサンフランシスコへ渡海・留学。同年六月六日、大洲長浜沖に異国船（フランス船）停泊、大洲城兵出動。藩は幕府・朝廷双方に届け出る
慶応　二年（一八六六）　輝前の兄前博、長崎にて大洲藩洋式軍艦「伊呂波丸」をオラダより購入することに従事（一九歳）
慶応　三年（一八六七）四月　「伊呂波丸」衝突沈没。同年冬、輝前アメリカより帰国（二〇歳）
明治　元年（一八六八）一月　鳥羽・伏見の戦い、奥羽戦争に従軍、箱館で擒（捕虜）となり脱出、横浜に帰り軍事に尽くす（二一歳）
明治　二年（一八六九）六月　函館府四等弁官申付候事　函館府（二二歳）
同　年　六月　北蝦夷地詰申付候事　議事局
同　年　九月　四日　任開拓少主典　開拓使
明治　三年（一八七〇）九月　四日　任権大主典　開拓使（二三歳）
明治　四年（一八七一）四月　御用有之豊国行申付候事開拓使（二四歳）
同　年　九月　東京府下・早稲田村平民丸山清吉二女近代（ちかよ）（安政三年八月二一日生）と結婚
同　年　九月　御用有之南下申渡候事　開拓使

同　年　　　　　　　九月　　　昨年末格別勉励候条為尉労目録之通被下候事　開拓使目録金五〇円
同　年　　　　　　　一二月　　任大主典　開拓使
明治　五年（一八七二）六月一〇日　八等出仕申付候事　開拓使（二五歳）
同　年　　　　　　　八月二五日　任開拓大主典　開拓使
明治　六年（一八七三）二月二一日　御用有之撓渕魯館迄出張申付候事　開拓使（二六歳）
同　年　　　　　　　四月　六日　御用有之出京申付候事　開拓使
明治　七年（一八七四）一月　七日　栄濱出張申付候事　開拓使（二七歳）
同　年　　　　　　　二月一八日　当分小実詰申付候事　開拓使
同　年　　　　　　　七月　九日　小実詰差免候事　開拓使
同　年　　　　　　　九月　　　御用多端ノ際格別勉励ニ付慰労金被下候事　開拓使
同　年　　　　　　　一〇月二〇日　長男唯一生まれる
明治　八年（一八七五）五月　　　露国と千島・樺太交換条約を締結、コノ間ノ外交的功績ニヨリ格別勉励ニ付慰労金、木盃被下　太政官（二八歳）
同　年　　　　　　　日時不詳　任開拓一等属　開拓使
同　年　　　　　　　一〇月二八日　御巡幸事務格別勉励ニ付為慰労金一五円被下候事　開拓使
明治　九年（一八七六）一一月　三日　兄前博死亡（二九歳）
明治一一年（一八七八）　　　次男精一生まれる（三一歳）
明治一五年（一八八二）二月　八日　開拓使改廃、内務省御用係被仰付候事、但取扱奏任ニ準ジ月俸八〇円下賜候事　太政官（三五歳）
同　年　　　　　　　二月　八日　開拓使残務取扱被仰候事　太政官
同　年　　　　　　　二月二〇日　取調局事務取扱申付候事　内務省
同　年　　　　　　　三月　一日　御用有之函館県出張申付候事　内務省
同　年　　　　　　　三月　六日　父忠前死亡

同　年　　　　　　六月　一日　開拓使残務取扱被免候事　太政官
同　年　　　　　　六月二三日　開拓使奉職中多年事務勉励ニ付為其賞金三五〇円下賜候事　太政官
同　年　　　　　　九月　四日　函館県下学校資トシテ金二〇円差出候ニ付為其賞木盃一個下賜候事　太政官
明治一六年（一八八三）一月一三日　次男精一死亡（三六歳）
同　年　　　　　　一月二三日　監獄局事務取扱兼務申付候事　太政官
明治一七年（一八八四）一月二三日　非職被仰候事　太政官（三七歳）
同　年　　　　　　一〇月一二日　復職被仰候事　太政官
同　年　　　　　　一一月二六日　監獄局勤務被仰付候事　内務省
同　年　　　　　　一一月二六日　北海道集治監建設事務取調被仰候事　内務省
同　年　　　　　　一一月二六日　御用有之北海道出張被仰付候事　内務省
同　年　　　　　　一一月二七日　警保局勤務被仰付候事　内務省（三八歳）
明治一八年（一八八五）六月二五日　任典獄、月俸八〇円下賜候事　太政官
同　年　　　　　　九月三〇日　釧路集治監詰被仰付候事　内務省
同　年　　　　　　九月三〇日　叙従七位　太政官
同　年　　　　　　一〇月三一日　自今月俸一〇〇円下賜　内閣
同　年　　　　　　一二月二八日　任北海道庁典獄　内閣総理大臣従二位勲一等伯爵伊藤博文宣　叙奏任官四等賜上級俸内
明治一九年（一八八六）一二月二八日
閣総理大臣従二位勲一等伯爵伊藤博文宣（三九歳）
明治二〇年（一八八七）一月　四日　釧路監獄署詰被仰付　北海道庁（四〇歳）
同　年　　　　　　三月二五日　叙正七位　内閣総理大臣従二位勲一等伯爵伊藤博文宣
明治二二年（一八八九）一月一七日　兼任北海道川上郡長　内閣総理大臣従二位勲一等伯爵黒田清隆宣（四二歳）　叙奏任官四
等賜上級俸
明治二三年（一八九〇）二月　八日　滞京ヲ命ス　北海道庁（四三歳）
同　年　　　　　　三月　七日　釧路国川上郡公立標茶病院建設費トシテ金四〇円寄付候段奇特ニ付為其賞木盃一個下賜

候事　賞勲局総裁従二位勲一等伯爵柳原前光　賞勲局副総裁従三位勲一等子爵大給恒

同　年　六月二五日　陞叙奏任官三等　内閣

同　年　六月二五日　中級俸下賜　内閣

同　年　七月一七日　免兼官　内務省

同　年　七月二四日　空知集治監詰ヲ命ス　北海道庁

同　年　七月二四日　兼任北海道空知夕張郡長　内務大臣従二位勲一等伯爵西郷従道宣　叙奏任官四等

同　年　一二月　三日　東京ヲ経テ福岡県出張ヲ命ス　北海道庁

明治二四年（一八九一）　一月一三日　職務特別勉励ニ付為其賞金六五円下賜　北海道庁（四四歳）

同　年　三月二一日　免兼官　内務省

同　年　三月二六日　標茶病院往診用トシテ乗馬車一輌寄附候段奇特ニ付為其賞木盃一組下賜候事　賞勲局総裁従二位勲一等伯爵柳原前光　賞勲局副総裁従三位勲一等子爵大給恒

同　年　六月二七日　叙勲六等賜瑞宝章

同　年　七月二三日　明治一九年一〇月、釧路国川上郡熊牛村公立標茶小学校経費トシテ金五円寄付候段奇特候事　賞勲局副総裁従三位勲一等子爵大給恒

同　年　八月一六日　任北海道集治監典獄　内務大臣従二位勲二等子爵品川弥二郎宣

同　年　一〇月一三日　母瀧死亡

明治二五年（一八九二）　三月　三日　叙従六位　宮内大臣従二位勲一等子爵土方久元宣（四五歳）

明治二七年（一八九四）　九月一七日　宮城仮留監へ出張ヲ命ス　北海道庁（四七歳）

明治二八年（一八九五）　三月一八日　上京ヲ命ス　北海道庁（四八歳）

同　年　三月二七日　上京中ノ処来四月一日ヨリ千葉、埼玉、宮城ノ三県へ出張ヲ命ス　北海道庁

同　年　四月二一日　静岡県へ出張往復ノ途次滞京ヲ命ス　北海道庁

同　年　七月二五日　非職ヲ命ス　内務省

同　年　七月　札幌区北八条二丁目一七番地に居を構える

明治三二年（一八九九）　札幌区会議員に当選、初代議長代理に選ばれる（五二歳）（当時は区会の議長は区長で、議員より議長代理を選ぶ規則あり、実質的に今日の議長に担当）

明治三三年（一九〇〇）六月三〇日　長男唯一死亡（五三歳）

明治四〇年（一九〇七）　東京に居を構え、家族ら東京に引き揚げる（六〇歳）

明治四一年（一九〇八）　札幌の第一回区会で辞任を認められる（六一歳）

明治四五年（一九一二）一月一四日　東京市中込区若宮町の自宅で逝去（六五歳）

○　大井上輝前家之墓

東京・谷中墓地甲種イ九号一一側一四

輝前（嘉永元年一〇月二三日生・明治四五年一月一四日死）

長男唯一（明治七年一〇月二〇日生・明治三三年六月三〇日死）

次男精一（明治一一年四月三〇日生・昭和一六年一月一三日死）

大井上輝前家之墓

義近（明治九年一二月七日生・昭和三五年一〇月一三日死）

ハル（明治一九年三月二一日生・昭和五五年一月二九日死）

義近長女静江（明治三九年一一月三〇日生・明治三九年一二月一四日死）

義近三男隆（大正一二年一月一二日生・大正一二年一二月一四日死）

義近長男護（明治四一年八月一三日生・昭和六年四月二二日死）

義近次男宏（大正八年五月一八日生・昭和五〇年一〇月八日死）

㈡　墓名にある人のみ記載、大正一二年一二月二六日死亡の輝前妻チカヨの名は刻まれていない。なお、谷中墓地には大井上前の三男龍男の系の墓が甲種イ一号五側六にあり、同三男芳樹氏の管理名義となっている。

○ 大井上一族家系図

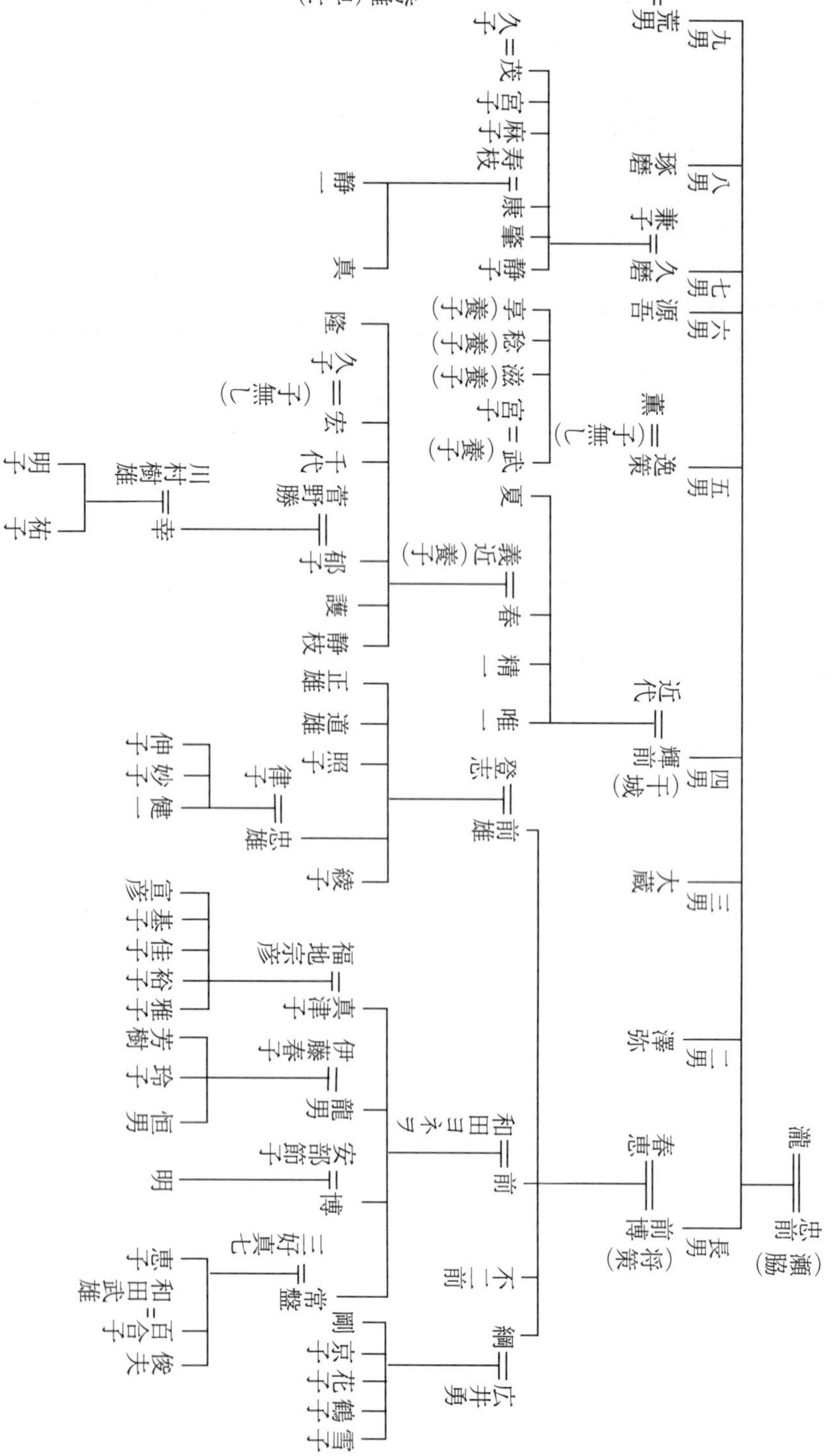

大井上一族家系図（平成2年10月、筆者調査作成）

典獄大井上の系累からその生涯の経歴まで実地調査と拙著『北海道行刑史』『名典獄評伝』とを併せ及ばずながら追求し収録した。詳細にわたるのは、何より大井上が釧路・網走監獄の立地を見出し決定に至らせたその慧眼と判断、その情熱と知識を注ぎ初代典獄としての努力。さらに北海道集治監典獄として開明的視点から囚徒による開拓にあたった中心の功労者であることである。また一つには大井上が私の故郷伊予国（愛媛県）の出身であることも、深い思い入れとしてあるからでもある。

本稿研究には学生時代からの調査を起点とし、現地調査には大洲の郷土史家、元高等学校長の宮元数美（かずよし）先生、大渕市立博物館長の長谷厚先生らのご案内ご教示もあり、大井上忠雄氏蔵「大井上家系譜」（昭和一四年謄写本）、和田武雄教授「大井上輝前」札幌とキリスト教——札幌市教育委員会・札幌文庫四一・昭和六〇年などを家伝・家系の参考底本として参照、各兄弟の経歴・エピソードについては『大洲藩史料』『大洲秘録』伊予史談会、七巻、平尾道雄『海援隊始末記』豊川渉の回想手記『いろは丸転末』、村上恒雄『伊呂波丸事件』など多くの文献を参照、この調査と併行して進めた拙稿「伊予大洲藩獄門控考」（中央学院大学総合科学研究所研究年報Ⅲ（平成二年九月））と、シーボルト事件に連坐した大洲藩医・蘭学者三瀬諸淵の研究（『人足寄場史』三一九頁所収・創文社・昭和四九年））の両研究は、幕末の大洲藩の事情がよくリアルに読みとれ、大井上の調査に役立つものがあった。

過去帳については「家伝」「墓地台帳」「墓銘」を整理、谷中の輝前墓については大井上輝前直系の孫にあたる菅野郁子氏（旧姓大井上郁子氏）のご案内をいただき、西荻のご自宅にも伺うことができた。郁子氏の夫勝（まさる）氏の父君は菅野尚一陸軍大将（第二〇師団長・台湾軍司令官・軍事参議官）で、勝氏はその三男、陸軍中佐で終戦を迎えている。この郁子氏からも晩年の祖父輝前の物静かな優しい面影をお伺いし、拙著『北海道行刑史』刊行時に御世話になった三吉明先生よりも、大塚素・生江孝之・有馬四郎助など身近かに大井上を知るキリスト関係の方に評として、その人格の高潔さと風貌魁偉・剛毅な面影をお教えいただいた。

二　北海道百年の監獄遺構・遺品・顕彰碑

(一)　樺戸監獄跡月形町の北海道行刑資料館

○　所在……北海道樺戸郡月形町

囚徒による北海道開拓の最初の拠点・本監として設けられた樺戸集治監・北海道集治監・樺戸監獄の所在地、大正八年一月廃監。その由緒ある庁舎は長く月形町役場として用いられ、現在その建物が資料館として用いられている。

○　展示品……歴代典獄写真、監獄職員の官服・肩章・辞令など請文書・囚衣・連鎖・鉄丸・護送用編笠・手錠・突飯の器具・囚人用茶碗、梅干しの種でつくった囚人の数珠、囚人作成の木製水道管、一反風呂敷（樺戸監獄を染抜いた使丁用）など多数

○　遺構……典獄月形潔頌徳碑、北海道開拓八代典獄記念碑、海賀直常胸像碑、囚人築造の北漸寺・水源、篠津山の囚人墓地など

○　解説史書

寺本界雄『樺戸監獄史話』私書版・昭和二五年、復刻再版『月形町役場庁舎落成記念』月形町刊・昭和四七年

重松一義『北海道行刑史』図譜出版・昭和四五年

重松一義『日本刑罰史年表』雄山閣・昭和四七年

重松一義『典獄月形潔とその遺構』――筑前勤王派が彩る北海道開拓の足跡――福岡矯正管区文化部刊・昭和五二年

寺本界雄『樺戸集治監獄話』樺戸行刑資料刊行会・昭和五三年

重松一義『図鑑・日本の監獄史』雄山閣・昭和六〇年

重松一義『日本刑罰史蹟考』成文堂・昭和六〇年

熊谷正吉『樺戸監獄』北海道新聞社・平成四年

往時の面影をのこす樺戸監獄旧庁舎をそのまま用いた旧行刑資料館。現在は立派な資料館として新築されている。

北海道行刑資料館

寺本界雄氏著『樺戸監獄史話』の表紙画を上野山清貢画伯が描いたもので、これが絵葉書として用いられた。赤衣の囚徒を近くの池にいる赤どじょうに見立て、その不思議な妖気を表現したもので、月形町役場庁舎落成記念に際し月形町から復刻再版され、私もその序文に「赤どじょう本の復刊を祝福して」との一文を寄せた。また晩年は私の自宅に近い東京都小平市に住まわれたため、ご来訪を受けるなどの交誼があり、本書に寄せた親しみは深いものがある。（本文七四頁参照）

北海道新聞　2002年（平成14年）4月7日（日曜日）　第21

集治監軸に青空博物館

26施設ゾーン化

月形、浦臼

農水省

農村開発の歴史テーマ

❶総合案内所（樺戸集治監本庁舎）
❷農業研修館　❸水道遺跡
❹石積み用水路　❺煉瓦（れんが）造りサイロ
❻囚人墓地　❼囚人棟梁（りょう）建築の寺（北漸寺）
❽浦臼町郷土史料館　❾石造り農業倉庫
❿ワイン資料館　⓫農機具展示施設（旧鶴沼小）
⓬米乾燥調整施設「中心蔵」

【月形、浦臼】北海道開拓の歴史を今に伝える空知管内月形町の旧樺戸集治監を中心とする同町から同管内浦臼町にかけた二十六の施設群全体を〝屋根のない博物館ゾーン〟として整備する農水省の補助事業「樺戸地区田園空間博物館整備事業」の基本計画が六日、まとまった。農村開発の歴史や農村の自然と文化に触れられる教育・観光ゾーンの形成を目指す。また施設修復や観光ガイドへの住民参加にも道を開く考えだ。

基本計画によると、ゾーンを形成する主な施設は、旧樺戸集治監のほか農業研修館、囚人墓地、水道遺跡、石積み用水路＝以上月形町＝、農機具展示施設（旧鶴沼小）、浦臼町郷土史料館、ワイン資料館、米乾燥調整施設「中心蔵」＝以上浦臼町＝など。

このうち旧樺戸集治監は一八八一年（明治十四年）に設置された囚人収容施設。囚人たちは周辺の水田開発や道路開削などに携わった。水道遺跡は囚人たちの生活用水を確保するためのれんが造りのダムで、後に農業用水にも使われた。農業研修館は囚人による開墾などの歴史資料を集め一九八六年に建設した施設。

石積み用水路は一九二〇年前後に石を積んで造った農業用水路。ワイン資料館は、ブドウ作りの盛んな浦臼町の産業と文化を伝える施設として整備する。農機具展示施設は同町の農業の歴史を農機具でたどる博物館として整備する。

事業は総事業費約八億円で、二〇〇二年度に整備に着手し〇五年度に完成予定。旧樺戸集治監を中心施設とし、屋根の銅板ぶきを復活させて施設群の案内拠点とするほか、水道遺跡のれんが修復や、石造りの農業倉庫を移築してワイン資料館を整備する。また、地域のお年寄りに施設の昔の姿を聞きながら施設修復を進めたり、住民に実際の修復作業や整備後の施設群を案内するガイドにも参加してもらうなど住民参加の仕組みをつくる。

道内の田園空間博物館事業は「とかち大平原」「北見端野」の両地区に次いで三カ所目。

青空博物館

樺戸監獄として囚徒による北海道開拓の拠点となり、大正八年廃監となった由緒ある月形の地に、再び刑務所設置が決まった社会的意義は大きい。

昭和54年（1979年）6月19日（火曜日）
読売新聞

月形に刑務所内定

【岩見沢】樺戸郡月形町に刑務所の設置が内定した。十八日開かれた同町議会で畢本美法町長が町政施行方針の中で明らかにしたもので、同町が過疎対策の切り札として四年がかりで続けてきた誘致運動がようやく実を結ぶ。

同町長が説明した法務省の計画によると、刑務所の建設予定地は、月形町北農場地区で、受刑者五百人を収容する中規模の刑務所。施設は約二十㌶、その他農場などの用地として約五十㌶を見込んでいる。

刑を終え社会復帰を間近にした受刑者を対象とした開放処遇型のもので園芸、酪農などの作業を通じ、社会復帰へ備えさせる。

五十五年から五十六年にかけて工事をし、五十七年四月から使用開始の予定。

刑務所誘致は炭鉱閉山で過疎化に悩む夕張、三笠などでも運動を進めていたが、同町の場合スタートが早く、さる五十年、町の方針を議会も了承。法務省などに積極的に働きかけてきた。その結果①札幌から車で一時間と距離的に近い②樺戸集治監によって開け現在少年院もあるなど昔から行刑施設になじみが深い――など同町の地理、歴史的有利さが考慮されて建設に決まったという。

青空博物館

(二) 空知監獄跡三笠市にある遺構・遺品

○ 所在……北海道空知郡市来知

囚徒による幌内炭坑の採掘とこの地方の道路、農地の開拓、貯水池・水道の新設にあたった拠点、資料館記念館は特に設けられていないが、左の遺構・遺品がある。

○ 遺構……渡辺惟精翁顕彰碑、囚人墓地「千人塚」、典獄官舎の赤煉瓦煙突

○ 遺品……『渡辺惟精日誌』(囚徒の開拓記録で市来知の専勝寺に保存・三笠市有形文化財、令娘は元法政大学総長大内兵衛夫人で、同宅に渡辺惟精典獄愛用の囚徒が製作した碁盤があるといわれる)。

○ 解説史書

供野外吉『獄窓の自由民権者たち』みやま書房・昭和四七年
供野外吉「北門鎖鑰の礎石渡辺惟精」市来知史研究第一編三六頁
供野外吉「北海道での自由民権運動余瀝」北海道地方史第五五号
重松一義『北海道行刑史』二二〇頁・図譜出版・昭和四五年
重松一義「渡辺惟精」北海道大百科事典(下)九三二頁・北海道新聞社刊・昭和五六年
重松一義「渡辺惟精」名典獄評伝四四頁。日本行刑史研究会・昭和五九年
重松一義「渡辺惟精顕彰碑」日本刑罰史蹟考二六七頁・成文堂
長谷川嗣編『渡辺惟精の日記』北海道出版センター・昭和五八年

(三) 標茶監獄の遺構を伝える標茶町塘路の標茶町郷土館

○ 所在……北海道川上郡標茶町塘路

現在郷土館とされているこの建物は釧路集治監(創設当時は標茶の監獄を所在地で地元は通称した)の庁舎であり、川上郡役所でもあった。明治　年廃監後は、明治四一年より陸軍の軍馬補充部本部事務所として用いられ、昭和二一年からは標茶農業学校・標茶高等学校事務室として使用された。北海道百年の記念事業として昭和四四年塘路湖畔に解体移転して復元、郷土館内には監獄時代の文書・遺品が保存展示されている。

集治監本館…明治19年建築（町文化財指定）

○展示品……釧路集治監建物配置平面図、分監所属実測図、熊牛原野区画図、標茶監獄全景写真、伊呂波別囚名簿、作業係「日誌」、獄舎・倉庫・典獄官舎などの写真

○遺構……監獄庁舎、標茶集治監死亡者之碑、合葬者之墓、監獄書記兼平友太郎墓

○解説史書

標茶町史編集委員会『標茶町史考』前編六〇頁以下・昭和四一年一一月

釧路集治監を偲ぶ座談会（雑誌『刑政』五三巻一〇号、一一号、丸田俊夫翁談『刑政』八一巻六号写真「仮監」「仮監峠」の谷中正善氏の説明）

釧路集治監を語る会（記録シリーズ冊子）

三栖達夫「釧路集治監の人たち」標茶町の歴史⑽平成一二年

重松一義『北海道行刑史』一二三二頁以下

㈣　網走監獄の遺構を伝える網走市にある博物館網走監獄

○所在……北海道網走市呼人一―一

網走刑務所の庁舎・舎房の新築のため、網走監獄以来の放射状舎房などの旧構築物を、刑務所の近く、対岸の天都山西山腹に移築復元せられたもので、網走監獄の歴史を物語る史料の展示を目的に、昭和五八年七月六日開館、財団法人網走監獄保存財団のもと、「博物館網走監獄」ABASHIRI PRISON MUSEUM として今日に至っている。

○展示品……構内の行刑資料館には模型による網走監獄全景、外役用の連鎖と付着の鉄丸、網走のみ用いられた特殊な蟹錠、囚徒の衣服、食器類、監獄官吏の官服類、マネキンによる囚徒の道路開鑿姿などがリアルに再現されている。

野外展としては、マネキンによる二見ヶ岡農場の馬耕を実物大で展示、高見張、逃走・火災など非常時に乱打する警鐘もあり、旧監獄内の浴場、外役仮監内の就寝風景、旧裁判所法廷の復元も配置されている。

○遺構……構内に旧監獄庁舎、教誨堂、懲罰房などが点在しているなかで、五翼の木造放射状舎房は特に貴重な遺構で、現存するものとして世界で唯一の重要な文化財といえるものである。そこには有名脱獄囚の監房も解説付で保存され、堅いヤチタモ材を用いた斜め格子の独房が厳然と並び、往時の雰囲気を最もよく伝えている。

博物館以外の場所にある遺構としては、囚徒の中央道路開鑿路線に沿って、二見ヶ岡、緋牛内、留辺蘂（ルベシベ）、瀬戸瀬、白滝、北見峠に「殉難慰霊の碑」「霊供養碑」「鎖塚供養碑」と名付ける犠牲囚徒の霊を慰める碑があり、近年、平成一二年には網走監獄保存財団により、この中央道路工事の網走側起点である網走刑務所手前の鏡橋右脇に「中央道路開削モニュメント」が建立されている。

○ 解説史書

網走刑務所編『網走刑務所沿革誌』同所職員会・昭和二七年
重松一義『北海道行刑史』図譜出版・昭和四五年
網走市編『網走市史』下巻・網走市・昭和四六年
重松一義『日本刑罰史年表』雄山閣・昭和四七年
山谷一郎『網走刑務所』北海道新聞社・昭和五七年
重松一義『図鑑・日本の監獄史』昭和六〇年
重松一義『日本刑罰史蹟考』（網走監獄の項）成文堂・昭和六〇年
網走刑務所編『網走刑務所』―苦節百年の歩み・同所職員会・平成三年
重松一義『図説・世界の監獄史』（開拓監獄の項）柏書房・平成一三年
重松一義『博物館・網走監獄』網走監獄保存財団刊・平成一四年

(五) 札幌市内にある北海道開拓記念館

○ 所在……北海道札幌市白石区厚別町小野幌

○ 展示品……樺戸・空知・釧路・網走・十勝集治監関係の地図・写真・古文書、囚人労働関係文献、自由民権運動収監者の書簡、囚人作業製品がよく分類整理され、それぞれに的確な解説が付されている。

○ 解説史書

「集治監」――開拓と囚人労働――（第三六回特別展・目録冊子・平成元年九月）
その他、タコ部屋（監獄部屋）・屯田兵関係など開拓史の貴重な史料が収集保存されている。

あす瀬戸山文相迎えて

文化的価値とユニークさ

博物館 網走監獄 開館記念式典

網走刑務所の旧構築物を移築、復元、明治の監獄を再現する天都山の博物館・網走監獄が六日の開館記念式典でいよいよ正式オープンする。その文化財的価値と、行刑博物館というユニークさは全国的な注目を集め、前評判も上々。すでに五月二十六日の公開以後は連日道内外の観光客が訪れるなど、好調なスタートを切った。きょう五日には記念祝賀会が開かれ、六日の式典には瀬戸山三男文部大臣が出席する。＝**2、3面に関連記事**＝

事業に着手して二年

教戒堂、鏡橋 赤門など復元

＝瀬戸山文部大臣＝

同博物館は、文化財としての構築物、資料の保存はもちろん、網走をはじめとする道内各刑務所が開拓や住民とどうかかわってきたかなど、行刑に対する広い理解とともに、受刑者の生活を一人の人間の足跡として生々しく浮かび上がらせている。

ほとんどを明治期の構築物で構成する現刑務所の大幅な改築計画に伴い、昭和[illegible]

橋、表門、仮泊所、さらに産業物産館と愛郷記念館、駐車場と事務所の管理施設を建設。オープン後も残っている舎房、庁舎などの移築、全国的な資料の収集、社会教育面の利用に向けた施設整備などが続けられるが、用地内や周辺の整地と植樹、国道39号と天都山を結ぶ市道のうち博物館までの改修が終わったことなどから、先月二十六日に無料公開、翌二十七日から仮オープンに入っている。

このうち、移築した教戒堂四百四平方㍍は明治四十五年の建物。また、現刑務所とそっくりに復元した赤れんが門塀は正門十三・二二㍍に両側の塀各五㍍を加えた全長二十三・二二㍍。鏡橋は現在の永久橋になる前の黒塗り欄干、二連トラスで、全長二十九㍍、幅六㍍の橋の下には実際に水が張ってある。

復元物ではこのほか、明治期の外役作業時の仮泊所（五八平方㍍）、看守所、独居房、高見張りなど。また愛郷記念館（三〇八平方㍍）には網走開拓先人の肖像画を展示、産業物産館（四七七平方㍍）では各種物産品が展示即売される。

来年以降は舎房や庁舎

一方、新設事業の中心として用地上部に位置する鉄筋コンクリート二階建て千四百六十一平方㍍の行刑資料館は、『網走監獄はもちろん、道内の刑務所関係がすべて分かる広範囲な資料館』をめざすもの。移築、復元物がほぼそのままの形で保存、展示してあるのに対し、ここには説明部分の多くが集約されている。

内部の壁面を利用した各コーナーには、網走外役所設置の先遣隊足跡、中央道路開削のジオラマ、受刑者の日常生活などを模型や人形を使った立体図を中心に生々しく再現。中学生にも理解できるよう説明してある。

無料公開では家族連れの市民、新婚や団体の観光客など三千人を集めた。以後も、仮オープンながら『偶然看板を見て』『ツアーバスのルートを一部変更して』といった観光客が連日訪れている。

なお、瀬戸山文部大臣を迎えての開館記念式典は六日午前十時半から現地で。この時点で正式オープンとなる。また、きょう五日午後六時からは、網走セントラルホテルで開館記念祝賀会が開かれる。

市町村長と昼食

文相の日程

博物館・網走監獄開館記念式典出席のため来網する瀬戸山三男文部大臣の日程が決まった。

[illegible]もに、まず九時四十五分から十時まで天都山を視察。

博物館・網走監獄には十時五分着、佐藤理事長の案内で館内を見たあと、十時半から同地での開館記念式典に出席。十一時十五分から網走刑務所を見学する。[illegible]

博物館網走監獄 (1)網走新聞所掲記事

網走監獄百年を偲んで

中央学院大学教授　重松一義

典獄大井上輝前の足跡とその面影 ②

ところで、条約締結後、ロシヤも以前に増して流刑囚を含む開拓農民を樺太に本格的に送り込んでおり、これに対抗するかのごとく、わが国も重罪囚徒を釧路、網走、樺戸へと送り込むのであり、皮肉にもその囚徒による北海道開拓は実施の緒についていた。それに行政区分も、幕末から択捉以南の南千島は割当諸藩が交替して守備、経営がなされ、明治五年には開拓使根室支庁が、明治八年の条約締結以後は札幌本庁が担当と、またさまざまに推移するが、本来、大井上の手腕実績からみれば外務省出向・樺太領事にでも登用すれば最適任であったと考えられるものの、むしろ北海道東部・千島方面についての精通者をとの判断があったものか、惜しいことに留学三年、外交交渉十四年の経験が生かされず、明治十六年十月内務省監獄局事務取扱に据えられている。その任務は監獄用地の選定で、明治十七年十二月十三日という酷寒の日、標茶（釧路）を視察、翌年九月この地を選定、十一月早くも釧路集治監として開庁している。大井上はここの初代典獄として在任四年十カ月、最後の年にあたる明治二十三年、道庁より請負う開拓道路の北の起点を求め網走の地を踏査、ここを釧路集治監の外役所と定めている。網走分監はこの翌年八月に発足するものである。私はこのたびの大洲への旅で、網走川は霧に煙る大井上の故郷を流れる肱川に、天都山は同じく大洲の富士山にきわめて酷似していることに気づくもので、大井上はもはや再びみることのない伊予大洲の原風景を、この網走の地に見出だしたと思えるのである。それは英人小泉八雲（ラフカディオ・ハーン＝Ｌａｆｃａｄｉｏ Ｈｅａｒｎ）が母の故郷ギリシヤのレフカダ湾の原風景を松江に見出だしたと同称のものであったとみるものであろう。私は大井上の心中を察し、思わず網走と大洲との姉妹都市をと心に叫んだものである。

明治二十四年八月十六日、釧路集治監で見出した若き看守長有馬四郎助を初代網走分監長に指名して送り出し、同日、自からは本監となった樺戸の北海道集治監典獄として釧路の地を去ってゆく。大井上の後任に公使館書記官の寺田機一が着任したことは注目され、千島に近い釧路集治監になお万一に備え外交的交渉能力ある者を温存した理由があったものか、他の監獄人事では皆無の異例なことであった。

樺戸ではクリスチャン典獄として、アメリカ留学時代に知り得た西洋の知識をふんだんに処遇に反映、監獄は農式大農園を経営、教化にはキリスト教を採用、教誨堂を椅子式に改め、オルガンを用い、囚徒にベース・ボールまで教えており、まさに画期的な、内地においてもみられぬ洋式処遇の先駆をなしている。しかし反動も大きく、異端視され、さまざまな風評が風評を生んでゆく。折から日清戦争のさなかである明治二十七年十一月、東京の絵入り自由新聞に大井上の不敬事件という捏造記事まで掲載され、収拾のつかぬままに非職（依願免）に至るのである。

悲劇ではあるが、人格高潔、「氏は容貌魁偉、男子らしき男子、辺幅を修めざる所、殊にその人物を知るに足るものあらむ」（三吉明『有馬四郎助』吉川弘文館八九頁・牧師大塚素の初対面印象）という人柄から、退官後も、大井上は札幌区会議長（現在の市議会議長）を十年も務めており、愛弟子といえる有馬は、のち重罪監である小菅監獄典獄のとき関東大震災に遭遇、外堀が数カ所も倒壊しながら有馬の人格を慕い、一人の逃亡者もなく、国際的に奇跡を評されたものであり、大井上のもとにあった樺戸・空知・釧路・網走各分監のキリスト教誨師団は、横浜バンド（グラオン博士中心）・札幌バンド（クラーク博士中心）・熊本花岡山バンド（ゼンス大尉中心）と共に、明治の四教化団といわれ、日本キリスト教史に大きく名をとどめている。交友深い留岡幸助は、網走に近い遠軽に北海道家庭学校をおこし、少年感化に盡すのであり、同じく原胤昭は、のちに免囚保護の父と称される業績をのこし、この原の建言を容れ、内務省出先官僚として囚徒を指揮する立場にありながら、人道上を理由として危険な釧路の硫黄山での囚人労働を廃止させた大井上の英断は、日本鉱山労働史にその名を遺している。

大井上一族も、網走監獄百年という年月の流れの中にあり、さまざまな人物を生んでおり、兄前博の長男前は叔父輝前を頼り、明治二十五年入植、帯広の初代郵便局長として二十年在道、兄前博の長女綱は土佐の人広井勇（札幌農学校出身・東大教授・工学博士）と結婚、前の長男博は東京帝国大学出身で三菱造船会社技師となり、昭和四年フランス留学、工学博士で酸素魚雷の発明者としても知られる。博の妻節子は早稲田大学教授・代議士として知られる安部磯雄の娘である。また前博の孫忠雄氏は現在東京・阿佐ケ谷で歯科医院を開業しておられる。

輝前は長男・二男共に亡くし、長女春は養子襲近氏（旧姓大竹・長野の人、東京帝国大学卒・北海道大学教授）と結婚、その子菅野郁子さん（青山学院卒）、孫にあたる幸さんは共にクリスチャンで東京・西荻窪に健在、輝前の直系にあたる人である。

輝前の弟逸策は大坂鎮台・一等軍曹などの軍籍を経て看守長代理で屈斜路村への出役囚徒を指揮、その養子武・滋・稔はいずれも牧師となって活躍、同じく弟の久麿は日本海海戦の戦艦春日艦長をつとめ、海軍少将で退役、久麿の子康は農学博士で、昭和のはじめ、フランス・アカデミー会員は日本で二人という当時の一人であり、終戦直前の昭和十九年、オーストラリア産「センテニアル」と国産「石原早生」を交配させた巨粒ブドウの結実に成功、同二十年「巨峰」と名付け発表している。知られている巨峰生みの親で、その子静一氏は現在伊豆町で大井上康記念館とブドウ園を経営、日本巨峰会々長をつとめている。このほか一族のなかに多くの学者・軍人・事業家の名がみられるが、前博の長男前が元広島藩士和田郁次郎の娘ヨネオと結婚、現在札幌医科大学を舞台に心臓移植・アラブ諸国への医療医術援助などで大活躍されている和田武雄氏（元北海道大学教授・医学博士）は大井上輝前の甥・前とヨネの甥にあたり、和田武雄夫人の百合子さんは前とヨネの孫にあたるという深い関係にある。

札幌医科大学は本夏、ロシア共和国サハリン州（樺太）から大火傷のコースチャ坊や（コンスタンチン・スコロプィシュヌイ君・三歳）を飛行機で緊急受け入れ、治療中であることは、日ソ友好のほのぼのとした話題とされ、千島樺太交換条約以来、日ソ関係に大きな回帰の兆しをもたらしている。

人には眼にみえるものを遺した人と、眼にはみえないが大きなものを遺した人がある。大井上ならびにその一族の悪戦苦闘の中に、憑くがごとく内在するとでも表現しようか、その人道と愛国への陰徳・執念・使命感というものは、その後者であり、網走百年の歳月をめぐり、いまここに不思議な奇縁の足音を感じとるのである。

（網走監獄保存財団顧問）

博物館網走監獄 (2)網走新聞所掲記事

重松一義（しげまつ・かずよし）

愛媛県松山市出身・中央大学法学部卒業

〔略　歴〕

法務省矯正研修所教官（行刑史・少年保護史）・青山学院大学法学部講師（刑事政策）・東洋大学法学部講師（刑事政策・日本法制史・法史学）・中央学院大学法学部教授（刑事政策・日本法制史・法学）・比較文化研究所長・国際交流委員長などを歴任、退職後、慶應義塾大学大学院法学研究科演習のプロジェクト科目（明治期の刑罰）担当講師などに招かれ出講、日本刑法学会員・法制史学会員・裁判所調停委員・福岡県警察史編纂顧問・網走監獄保存財団顧問

〔主　著〕

『北海道行刑史』（日本図書館協会選定図書・図譜出版）、『少年懲戒教育史』（昭和51年度文部省学術助成図書・第一法規）、『日本刑罰史年表』（日本刑事政策研究会賞・雄山閣）、『図鑑日本の監獄史』（雄山閣）、『近代監獄則の推移と解説』（北樹出版）、『監獄法演習』（新有堂）、『少年法演習』（新有堂）、『日本刑罰史蹟考』（成文堂）、『法学概論』（成文堂）、『刑事政策の理論と実際』（雄山閣）、『刑事政策講義』（信山社）、『死刑制度必要論』（信山社）、『図説刑罰具の歴史』（明石書店）、『図説世界の監獄史』（柏書房）、『日本法制史稿要』（敬文堂）、『江戸の犯罪白書』（PHP 叢書）、『鬼平・長谷川平蔵の生涯』（新人物往来社）、『名典獄評伝』（日本行刑史研究会）、『漫画考現学』（近代文芸社）、『明治内乱鎮撫記』（プレス東京）、『巣鴨プリズンの遺構に問う』（槇書房）、『博物館網走監獄』（下町タイムス社）、『少年法の思想と発展』（信山社）ほか10数冊

外に共著・分担執筆として、『補完・戦犯裁判の実相』（不二出版）、『法学基本書案内』（日本評論社）、『判例刑事政策演習』（新有堂）、『人足寄場史』（創文社）、『北海道大百科事典』（北海道新聞社）、『江戸東京学事典』（三省堂）、『江戸東京を造った人々２』（ちくま学芸文庫）、『国史大辞典』（吉川弘文館）など

〔主論文〕

「幕末維新期の獄政改革思潮と監獄則の思想的原点」（小川太郎博士古稀祝賀論集『刑事政策の現代的課題』有斐閣）、「警視監獄署の史的役割」（手塚豊教授退職記念論集『明治法制史政治史の諸問題』慶應通信）、「人足寄場と石川島監獄」（人足寄場顕彰会『人足寄場史』創文社）、「低俗娯楽雑誌の猥褻性と青少年に与える影響」（警察学論集30巻９号）、「外国人刑事法制体系化への史的試験」（中央学院大学総合科学研究所資料３）、「少年法制発展の歴史的考察」（中央学院大学人間自然論叢12号）、「刑事処遇論」（下村康正先生古稀祝賀論集『刑事法学の新動向』下巻、成文堂）ほか

〔編　纂〕

埼玉新聞社編『秩父事件史料』巻３（1976年）の編纂に関与協力、法務省矯正局編『矯正年譜』（法務省矯正局参事官室・1975年）への編纂協力、矯正協力嘱託辞令による少年法施行60周年記念出版『少年矯正の近代的展開』（矯正協会・1984年）の史料収集・編纂に従事。『東京家庭裁判所参調会50年史』を委員長として編纂。『福岡県警察史』昭和後編を顧問・監修者として編纂。現在、『日本立法資料全集』監獄法編（信山社）を編纂中

〔復刻解題〕

『日本監獄法講義・明治22年改正』（日本行刑史研究会）、『獨逸監獄法講義』（信山社）、『監獄法令類纂・全』（信山社）

「発刊にあたり」

博物館網走監獄保存財団
理事長　小野塚正衛

当館は、財団法人網走監獄保存財団の運営により、網走刑務所の旧構築物を移転復元し、網走刑務所の行刑資料を収集、展示することを目的に、昭和五八年七月六日に開館し、本年で二一年目を迎えております。

本書はさきに刊行の『博物館 網走監獄』の姉妹篇として、網走監獄につながる道内諸監獄の系譜、歴史的史料を学術的視点を主としながら、地域を舞台とした交流、囚徒のエピソードなどをも貴重な史料・備忘録としてスクープしております。これらの史料が監獄保存財団としての目的・機能を補完、将来の貴重な研究のささやかな一端ともなれば望外の幸せと存じます。

平成一六年一一月

史料 北海道監獄の歴史

平成16年(2004)11月25日発行

著　者　網走監獄保存財団顧問
重松一義

発行者　網走監獄保存財団理事長
小野塚正衛

発行所　㈱信 山 社

〒113-0033 東京都文京区本郷6-2-9-102
電話 03(3818)1019　FAX 03(3818)0344

制　作　編集工房 INABA

財団法人　網走監獄保存財団

〒099-2421 北海道網走市呼人1-1
電話 0152-45-2411 FAX 0152-45-2338

印刷・製本／松澤印刷

ISBN 4-7972-9128-1 C0321

独逸監獄法講義 日本立法資料全集別巻195
フォン・ゼーバッハ 講述 小河滋次郎 口譯 重松一義 解題 貴重な稀覯書の復刻書/立法資料
定価52,500円(本体50,000円)⑤ A5変上箱 688頁 4676-01011 /**4-7972-4676-6** C 3332 /200012/分類 01-326.011-g 195

刑法〔明治13年〕講義 巻之一 日本立法資料全集別巻251
龜山貞義 講述 /立法資料
定価31,500円(本体30,000円)⑤ A5変上箱 434頁 4778-01011 /**4-7972-4778-9** C 3332 /200210/分類 07-326.011-g 251

刑法〔明治13年〕講義 巻之二 日本立法資料全集別巻252
龜山貞義 講述 /立法資料
定価42,000円(本体40,000円)⑤ A5変上箱 684頁 4779-01011 /**4-7972-4779-7** C 3332 /200210/分類 07-326.011-g 252

訂正日本刑法〔明治13年〕講義 再版 日本立法資料全集別巻255
井上正一 講義 川渕龍起・山田豊作 執筆 明治前期・仏法派の刑法総論講義/
定価39,900円(本体38,000円)⑤ A5変上箱 592頁 4796-01011 /**4-7972-4796-7** C 3332 /200309/分類 07-326.011-g 255

刑法表 〔明治13年・明治16年印行〕 日本立法資料全集別巻288
司法省第八局 編輯 明治13年刑法制定後の各国条文比較/古典
定価73,500円(本体70,000円)⑤ B5上箱 744頁 4838-01011 /**4-7972-4838-6** C 3332 /200312/分類 07-326.011-g 288

新刑法〔明治13年〕擬律筌蹄 〔初編・二編・三編〕 日本立法資料全集別巻294
原口令成 著 矢野駿男 校閲 明治13年刑法制定直後の事例問題集/古典
定価26,250円(本体25,000円)⑤ A5変上箱 392頁 4841-01011 /**4-7972-4841-6** C 3332 /200401/分類 07-326.011-g 294

米國加利忽尼亞州刑典 〔明治十五年印行〕 日本立法資料全集別巻298
平賀義質 譯 19世紀後半・米国加州刑事法典の翻訳/
定価36,750円(本体35,000円)⑤ A5変上箱 520頁 4846-01011 /**4-7972-4846-7** C 3332 /200403/分類 07-326.011-g 298

刑事法・シリーズ企画 326.013

近代刑法の遺産 上 ―ベンサムとリヴィングストン― 学術選書法律229
西村克彦 訳 (元獨協大学教授) 現代刑法の指針と理念を探る/
定価37,800円(本体36,000円)⑤ A5変上箱 580頁 362-01011 /**4-88261-362-X** C 3332 /199806/分類 01-326.015-a 912

近代刑法の遺産 中 ―L・フォイエルバハ、A・フォイエルバハ、ミッターマイヤー、スチュベール― 学術選書法律230
西村克彦 訳 (元獨協大学教授) 現代刑法の指針と理念を探る/
定価29,400円(本体28,000円)⑤ A5変上箱 392頁 363-01011 /**4-88261-363-8** C 3332 /199806/分類 01-326.015-a 913

近代刑法の遺産 下 ―ヘップ、フランツ・フォン・リスト、ユーイング― 学術選書法律231
西村克彦 訳 (元獨協大学教授) 現代刑法の指針と理念を探る/
定価37,800円(本体36,000円)⑤ A5変上箱 568頁 364-01011 /**4-88261-364-6** C 3332 /199806/分類 01-326.015-a 914

近代刑法の遺産 (全3巻セット) 学術選書法律229～231
西村克彦 訳 (元獨協大学教授) 現代刑法の指針と理念を探る/
定価105,000円(本体100,000円)⑤ A5変上箱 1,540頁 349-01011 /**4-88261-349-2** C 3332 /199807/分類 01-326.015-a 915

刑事法セミナーⅠ 刑法総論 刑事法セミナーS1
法務総合研究所 編 生きた刑法理論が学べる/テキスト
定価2,520円(本体2,400円)⑤ A5変並カ 226頁 5513-01021 /**4-7972-5513-7** C 3332 /199703/分類 09-326.013-d 011

刑事法セミナーⅡ 刑法各論(上) 刑事法セミナーS2
法務総合研究所 編 実務から整理した学説・判例受験生必読/司法試験
定価2,310円(本体2,200円)⑤ A5変並カ 184頁 179-01011 /**4-88261-179-1** C 3332 /199108/分類 09-326.013-d 012

刑事法セミナーⅡ 刑法各論 (上・下合本) 刑事法セミナーS2
法務総合研究所 編 生きた刑法理論が学べる/テキスト
定価4,620円(本体4,400円)⑤ A5変並カ 183頁 5514-01021 /**4-7972-5514-5** C 3332 /199703/分類 09-326.013-d 013

刑事法セミナーⅢ 刑法各論(下) 刑事法セミナーS3
法務総合研究所 編 実務から整理した学説・判例受験生必読/司法試験
定価2,310円(本体2,200円)⑤ A5変並カ 192頁 180-01011 /**4-88261-180-5** C 3332 /199108/分類 09-326.013-d 014

刑事法セミナーⅠ、Ⅱ、Ⅲ (セット) 刑事法セミナーS
法務総合研究所 編 生きた刑法理論が学べる/テキスト
定価7,140円(本体6,800円)⑤ A5変並カ 602頁 5515-01021 /**4-7972-5515-3** C 3332 /199703/分類 09-326.013-d 015